Heinrich Wilhelm Stoll

Handbuch der Religion und Mythologie der Griechen und Römer

Für Gymnasien

Heinrich Wilhelm Stoll

Handbuch der Religion und Mythologie der Griechen und Römer
Für Gymnasien

ISBN/EAN: 9783744632638

Hergestellt in Europa, USA, Kanada, Australien, Japan

Cover: Foto ©Paul-Georg Meister /pixelio.de

Weitere Bücher finden Sie auf **www.hansebooks.com**

FIG. I.

Zeus.

Handbuch
der
Religion und Mythologie
der Griechen und Römer.

Für Gymnasien

von

Heinrich Wilhelm Stoll,
Professor am Gymnasium zu Weilburg.

Mit 32 Abbildungen.

Vierte verbesserte Auflage.

Leipzig,
Druck und Verlag von B. G. Teubner.
1860.

Vorwort
zur dritten Auflage.

Wenn auch die vorliegende dritte Auflage der Mythologie von der zweiten nicht sehr verschieden ist, so hat sie doch an gar vielen Stellen so manche Aenderungen und ergänzende Zusätze aufzuweisen, dass sie immerhin eine verbesserte und. vermehrte Auflage genannt werden kann. Namentlich habe ich auf den Vorschlag eines verehrten Referenten hin, dessen Urtheil ich hochhalte, bei einzelnen griechischen Gottheiten die alte Naturseite etwas mehr, als dies in den bisherigen Auflagen geschehen, hervorzukehren gesucht, ohne jedoch von der ursprünglichen Anlage des für Gymnasien bestimmten Buches abzugehen. Welche Grundsätze mich bei der Abfassung der griechischen Mythologie von Anfang an geleitet, habe ich in dem Vorworte zur ersten Auflage in folgenden Worten ausgesprochen:

„Das vorliegende Schriftchen sucht sich auf den Standpunkt der neueren Wissenschaft zu stellen und kann, als ein auf grössere mythologische Werke vorbereitendes Schulbuch gelten, indem es so kurz als möglich das dem Schüler Nothwendige bietet, einestheils um ihn bei der Lectüre der classischen Schrif-

steller zu unterstützen, anderntheils um ihm die erste
Aussicht in die Wissenschaft selbst zu eröffnen. —
Der Schüler bedarf nun vorerst eine Kenntniss der
griechischen Religion und Mythologie in ihrer aus-
gebildetsten Form, also der Stufe der Entwicklung,
auf welcher sie während der Blüthezeit des hellenischen Lebens stand. In litterärischer Hinsicht war
also auf Homer und Hesiod, die Begründer jener
höchsten Stufe, besonders Rücksicht zu nehmen, ohne
dass die Schriftsteller späterer ächthellenischer Zeit,
wie Pindar und die Tragiker, wenn bei ihnen besondere Ideen hervortraten oder neue Seiten des be-
reits Bestehenden sich aufthaten, übergangen werden
durften. Damit jedoch der Schüler auch einigermassen eine Einsicht in den Entwicklungsgang der
griechischen Religion und Mythologie erhalte, musste
hier und da bei den einzelnen Gottheiten auf die
weniger entwickelten Vorstellungen einer früheren
Zeit oder locale Culte, sowie auf die Ausartungen
späterer Zeit kurz hingewiesen werden. Denselben
Zweck hat der allgemeine Theil des Buches, in welchem der Verfasser sich den Forderungen der Schule
gemäss nur auf das Nothwendigste zu beschränken
gesucht hat. Ebenso glaubte er in den Citaten spar-
sam sein zu müssen, es sind nur solche Autoren angeführt worden, welche entweder in der Schule ge-
lesen werden, oder doch dem Schüler leicht zugänglich sind."

Ich glaubte diese Stelle noch einmal hervorziehen zu müssen, da ein Theil der Beurtheiler der zweiten Auflage, deren kurzes Vorwort sich über die Bestimmung des Buches nicht ausspricht, demselben, wie ich glaube, eine zu grosse Ehre angethan hat, wenn sie es neben rein wissenschaftliche Werke der Mythologie stellten, zugleich aber auch die Forderungen, die an ein vorbereitendes Schulbuch zu stellen sind, nicht immer fest im Auge gehabt zu haben scheinen. Indem ich nun die obigen Grundsätze in dieser neuen Auflage im Wesentlichen festhielt, habe ich mit besonderer Sorgfalt darüber gewacht, dass das der Schule zuzumessende knappe Mass nicht überschritten wurde. Diese Beschränkung ist mir bei einem Stoffe, wie der hier zu bearbeitende, besonders schwer geworden, zumal da es von manchen Seiten nicht an Aufforderungen gefehlt hat, diese und jene Partie des Buches zu erweitern.

Wer diese 4. Auflage genauer prüft, wird zugestehen, dass auch sie als eine verbesserte bezeichnet werden darf.

Inhaltsübersicht.

Allgemeiner Theil.

Specieller Theil.

A. Die Götter.

Religion und Mythologie der Römer.

Erklärung der Abbildungen.

Allgemeiner Theil.

I. Die religiösen Vorstellungen der Griechen in ihrer geschichtlichen Entwicklung.

———

Die Ansichten der Griechen von ihren Göttern sind nicht immer dieselben gewesen. Ein Volk hat in Bezug auf seine geistige Entwicklung sein Kindes- und Jugendalter, wie sein Mannes- und leider auch sein Greisenalter; mit der Ausbildung der geistigen Kräfte eines Volkes aber entwickeln und läutern sich auch in gleichmässigem Fortschritte seine religiösen Ansichten und Vorstellungen. Denn wie ein roher und ungebildeter Mensch von seinem Gott eine viel niedere und rohere Vorstellung haben muss, als ein gebildeter; ebenso ist natürlich die Religion eines Volkes, während es noch in den ersten Anfängen der Cultur steht, eine ganz andere, als zu den Zeiten, wo es seinen höchsten Bildungsgrad erstiegen hat. So verhält es sich auch mit dem griechischen Volke und seiner Religion.

Die ältesten Bewohner Griechenlands, aus denen sich im Laufe der Zeit das griechische oder hellenische Volk entwickelte, die Pelasger, hatten einen Naturdienst, sie verehrten die Mächte in der Natur, von denen sie sich abhängig fühlten, als göttliche Wesen. Die Sache

selbst, wie z. B. die Sonne, das Meer, war nicht Gegenstand der Verehrung, sondern man dachte sich in ihr
eine geistige Macht, welche jene Dinge erfüllte, Veränderungen in ihnen und mannigfache Wirkungen durch
sie hervorbrachte. Diese geistige Naturmacht also war
der Gegenstand der Verehrung des noch ganz in den
Banden der Natur gehaltenen Volkes, eine Macht, die
eng an ihren Naturkörper gebunden war. So verehrte
man z. B. die Erde (Gaia) als eine Gottheit, die aus
ihrem dunkeln Schoosse den Segen des Gewächsethums
heraufsendet, daneben eine Gottheit des feuchten Elementes (wie Poseidon), oder den Himmel (wie Zeus),
welche die Erde befruchten und die Kräfte ihrer Erzeugung wecken; in vulkanischem Lande, wie auf der
Insel Lemnos, erkannte man die Macht des Feuers als
ein göttliches Wesen an u. s. w.

Diese Mächte wurden, wie gesagt, als geistige erkannt, und der Mensch musste sie als Wesen betrachten,
die mit ihm im Allgemeinen von gleicher Art waren; er
schuf seine Götter als persönliche Wesen und liess
sie denken und thun nach menschlicher Weise. Auf der
ersten Stufe der Entwicklung des menschlichen Geistes
ist vor allem die Phantasie thätig; mit der Phantasie,
und nicht mit dem reinen Verstande, fasste der Mensch
alle diese Verhältnisse auf, schuf er unmittelbar, d. h.
ohne es selbst zu wissen und sich Rechenschaft davon
zu geben, seine Götter und erkannte sie an als wirklich
existirende, glaubte an sie und verehrte sie mit an-
dächtigem Gefühle. Weil aber die Phantasie hier die
thätige Geisteskraft ist, so stellte der Mensch alle Verhältnisse, in denen ihm seine Gottheiten erschienen, in
natürlichen Bildern dar, in der Sprache der Phantasie,
er erschuf sich Mythen. Diese Thätigkeit des Geistes

ist gewissermassen eine natürliche, unbewusste Poesie,
und man kann das ganze Reich der Mythologie, diese
tausendfachen Sagen und Mythen des mit so reicher
schöpferischer Phantasie begabten griechischen Volkes
Ein grosses Gedicht nennen, an dem die ganze Nation
Jahrhunderte lang gedichtet hat. Der Inhalt der Mythologie bezieht sich übrigens nicht blos und allein auf
die Götter; der Grieche fasste in jener mythenbildenden
Zeit zugleich alle Verhältnisse der Welt mit der Phantasie auf, er legte in der Mythologie seine ganze Welt-
anschauung nieder, seine Ideen über die Götter, das
Natur- und das Menschenleben. Da aber die Natur nach
der Anschauungsweise der Alten ganz von dem Göttlichen erfüllt war und in demselben aufging und auch in
dem Menschenleben die Wirksamkeit der Götter überall
sichtbar war, so ist der Inhalt der Mythologie vorzugsweise religiöser Art.

Das Volk blieb nicht auf der ersten, niederen Stufe
seiner Bildung stehen; sobald Ordnung und Gesetz in
das Leben des Volkes kommt, feste Ehen eingeführt
sind und Staaten gegründet, kommt der Mensch zu der
Erkenntniss, dass er von höheren Gewalten, als denen
der Natur, regiert wird, von sittlichen Mächten, die
Ordnung in der Welt und Gesetzmässigkeit schaffen.
Somit lässt das Volk seine bisherigen Naturgottheiten
entweder ganz fallen und erschafft sich höhere, geistigere
Wesen, oder es bildet die früheren Gottheiten um, löst
sie gleichsam von der Natur los und macht sie zu freien
sittlichen Wesen, welche im Menschenleben ordnend
walten. Demeter z. B. ist ursprünglich die göttliche
Mutter Erde, also nach den Vorstellungen der Natur-
religion gleich Gaia. Ein solches Wesen wird natürlich
von einem Ackerbau treibenden Volke besonders verehrt

worden sein; Ackerbau aber bringt feste Wohnsitze,
Ehen und Staat und Gesittung. Wenn solche Verhältnisse entstanden sind, so wird die Vorstellung der früheren Erdgöttin sich erweitern müssen, Demeter wird
als eine Begründerin fester Wohnsitze, der Ehen und
der Gesetze u. s. w. erscheinen. Nun ist sie dem Reiche
der Natur fast ganz enthoben.

Dieser Umschwung in den religiösen Vorstellungen,
der nicht auf einmal eintreten konnte, sondern sich allmählich vorbereitete, wurde entschieden zu der Zeit
herbeigeführt, wo aus dem pelasgischen oder altgrie-
chischen das ächtgriechische hellenische Leben sich
entwickelte. Ungefähr 1200 Jahre vor der christlichen
Zeitrechnung kam durch einen Anstoss von Aussen eine
allgemeine Bewegung unter die Völkerschaften in Griechenland, dass fast eine vollkommene Veränderung in
den Wohnsitzen durch ganz Griechenland eintrat. Besonders ragen unter diesen wandernden Stämmen die
Dorier hervor, ein griechisches Heldenvolk, das von dem
grössten Theile des Peloponneses Besitz nahm und nun
die übrigen Völkerschaften zu weiteren Wanderungen
zwang, die zum Theil hinüber nach den Inseln des Ar-
chipelagos und der kleinasiatischen Küste führten. Durch
dieses wandernde Heldenleben, die Veränderung der
Wohnsitze und Gründung neuer Städte und Staaten wurden die Stämme, die früher in den engen Schranken der
rohen Natürlichkeit, an die Scholle ihrer Erde gebunden,
gelebt hatten, zu einem bewegteren Leben hervorgerufen
und auf die Bahnen der Geschichte geführt; ein neuer
Geist kam in das Volk und neue Ordnungen wurden geschaffen. Das ganze Leben musste eine andere Gestalt
annehmen. Natürlich, dass auch die religiösen Anschauungen des Volkes sich änderten, dass seine Gottheiten

die Naturseite immer mehr abstreiften und sich zu freien lebendigen Gestalten eines geistigeren Gehaltes ausbildeten. Darum macht man an dieser Stelle in der Religionsgeschichte der Griechen einen Abschnitt und nennt die frühere Zeit mit ihren niederen roheren Religionsbegriffen die pelasgische oder altgriechische, im Gegensatz zu der eigentlich hellenischen Zeit, wo das griechische Volk im Allgemeinen die Höhe seiner religiösen Bildung, zu der es als dies einzelne Volk berufen war, erreicht hat.

In diesem Ringen und Kämpfen nach einer höheren Stufe der religiösen Erkenntniss und Bildung waren die Vorkämpfer des ganzen Volkes die Dichter, unter denen endlich Homer (c. 900 v. Chr.) und Hesiod die Sache zum vollen Siege führten. Besonders wichtig für die Ausbildung der religiösen Vorstellungen ist Homer; durch diesen wurden erst die Gottheiten zu klaren und vollkommen ausgebildeten Persönlichkeiten, zu sittlich freien Wesen geformt. Homer hat nicht den ganzen Reichthum der Mythen seiner Vorzeit aufnehmen können; doch alle Mythen, die er in seinen Gedichten behandelt, alle Göttergestalten, die bei ihm auftreten, haben das Gepräge seines Geistes, oder vielmehr der Zeit, in welcher er lebt, annehmen müssen. Manche Mythen wurden nicht mehr ihrem ursprünglichen Gehalte nach von ihm und seiner Zeit erkannt, darum erfüllte er sie mit einem neuen Geiste, gab ihnen unwillkührlich eine Bedeutung, die der damaligen Auffassungsweise entsprach. Und diese religiöse Auffassungsweise, wie wir sie in Homer finden, ist für die folgende Zeit des ächtgriechischen Lebens im Allgemeinen und Wesentlichen geblieben, wenn auch hier und da sich aus älterer Zeit der Cult irgend eines Gottes in besonderer Eigenthümlichkeit erhielt und man

an einzelnen Göttern diesen oder jenen Zug änderte.
Darum ist der Ausspruch des Herodot (2, 53.), Homer
und Hesiod hätten den Griechen ihre Götter gemacht,
ihre Abstammung und ihr Wesen bestimmt, in gewissem
Sinne wahr; nur darf man die Sache nicht so auffassen,
als habe Homer beabsichtigt, für das griechische Volk
eine besondere Glaubenslehre zusammenzustellen. Man
kann Homer nicht einen religiösen Dichter nennen;
seine Gedichte sind Erzeugnisse einer freien nach ihren
eigenen Gesetzen schaffenden Kunst; aber er liess im
Allgemeinen seine Götter so auftreten und erscheinen,
wie sie in dem Bewusstsein der damaligen Zeit, deren
Herold er war, begründet waren.

Die Vorstellungen der Götter nun, wie sie bei Homer
auftreten, sind in leiblicher wie geistiger Hinsicht nach
dem Bilde des Menschen geschaffen; aber der Gott, als
ein höheres Wesen, von dem der Mensch sich abhängig
erkennt, muss doch über die gewöhnlichen Schranken
der Sinnenwelt, in denen der Mensch gebunden ist, erhaben sein. Der Mensch bemüht sich, seine Götter alles
Irdischen zu entkleiden, sie über die Mängel der Mensch-
lichkeit hinauszuheben; er nimmt für sie alles Hohe und
Heilige in Anspruch, aber er vermag nicht seine Götter
in dieser erhabenen Höhe zu erhalten. Weil er sie einmal mit menschlichem Kleide umgeben, lässt er sie auch
menschlich fühlen, denken und handeln. Ueberall stossen wir somit bei jenen Ansichten von den Göttern auf
Widersprüche, die uns, weil wir ruhig und besonnen das
Einzelne nebeneinanderstellen und vergleichen können,
leicht in das Auge fallen, dem Griechen aber so bald
nicht zum Bewusstsein kamen.

An einzelnen Stellen des Homer erscheinen Götter
in riesenmässiger, übermenschlicher Grösse, wie (Il. 21,

407.) Ares, der, in der Schlacht zu Boden geworfen,
sieben Plethren *) bedeckte; im Allgemeinen aber über-
steigen sie nicht bedeutend und auffallend das Maas
menschlicher Grösse. Auch sind sie wie die Menschen
an Trank und Speise und an den Schlaf gebunden.
Weil sie einen Körper haben, so hängen sie nothwendig
von den Bedingungen des Raums und der Zeit ab.
Aber diese Schranke sucht der Mensch wieder dadurch
wenigstens zum Theil aufzuheben, dass er ihnen stärkere
Sinne gibt, dass sie aus weiter Ferne sehen und hören
(Od. 5, 283. 4, 505. Il. 16, 231. 514. 15, 222.) und unermessene
Räume in der kürzesten Zeit überschreiten können. Ferner wird von dem Dichter an vielen Stellen die Ueberzeugung ausgesprochen, dass die Götter alles wissen
(θεοὶ δέ τε πάντα ἴσασιν. Od. 4, 379. 468.), dass sie der
Menschen Geschicke voraus kennen und sie warnen
(Od. 1, 37.); dagegen ist ihnen auch wieder manches
verborgen, selbst Zeus kann hintergangen und betrogen
werden (Il. 18, 184 ff. 1, 540 ff.). Allwissenheit also
kann den homerischen Göttern nicht zugesprochen werden, ebenso wenig als Allmacht, wenn sich auch hier
und da der Ausspruch findet: „Die Götter vermögen
alles“ (θεοὶ δέ τε πάντα δύνανται. Od. 10, 306. 14, 445.).
Im Allgemeinen ist den Göttern nur eine höhere Macht
zugestanden, vermöge welcher sie ohne grosse Mühe
(ῥεῖα) in die Gesetze und den Gang der Natur und des
Menschenlebens eingreifen können. — Die Götter heissen
selig (μάκαρες, ῥεῖα ζώοντες, ἀκηδέες), den Leiden und
Trübsalen des irdischen Lebens enthoben; und doch werden sie heimgesucht wie der Mensch von Angst und
Noth, Sorge, Verdruss und Schmerz. Auch sind sie,

---

*) 1 Plethron = 100 griech. Fuss. •

obgleich sie **heilig** und **gerecht** sein sollen, nicht frei
von sittlichen Mängeln; sie sind oft neidisch, zornig und
hartherzig, versuchen und verführen die schwachen Menschen (Il. 2, init. 5, 563.). Diese Schwächen, die in dem
Obigen hervorgehoben worden sind, haften den Göttern
der Griechen deswegen an, weil sie, in der Gestalt und
der Art und Weise der Menschen aufgefasst, sich in
Verhältnissen bewegen, die den menschlichen Verhält-
nissen·ähnlich sind. Bei einem Dichter, wie Homer, der
diese Wesen überall in die Ereignisse und Handlungen
nach seinen dichterischen Interessen einführt, müssen
solche Mängel und Beschränktheiten mehr hervortreten,
als wenn man die Götter ihrem innersten Wesen nach
betrachtet und sie gewissermassen von der Bewegung
und dem Treiben des irdischen Lebens zurücktreten lässt.
Dann werden mehr jene hohen und erhabenen Eigenschaften in den Vordergrund treten, welche durch die
allgemeinen Ausdrücke: „Die Götter wissen alles und
können alles, die Götter sind heilig und gerecht und
selig," bezeichnet werden.

Zu diesen Eigenschaften tritt nun noch eine andere,
wodurch der Gott wesentlich von dem Menschen verschieden ist, die **Unsterblichkeit**; durch sie erst ist
er wahrhaft ein Gott, ein ganz anderes Wesen, als die
sterblichen Menschen, erhaben über alles Zeitliche und
Irdische (θεοί αἰὲν ἰόντες, ἀειγενέται; ἀθάνατοι καὶ ἀγή-
ραοι). Dass in der Unsterblichkeit das eigenste Wesen
der Götter beruht, haben auch die Griechen selbst erkannt; nach ihrer Vorstellung schwören die Götter bei
der Styx, dem Flusse der Unterwelt, den Mächten des
Todes, um dadurch anzuzeigen, dass sie, falls sie falsch
schwören, ihrer göttlichen Natur entsagen wollen (Od.
5, 185. Il. 15, 36. 14, 271. „Zeus machte die Styx zum

grossen Schwure der Götter." Hesiod. Th. 400. cf. 775 ff.).
Die Unsterblichkeit und ewige Jugendfrische erhalten
sich die Götter durch den steten Genuss von Nektar
und Ambrosia, Trank und Speise der Unsterblichkeit*),
welche das Götterblut (*ἰχώρ*, Il. 5, 340.) erzeugen.

Nichts ist auf Erden von ewiger Dauer; der schöne
Tag des griechischen Lebens, an dessen Morgen Homer
seine göttlichen Gedichte gesungen, ging auch zu Ende,
und die Götter mussten endlich von ihren goldnen Herrscherstühlen niedersteigen, weil der Glaube an sie aus
den Herzen der Menschen verschwunden war. Früher
schon regten sich hier und da bei den Griechen Zweifel
an den in der bestehenden Religion verehrten Göttern.
Den ersten Stoss erlitt das Bestehende durch die Philosophie, welche um 600 v. Chr. in den griechischen Kolonien erwachte. In dem Mutterland wurde die Religion
durch die Philosophie so bald noch nicht gefährdet;
während der Perserkriege und der nächsten Zeiten der
politischen Erhebung der griechischen Staaten standen
in Athen und den übrigen Städten die Götter, die das
Volk vor fremder Knechtschaft bewahrt hatten, noch
in hohem Ansehen. Seit dem peloponnesischen Kriege
aber riss allmählich ein allgemeiner Verfall in staatlicher,
sittlicher und religiöser Hinsicht ein. Die Zweifel der
Philosophen drangen in das Volk ein und so kam es,
dass bald nach Alexander dem Grossen der Philosoph
Euhemeros mit vielem Beifall erklären konnte, die
Götter seien ursprünglich nichts weiter gewesen, als
Menschen, die man nach ihrem Tode wegen ihrer Gross-

---

*) *Νέκταρ* wird abgeleitet von *νη* (ne) und *κτάω* (*κτείνω*)
oder *κηρί ἀμβροσία* sc. *ἰδωδή*, unsterbliche Speise, *ἀμβρόσιος*
gleich *ἀμβροτος* aus *ἀ-μ-βροτός*.

thaten und ihrer Verdienste um die Menschheit verehrt habe *).

Ausser der Philosophie thaten der alten Religion grossen Abtrag die sogenannten Orphiker, eine religiöse Secte, die ungefähr zugleich mit der erwachenden Philosophie entstanden war. Sie suchten mehr, als dies die zu sehr vermenschlichten Götter der Griechen vermochten, die Bedürfnisse des Herzens zu befriedigen und legten den alten Göttern neue Vorstellungen unter. Dadurch aber lösten sie die alten Göttergestalten auf und untergruben den Volksglauben. Besonders suchte diese orphische Richtung die Idee der Unsterblichkeit der Seele und einer Vergeltung nach dem Tode auszubilden und diese in die Geheimculte oder Mysterien einzuführen. Die Mysterien waren Verehrungsweisen alter Naturgottheiten, die sich aus vorhomerischer Zeit erhalten hatten, aber in ihrer Zurückgezogenheit von den Vorstellungen der hellenischen Zeit unberührt geblieben waren. Als nun die hellenischen Götter die religiösen Bedürfnisse nicht mehr befriedigen konnten, da wandte man sich diesen alten Religionsweisen zu, welche sich mit den orphischen Vorstellungen genährt hatten und nun zu neuer Blüthe kamen. Aber weder Philosophie noch Mysterien vermochten dem griechischen Volke das ersehnte Heil zu bringen; man suchte stets nach neuen Göttern, zog fremde Götter, die der Aegypter und der Asiaten, in den Kreis der Verehrung, ergab sich dem Aberglauben und dem Unglauben, bis endlich, als die Zeit erfüllt war, das Christenthum mit seinen einfachen erhabenen Wahrheiten den Wahn und Trug verscheuchte und den Herzen Frieden und Segen brachte.

*) Man nennt eine solche Erklärungsweise die euhemeristische, .pragmatische.

II. Mythische Vorstellung der Griechen über Entstehung und Entwicklung der Götter und der Welt.

§. 1. Die Göttergeschlechter.

Die Griechen selbst hatten den Glauben, dass ihre Götter nicht vom Uranfange an existirten und dass vor denen, welche jetzt als die Beherrscher und Regierer der Welt verehrt wurden, einst andere Gottheiten die Gewalt in Händen gehabt hätten. Hesiod, ein böotischer Sänger, der ungefähr hundert Jahre nach Homer gelebt haben mag, liefert uns in seiner Theogonie die Entstehungsgeschichte der Welt und der Götter (Kosmogonie). Am Anfang ward das Chaos (χάσκω, χαίνω, der leere, unermessliche gähnende Raum), so erzählt er (Th. 116 ff.), darauf Gaia (die Erde) und Tartaros (der Abgrund unter der Erde) und Eros (die verbindende Liebe); Gaia erzeugt den Uranos (Himmel), die Gebirge und den Pontos (Meer). Gaia und Uranos erzeugen die Titanen: Okeanos, Koios, Krios, Hyperion, Iapetos, Theia, Rheia, Themis, Mnemosўne, Phoibe, Tęthys und den jüngsten Kronos, ferner die Kyklopen und die Hekatoncheiren (hundertarmige Riesen, Centimanen) Kottos, Briareos und Gyes oder Gyges. Uranos*) aber

---

*) Uranos ist nie als Gott verehrt worden, dagegen genoss Gaia oder Ge göttlicher Ehre. Ueberhaupt ist die Theogonie des Hesiod, der die religiösen Anschauungen seiner Zeit in ein System zu bringen suchte, eine Zusammenstellung der verschiedenartigsten Wesen. Wir stossen auf altpelasgische Naturgottheiten, auf concrete Götterindividuen und auf Wesen, die priesterlichen und philosophirenden Kosmogonien ihren Ursprung

hasste seine Kinder und verbarg sie, so dass sie nicht zu dem Lichte des Tages kommen konnten. Darüber grollte ihre Mutter Gaia, und sie beredete den Kronos, dass er den Vater verstümmelte und der Herrschaft beraubte. Kronos erzeugte nun mit Rheia die Hestia oder Histia, Demēter, Here, Hades, Poseidon und Zeus (Theog. 453 ff.); damit ihn aber keins seiner Kinder vom Throne stosse, so verschlang er sie gleich nach ihrer Geburt. Als Zeus geboren war, reichte Rheia dem Vater statt seiner einen Stein in Windeln, den er verschlang; Zeus aber ward in Kreta vor dem Vater verborgen und wuchs dort schnell zu herrlicher Kraft heran. Nun stürzt er den Vater und zwingt ihn, durch die Künste der Gaia (oder der Metis) unterstützt, die verschlungenen Kinder, welche vermöge ihrer Göttlichkeit unvergänglich waren, wieder auszuspeien. Zuerst aber spie Kronos den Stein aus, den er zuletzt verschlungen hatte; diesen pflanzte Zeus in dem herrlichen Pytho (Delphi) auf, dass er ein Zeichen sei und ein Wunder den sterblichen Menschen*).

Vereint mit seinen Geschwistern unternahm nun Zeus einen Kampf gegen Kronos und die Titanen, welche sich die bisher geübte Macht nicht entreissen lassen wollten (Hes. Theog. 629 ff.). Wilde Kraft wird nur durch wilde

verdanken. Durch das Ganze zieht sich jedoch der Hauptgedanke hindurch, dass sich die jetzt bestehende Welt mit ihren Göttern aus einem dunkelen Grunde allmählich zu bestimmter Form und individueller Lebensäusserung herausgebildet hat.

*) Dieser Zug der Sage hat seinen Sinn, wenn man die weiter unten erwähnte Bedeutung des Titanenkampfes erwägt. Seit dem Hervortreten der olympischen Götter hebt sich besonders das Orakel zu Delphi, wo Apollon den Willen des Vaters Zeus, der nun die Weltherrschaft übernommen, verkündet. Der Stein, der in Delphi gezeigt wurde, war ein Meteorstein.

Kraft besiegt; darum löste Zeus auf Rath der Gaia die
von Kronos gefesselten und in der Tiefe der Erde bewahrt gehaltenen Kyklopen, welche ihm den Donner
und den verderblichen Blitz gaben; er· löste auch die
Hekatoncheiren und führte sie zum Lichte zurück.
Lange, schon 10 grosse Jahre, hatten die Titanen und
die olympischen Götter, jene vom Berge Othrys, diese
vom Olympos aus, den Kampf geführt; da traten jene
gewaltigen Riesen, die Hekatoncheiren, für die Olympier
auf den Kampfplatz; Felsen wurden herüber und hinüber
geschleudert, während Zeus mit seinem brennenden Blitz
hineinfuhr und auch die übrigen Olympier mit ihren
Waffen am Kampfe Theil nahmen, so dass Himmel und
Erde und· selbst der Tartaros erbebten und von dem
Kampfgewühl widerhallten. Endlich wurden die Titanen
überwunden und gefesselt in die Tiefen der Erde, den
Tartaros, geworfen, wo sie, von ehernen Schranken und
dreifacher Nacht umschlossen, von den Hekatoncheiren
bewacht werden, den treuen Wächtern des Zeus. — Aber
noch ist die Herrschaft des Zeus nicht gesichert; Gaia,
dem Zeus zürnend wegen der Einkerkerung der Titanen,
gebiert den Typhoeus, ein neues Ungeheuer von gewaltiger Grösse und Stärke; aber auch· dieses wird endlich von den Blitzen des Zeus niedergeschmettert und
in den weiten Tartaros geworfen (Theog. 820.ff.).

So ist Zeus mit seinen Geschwistern zur Herrschaft
der Welt gelangt. Durch diesen Kampf der Titanen und
der Olympier, die Titanomachie, wird der Kampf
der rohen ungebändigten Naturmächte und der Götter
bezeichnet, welche Ordnung und Gesetz in die Welt
bringen, überhaupt also der Kampf der früheren roheren
Zeit mit der späteren, in welcher die Götter des Olympos, höhere geistigere Mächte, walteten. Diese siegten

über die gewaltigen Titanen, die rohen Mächte der
Natur, welche nun während der Herrschaft des Zeus zum
Theil gebändigt in dem Tartaros liegen, zum Theil von
Zeus neue Ehren erlangen und der neuen Ordnung der
Dinge dienen müssen.

Zu den Titanen werden ausser den oben genannten
auch noch andere Gottheiten gerechnet, wie z. B. Dione,
ferner die Kinder der obigen, wie Prometheus, Epimetheus, Menoitios, Atlas, Hekate, Leto u. A.
Wenn auch ihre Namen nicht sämmtlich Mächte der Natur, sondern zum Theil geistige Mächte bezeichnen, so
sind sie doch immer masslose, von keinem höheren geistigen Gesetze geregelte Gewalten. Auch die wilden
Begierden und Leidenschaften in der Menschenbrust sind
blinde natürliche Mächte. Bei Homer sind die Titanen nicht die Kinder des Uranos und der Gaia,
sondern Okeanos und dessen Gemahlin Tethys sind
der Ursprung aller Götter (Il. 14, 201. 244 ff.); unter den
Uranionen sind bei diesem Dichter nicht die Titanen,
sondern die Olympier als Himmelsbewohner zu ver-
stehen *). —

---

*) Der besiegte Kronos liegt entweder bei den übrigen
Titanen im Tartaros, oder er herrscht auf den Inseln der Seligen. Er ward an einigen Orten Griechenlands verehrt; ursprünglich war er der die Früchte Zeitigende (von κραίνω, κραίνω),
ein uralter Gott des Feldbaues. Als solcher wurde er mit dem
italischen *Saturnus* identificirt, und es bildete sich die Sage, er
habe während des goldnen Zeitalters, wo die Erde tausentfäl-
tigen Segen brachte und die Menschen ein glückseliges Leben
genossen, in Italien geherrscht. In Kreta, wo er mit dem phönikischen Gotte Moloch zusammengeschmolzen war, empfing
er Kinder zum Opfer, und daraus ist vielleicht in der Sage der
Zug entstanden, dass er seine eigenen Kinder verschlungen habe;
denn in Kreta ist die Sage von Kronos und Zeus ausgebildet

Aehnliche Wesen, wie die Titanen, Repräsentanten
roher Naturgewalt und vergebens gegen die Götter der
Ordnung anstrebenden Uebermuthes sind die Giganten, bei Homer (Od. 7, 59. 206. 10, 120.) ein riesiges von
Eurymedon beherrschtes Menschengeschlecht, das wegen
seiner Frevel gegen die Götter von Zeus vernichtet ward,
bei Hesiod (Th. 185.) Söhne der Gaia, entsprossen aus
dem Blute des von Kronos verstümmelten Uranos. Wie
von einem Titanenkampfe, so sangen die Dichter auch
von einem Kampfe der Giganten (Gigantomachie), unter
denen neben Pallas, Ephialtes, Enkelados u. A. besonders Alkyoneus und Porphyrion durch Frevelmuth und
Kraft sich auszeichneten, und allmählich verwechselten
die spätern Dichter beide so mit einander, dass der
Name Titanen auch für Giganten gebraucht wurde (Hor.
Od. 3, 4, 42 ff.) und die Gigantomachie den Titanenkampf
in Schatten stellte. In älterer Zeit bewaffnet und gebildet wie andre Götter und Heroen, wurden sie später
dargestellt mit schuppigen Drachenschwänzen statt der
Füsse, mit langem Bart und Haupthaar, Felsen und
brennende Baumstämme gen Himmel schleudernd. Als
der Ort ihres Kampfes gegen die Olympier galt ursprünglich Phlegra (Brandstätte) auf der makedonischen
Halbinsel Pallene, dann der Demos Pallene in Attika,

worden. Manche der neueren Forscher erklären Kronos als Gott
der fliessenden Zeit (= Χρόνος), im Gegensatz zum Begriffe
der Ewigkeit. „So lange Kronos noch herrschte (im goldnen
Zeitalter), hatte der Geist der Ahnen des Griechenvolkes noch
nicht jene Anschauungskraft gewonnen, in welcher er, sein
eigenes Leben für sich selbst vergegenwärtigend, im Stande
gewesen wäre, die im Bewusstein erzeugte Vorstellung festzu-
halten. Die Anschauungen, die im Bewusstsein sich gestalteten,
verschwammen wieder in Nebelgestalt." So erklärt Stuhr den
Mythus von dem Verschlingen der eigenen Kinder.

sowie manche andre Gegend mit Spuren vulkanischer Revolutionen, als ihre Hauptgegner aber und Bewältiger Zeus und Athene und, da die Entscheidung erst durch einen Sterblichen erfolgen konnte, Herakles. Apollod. 1, 6, 1. 2. Ov. Met. 1, 151.

§. 2. Die olympischen Götter und die von ihnen geordnete und regierte Welt.

Die Titanen sind besiegt und durch Gestalten ersetzt, die nur noch einen dunkel erinnernden Anklang an jene haben, die nicht mehr Naturgötter, sondern klare sittliche Wesen sind. Zeus und die Seinen herrschen über die Welt, in der die rohen Gewalten der Natur und des Menschenlebens sich den Schranken der natürlichen und sittlichen Ordnung fügen müssen.

Diese grosse Götterfamilie besteht aus den Geschwistern Zeus, Poseidon, Aïdes oder Hades, Hera, Hestia, Demeter mit ihrer Tochter Kora, und den Kindern des Zeus Athene, Apollon und Artemis, Hephaistos, Ares, Aphrodite, Hermes. Sie heissen die Olympier, weil die Mehrzahl derselben ihren Sitz auf dem Olympos hat. Die Zwölfzahl der olympischen Götter aber (Zeus und Hera, Poseidon, Demeter, Hestia; Athena, Apollon und Artemis, Hermes, Ares, Hephaistos, Aphrodite) ist erst spät festgestellt worden. Die drei Brüder nun, Zeus, Poseidon und Hades, theilen sich in die Herrschaft der Welt; Poseidon erhält das Meer, Hades die Unterwelt, Zeus den Himmel; die Erde ist ein gemeinschaftliches Gut. Zeus aber, als der älteste, stärkste und klügste*), hat die Obmacht über die

---

*) Bei Hesiod heisst Zeus der jüngste der Brüder, weil bei diesem Dichter das Vollkommnere und Höhere stets auf das Niedere und Unvollkommnere folgt.

übrigen; er ist der König der Götter (Hes. Theog. 881 ff.
Hom. Il. 15, 187 ff.).

Die olympischen Götter wohnen, um Zeus geschaart,
auf den Höhen des Olympos, eines Berges zwischen
Thessalien und Makedonien. Neben den oben genannten Olympiern finden wir hier auch Gottheiten niederen
Ranges, wie Leto, Dione, Themis u. A., solche,
welche ursprünglich zum Geschlechte der Titanen gerechnet werden, aber mit den neuen Herrschern in
freundschaftliche Verbindung getreten sind. Poseidon
und Hades halten sich zwar gewöhnlich in den ihnen
bestimmten Reichen, jener im Meere, dieser in der Unterwelt auf; allein der Olympos steht ihnen zu jeder
Zeit offen. Auf dem Olympos, der mit seinem erhabenen Gipfel über die Wolken in den Himmel hineinragt,
haben die Götter ihre von Hephaistos erbauten Paläste
und freuen sich ihrer Seligkeit, jedoch nicht ohne dass
diese bisweilen durch Leidenschaften, Zwistigkeiten und
Parteikämpfe getrübt würde. Eine wolkenlose Heitre ist
über ihnen ausgebreitet, dort wehet kein Windhauch, es
fällt kein Regen und kein Schnee (Od. 6, 42 ff.). Auf
dem höchsten Gipfel steht der Palast des Zeus, in welchem sich die Olympier zum Schmause und zur Bera-
thung versammeln (Il. 1, 533 ff. Od. 5, 3.)*). Hebe, die
ewige Jugend, und Ganymedes („Herzerfreuer" —
Il. 20, 232. 5, 266.), der phrygische Knabe, den Zeus aus
Liebe entweder selbst oder durch seinen Adler von der

---

*) Ausser diesem engeren Rathe der Olympier, welcher in
dem olympischen Götterstaate die Macht des höchsten Herrschers beschränkt wie den irdischen König der Rath der Fürsten
($\beta ov \lambda \acute{\eta} \; \gamma \epsilon \varrho \acute{o} \nu \tau \omega \nu$), findet bisweilen auf dem Olympos auch eine
Versammlung sämmtlicher Götter statt (Il. 20, 4 ff.), welche sich
zu jenem verhält, wie im irdischen Staate eine $\acute{\alpha} \gamma o \varrho \acute{\alpha}$ zur $\beta o v \lambda \acute{\eta}$.

Erde geraubt und mit unsterblichem Leben beschenkt
hat, reichen ihnen die Götterspeise, Nektar und Ambrosia; die Musen und die Chariten erfreuen sie mit
ihren Gesängen und jeglicher Anmuth. Iris, die sanfte
Göttin des Regenbogens, bringt die Botschaften der Götter vom Himmel hernieder; die Horen, die Gottheiten
der Witterung, öffnen und schliessen das Wolkenthor
des Olympos, und Helios, der allsehende Sonnengott,
bringt den Göttern und den sterblichen Menschen das
allerfreuende Licht des Tages. Am Morgen steigt er,
vorausverkündet von der rosigen Eos, der Morgenröthe,
im Osten aus dem Okeanos auf und taucht am Abend
im Westen in seine Fluthen nieder. Denn Okeanos,
der grosse Weltstrom, fliesst in einem Ringe um die
weite Erde und das Meer, aus ihm kommen alle Fluthen
des Meeres, alle Ströme und Quellen (Il. 21, 196. 18, 607.).
Okeanos wird auch als Person gedacht, sowie alle Ströme,
Flüsse und Quellen ihre besonderen Gottheiten haben.
Denn der Grieche erfüllte und belebte die ganze Natur,
Berge und Fluren und Wälder, die Luft und alle Gewässer mit göttlichen Wesen. Aber alle diese Gottheiten der Natur sind den Olympiern untergeordnet und
gehorchen dem Willen des Zeus.

Poseidon hat seinen glänzenden Palast in den Tiefen des Meeres zu Aegae (Il. 13, 21.)*) und ist umgeben
von einer Schaar von Meergottheiten, die um ihn gewissermassen einen zweiten Olymp bilden, seiner Gemahlin
Amphitrite, dem Triton, den Nereiden u. s. w.
Mit ihnen beherrscht er das Meer, beruhigt es und setzt
es in Bewegung.

---

*) Aegae stammt von *αΐσσω* wie *αίγιαλός* und bezeichnet
eigentlich den Wogenpalast; *αίγες* sind die stürmenden Wogen.

Die Behausung des Aides oder Hades*), wo die
Todten weilen, ist ein furchtbarer, finsterer Raum im
Innern der Erde (Il. 20, 61.), zu welchem an verschiedenen
Orten der Oberwelt, wie bei Tainaron, auf dem attischen
Kolonos, furchtbare Erdschlünde hinabführen. Dieses
Schattenreich hat bei Homer einen Eingang und Vorhof
jenseits des Okeanos im äussersten Westen, wohin die
Strahlen des Helios nicht mehr dringen. Hierin kam
auf seinen Fahrten Odysseus (Od. 10, 508 ff. Od. 11.); er
landete an dem Haine der Persephone und citirte
auf der Asphodeloswiese, welche sich unter der Erde
durch das ganze Gebiet des Hades bis in diesen Vorhof
hinzieht, die Todten aus ihrer unterirdischen Behausung.
In das Erebos, das tiefere Dunkel und den eigentlichen Sitz des Hades und der Persephone, gelangte er
nicht.

Bei Homer ist die Vorstellung der Unterwelt noch
unbestimmt und einfach; sie ist ihm eine dunkle Oede.
Den folgenden Jahrhunderten blieb es vorbehalten, diese
Räume genauer zu bestimmen und mit verschiedenartigen
Wesen auszustatten. Die Vorstellungen des späteren
Volksglaubens werden wohl am treuesten in folgender
Schilderung des Lukian in seiner Schrift über die Trauer
wiedergegeben: „Der Hades ist ein weiter dunkeler Raum
in der Erde; er wird umflossen von Kokytos (Klage)
und Pyriphlegethon (Feuerstrom) und anderen grossen schon durch ihre Namen furchtbaren Strömen. An
dem Niedergange selbst und dem adamantenen Thor
hält Aiakos, der Neffe des Pluton (Sohn des Zeus,

---

*) Der Herrscher der Unterwelt heisst bei Homer überall:
Ἄϊς, Ἀΐδης, Ἀϊδωνεύς, nirgends Ἅιδης; in nachhomerischer Zeit
erhielt die Unterwelt sammt dem Gotte die veränderte Namens-
form Ἅιδης (Hades).

2*

früher Herrscher von Aigina), Wacht zugleich mit dem dreiköpfigen Kerberos, einem fürchterlichen Hunde, der die Ankommenden freundlich anblickt, die aber, welche wieder zur Oberwelt hinauf wollen, bellend zurückschreckt. Zunächst kommen die hinabsteigenden Seelen zum acherusischen See, über welchen sie nur durch den Führmann Charon (euphemistisch „Mann der Freude"?) hinüberkommen können. Sind sie über den See gesetzt, so kommen sie auf eine grosse, mit Asphodelos bewachsene Wiese, wo sie das Wasser der Vergessenheit, Lethe, trinken. Pluton und seine Gemahlin Persephone haben die Herrschaft über das Ganze; es dienen ihnen aber und üben die Herrschaft mit ihnen die Erinyen und Poinen (Strafen) und andere schreckliche Wesen und auch Hermes; doch ist dieser nicht immer dorten (siehe unten Hermes). Als Unterherrscher und Richter sitzen da die Kreter Minos und Rhadamanthys, Söhne des Zeus und der Europa (Il. 14, 321.). Diese senden die Gerechten in das elysische Gefild, wo sie ein glückseliges Leben geniessen; die Schlechten aber übergeben sie den Erinyen und schicken sie an den Ort der Gottlosen, wo sie nach dem Grade ihrer Schuld gezüchtigt werden. Diejenigen dagegen, welche ein mittleres Leben zwischen dem Guten und Bösen geführt haben, und deren ist eine grosse Zahl, irren auf der Asphodeloswiese als körperlose Schatten umher."

Bei Homer finden sich noch keine die Unterwelt einschliessenden Ströme und kein Führmann. Nur die Styx wird an mehreren Stellen als Fluss der Unterwelt erwähnt (Il. 8, 369. Od. 5, 185.), und an einer Stelle der in den Acheron (den Fluss der Trauer) sich stürzende Pyriphlegethon und der Kokytos, ein Arm der Styx (Od. 10, 513.). Doch ist diese Stelle wahrscheinlich späteres Einschiebsel. Kerberos, der wachehaltende Hund, wird, ohne dass sein Name genannt ist, erwähnt Il. 8, 367. und Od. 11, 623. Die letztere Stelle aber gehört einer grösseren Interpolation an, welche von Od. 11, 565. bis 627. geht. In dieser später eingeschobenen Stelle werden der unter den Todten richtende Minos (568.), der jagende Orion (572.) und der mit dem Bogen drohende Herakles (601.) in der Art aufgeführt, dass sie ihre auf der Oberwelt getriebenen Beschäftigungen in der Unterwelt als Schatten fortsetzen, eine Idee, die dem Homer fremd ist. In noch späterer Zeit wird Minos neben Aiakos und Rhadamanthys, der bei Homer im Elysion wohnt (Od. 4, 564.), Richter der Todten. Ausserdem werden noch an jener Stelle erwähnt Tityos (576.), Tantalos (582.) und Sisyphos (593.). Tityos, der riesige Sohn der Erde, der die Leto auf ihrem Wege nach Pytho mit frevelnder Begier angegriffen, liegt zur Strafe dafür in der Unterwelt auf den Boden ausgestreckt, während zwei Geier ihm die Leber abfressen, den Sitz der Begierde. Der alte Tantalos steht, von Durst und Hunger gequält, bis an's Kinn in einem See und über ihm hangen die schönsten Früchte; aber wenn er sich bückt um zu trinken, so senkt sich das Wasser, und reicht er hinauf zu den Früchten, so weichen diese vor seinen Händen zurück. Sisyphos wälzt einen gewaltigen Stein keuchend den Berg hinauf, und glaubt er ihn endlich glücklich auf die Höhe gebracht zu haben, so rollt der tückische Felsblock wieder hinab in die Ebene, dass er auf's neue die schwere Arbeit beginne. So treten diese drei Personen, die gegen die Götter gefrevelt, in ihren Qualen als Repräsentanten der nach dem Tode von den Göttern gestraften Sünder auf. Auch diese Idee ist dem Homer noch fremd. Wer gegen

die Götter gesündigt, wird bei Homer entweder durch
Leiden in der Oberwelt oder durch den Tod bestraft;
in der Unterwelt aber gibt es bei ihm noch keine Schei-
dung der Todten zu Lohn oder Strafe. Die erwähnten
Strafen wurden wohl ursprünglich als auf der Oberwelt
verbüsst angesehen.

Zu den eben genannten Beispielen in der Unterwelt
gestrafter Sünder fügte die spätere Zeit noch die Da -
naiden (siehe unten die argiv. Sagen) und den Ixion,
den König der Lapithen, der sich eines Verwandtenmordes
und der Undankbarkeit gegen Zeus schuldig gemacht
hatte; er wurde mit Händen und Füssen an ein stets
umrollendes Rad gefesselt. · Die Aloaden (s. Apollon)
waren von einander abgewandt mit Schlangen an eine
Säule gebunden und wurden von einer Eule (ὦτος) gequält.   ·

Der Hades liegt in der Erde, der Tartaros aber,
der eherne Kerker der Titanen, welcher später mit dem
Hades vermengt wird und besonders als Ort der Strafe
gilt, liegt an den untersten Enden der Erde und des
Meeres; er wölbt sich unter der vom Okeanos umström-
ten Erdscheibe in gleicher Ausdehnung und Entfernung,
wie der Himmel über derselben (Il. 8, 13 ff.). Neun Tage
und neun Nächte würde ein eherner Ambos fallen vom
Himmel zur Erde, und ebensolange Zeit würde er brau-
chen um in den Tartaros zu kommen (Hes. Th. 720 ff.).
— Das Elysion, ein glückliches Gefilde, wo die Menschen mühelos in Seligkeit wohnen, hängt bei Homer mit
der Unterwelt nicht zusammen; es liegt am Westrande
der Erde, diesseits des Okeanos. Dahin kommen die
Verwandten des Zeus lebendigen Leibes (Od. 4, 563 ff.).
Ob man es sich bei Homer als Insel zu denken habe,
bleibt unbestimmt; erst Hesiod (Opp. 171.) nennt „die

Inseln der Seligen." — Später werden alle diese Vorstellungen von Hades, Tartaros, Elysion in Verbindung
gebracht, so dass Tartaros und Elysion im Hades be-
findlich sich entgegengesetzt werden, jener als Ort der
Strafe, dieses als seliger Aufenthalt der Guten. (Siehe
Virgil Aen. 6, 264 bis zu Ende.)

§. 3. Der Mensch.

Die Götter walten ewig in dieser so geordneten Welt,
die Geschlechter der Menschen aber kommen und gehen
wie die Blätter der Bäume; nach kurzem Erdenleben
gehen sie hinab in den dunkelen Hades. Nach home-
rischer Anschauung ist nur das Leben auf der Oberwelt
ein wahres Leben; in der Unterwelt lebt die Psyche *)
allein fort, da sie aber von dem Körper als der Grundlage und Bedingung des eigentlichen Lebens geschieden
ist, so existirt sie nur als besinnungsloses Schein- und
Schattenbild (εἴδωλον, σκιή. Od. 11, 219 ff.), das jedoch
durch den Genuss des körperlichen Blutes wieder auf
einige Zeit die Besinnung gewinnen kann (Od. 11, 23 ff.).
Man blieb übrigens bei dieser Vorstellung nicht stehen.
So sehen wir in der im vorigen §. pag. 21. erwähnten
eingeschobenen Stelle Od. 11, 565—627. bei Minos u. A.
die Vorstellung hervortreten, dass das Leben in der
Schattenwelt ein Abbild des irdischen Lebens und der
in diesem betriebenen Beschäftigungen ist. Andere, wie
Tantalos, werden bestraft; soll dies eine wirkliche Strafe
sein, so müssen die Gequälten auch Besinnung und Gefühl haben. Und diese Vorstellung wurde in der Folge

---

*) ψυχή bezeichnet bei Homer den Athem und das ani-
malische Leben; das geistige Leben, Empfinden, Denken und Wollen liegt in den φρένες und dem θυμός, die mit
dem Tode verloren gehen.

festgehalten, wo sich die Forderung aufdrängte, dass
die Menschen nach dem Tode für ihre Werke auf Erden belohnt oder bestraft werden.

Auf Erden ist der Mensch von der Geburt bis zum
Tode in den Händen der Götter; sie stehen ihm hülfreich bei in Noth und Gefahren und erfreuen ihn durch
die Gaben des Glückes, oder sie stürzen ihn aus Hass
und zur Strafe in Unglück und Verderben. Darum muss
er ihre Macht ehren und anerkennen durch Gebet und
Opfer, welche die Hauptstücke des Cultus ausmachen;
er muss sich hüten, ihre heiligen Satzungen, die von
ihnen eingesetzte sittliche Weltordnung zu verletzen
und so in Sünde zu verfallen. Hat er durch Sünde
ihren Zorn gegen sich aufgerufen, so muss er durch
sühnendes Opfer sich ihre Gnade wieder zu erwerben
suchen.

Die Götter stehen dem Menschen nicht fern, sie
schicken ihm Zeichen von mancherlei Art und verkünden ihren Willen im Orakel; ja sie erscheinen ihm oft
selbst in fremder oder eigener Gestalt. In alter Zeit
kamen sie gern zu den Menschen und lebten vertraulich
mit ihnen; Götter verbanden sich mit sterblichen Frauen,
und Göttinnen schenkten ihre Liebe sterblichen Männern.
Durch diese Verbindung und diesen Verkehr mit den
Unsterblichen wurde das Menschengeschlecht geadelt
und den Göttern näher gebracht, Menschen waren Söhne
und Töchter von Göttern. Das hohe Geschlecht der
Helden der Vorzeit war weit erhaben über die späteren Menschen und lebte nach dem Tode abgesondert
von den übrigen Sterblichen ein glückliches Leben auf
den Inseln der Seligen. So wurden diese Heroen allmählich im Glauben des Volkes zu Halbgöttern (ἡμίθεοι) und genossen als Wohlthäter der Vorzeit beson-

dere Verehrung; ja einzelne, wie Herakles, wurden
wegen ihrer Tugend und übermenschlichen Thaten von
den Göttern sogar in den Olympos erhoben.

Homer erfreut sich in seinen Gesängen an dem Glanz
und Ruhm jener Heroenzeit, dem frischen Jugendalter
der Menschen voll Kraft und Muth, von jeglicher Heldentugend. Er weiss nur von dieser einen Vorwelt; er
vergleicht wohl oft die Gegenwart mit Vergangenem und
klagt über die Beschränktheiten des Lebens, aber nirgends spricht er von einer Abstufung der Vorzeit in
mehrere Geschlechter von verschiedenem Charakter. Es
ist aber dem Menschen natürlich, dass er, von den Leiden der Gegenwart beschwert, eine schönere Zeit mit
besseren und glücklicheren Menschen in der fernen Vergangenheit sucht und nun dieses glückliche Zeitalter der
Menschheit dem schlechten Jetzt entgegenstellt. So erzählte man denn von einem goldenen Zeitalter unter
der Herrschaft des Kronos im Gegensatz zu dem jetzigen
eisernen unter Zeus. Eine natürliche Folge davon
war, dass man bald eine allmähliche Abstufung der Geschlechter vom Besseren zum Schlechteren erdachte,
Uebergangsperioden von dem goldenen Zeitalter zu dem
harten eisernen.

Hesiod (Opp. et Dies 109 ff.) erzählt von fünf Geschlechtern der Menschen. Zuerst schufen die Götter das
goldene Geschlecht; sie lebten unter der Herrschaft des
Kronos ein glückliches sorgenloses Leben, die Schwäche
des Alters blieb ihnen fern, und sie starben nach langem Leben wie vom Schlafe dahin genommen. (Als dieses
Geschlecht von der Erde verschwand, wurden sie nach
dem Willen des Zeus wohlwollende und schützende überirdische Dämonen, ἐσθλοί. ἐπιχθόνιοι, φύλακες θνητῶν
ἀνθρώπων. 123.) — Es folgte das silberne Geschlecht,

schlechter als das vorige an leiblicher Kraft und an Gemüth; 100 Jahre lebte ein Kind kindischen Sinns bei der Mutter, und wenn sie dann endlich zum Alter der Reife gekommen waren, so lebten sie, durch thörichten Hader von Leiden bedrängt, nur noch kurze Zeit. Zeus vertilgte dies Geschlecht im Zorne, weil es in seiner weichlichen Schlaffheit den Unsterblichen die gebührende Ehre zu bringen vernachlässigte. (Sie wurden unterirdische selige Sterbliche, ὑποχθόνιοι μάκαρες θνητοί. 141.; aber auch ihnen wurde noch Ehre zu Theil*).) — Darauf schuf Zeus das cherne Geschlecht aus hartem Eschenholz (weil die Lanze aus Esche gemacht wird), furchtbar und wild, es erfreute sich an Kampf und Krieg und rieb sich selbst auf in seinem masslosen Thatendrang. — Das vierte Geschlecht ist das der Heroen, welche auch Halbgötter genannt werden, gerechter und besser als das frühere. Sie kämpften um die Mauern von Theben und Troja und fielen dort grösstentheils; nun leben sie unter Kronos auf den seligen Inseln. — Dem fünften Geschlechte, dem eisernen, gehört der

---

*) Die eingeklammerten Stellen sind wahrscheinlich spätere Einschiebsel. Bei Homer sind θεοί und δαίμονες nicht wesentlich verschieden, auch haben bei ihm die Verstorbenen keinen Einfluss auf das Leben der Zurückgebliebenen. Der Philosoph Thales (um 600 v. Chr.) soll zuerst den Unterschied zwischen Göttern, Dämonen und Heroen festgestellt haben. Nach dem durch die Philosophen bestimmten Begriff sind die Dämonen überirdische Wesen, welche zwischen Göttern und Menschen in der Mitte stehen; sie beschirmen die Menschen, tragen ihre Bitten zu den Göttern hinauf und bringen die Gaben und Befehle der Götter zur Erde. Der Cultus der Dämonen erhielt eine besonders weite Ausdehnung in der hellenistischen und römischen Zeit, wo die griechischen Dämonen den römischen Genien entsprachen; s. röm. Rel. Genien.

Dichter selbst an, es ist voll Arbeit, Kummer und Noth, voll Uebermuth und Ungerechtigkeit*).

Man erkennt an der Darstellung des Hesiod, dass dieselbe nicht ursprünglich ist. Die natürlichste Abstufung war: goldnes, silbernes, ehernes, eisernes Zeitalter; aber, wie es scheint, mit Rücksicht auf Homer und die von dem Epos gepriesene Heldenzeit wurde das Heroenzeitalter eingeschoben. Dem glücklichen goldenen Zeitalter steht das mühevolle eiserne entgegen, dem schlaffen silbernen Geschlechte das wildkriegerische eherne; das silberne Zeitalter aber ist eine Verschlechterung und Verkehrung des goldenen, wie das eiserne eine moralische Verschlechterung des ehernen in sich fasst.

Die Vorstellung von der Verschlechterung der Menschen (dem Sündenfall) und den daraus entspringenden Uebeln knüpft sich besonders an den Namen Prometheus an, den Vordenkenden, Vorbedacht, den Sohn des Titanen Iapetos und der Klymene. Hesiod erzählt von ihm in der Theogonie (521 ff.) Folgendes: Als die Olympier zur Herrschaft der Welt gelangt waren und nun die Götter und Menschen in Mekone (Sikyon) unter einander rechteten, was die Menschen den Göttern als Opfergaben darbringen sollten, zerlegte Prometheus,

*) Virgil (Georg. 1, 125 ff.) redet nur von zwei Zeitaltern, dem goldenen und dem eisernen; Horaz (Epod. 16, 63 ff.) von drei, dem goldenen, ehernen und eisernen. Ovid (Met. 1, 89 ff.) sucht die Sage von den verschiedenen Geschlechtern mit der von Deukalion zusammenzuschmelzen. Prometheus bildet die ersten Menschen und es folgen die vier Geschlechter (goldenes, silbernes, ehernes, eisernes). Das vierte wird durch die Fluth vertilgt und nun kommt durch Deukalion, den Sohn des Prometheus, eine neue Bevölkerung auf die Erde.

als Patron und Vertreter der Menschen, um den Zeus
zu überlisten und in Klugheit mit ihm zu wetteifern,
einen Stier und barg das Fleisch desselben und die
Eingeweide in die Haut, auf welche er den Magen, das
schlechteste Stück, legte; die Knochen legte er auf einen
andern Haufen und umhüllte sie mit Fett. Nun forderte
er den Zeus auf zu wählen. Dieser, die List des Prometheus erkennend, wählte absichtlich das schlechtere
Theil, die Knochen; aber nun nahm er in seinem Zorn
den Menschen das Feuer. Prometheus entwandte es
wieder in einer Ferulstaude aus dem Olympos und gab
es den Menschen zurück. Darüber erzürnt Zeus noch
mehr; er lässt, um die Menschen zu strafen und in's
Unglück zu bringen, den Hephaistos aus Erde eine
schöne Jungfrau bilden, welche von Athene verführe-
risch geschmückt wird, und schickt sie den Menschen.
Dadurch kommen nun dem Menschengeschlecht alle Leiden und Uebel. Den Prometheus fesselte Zeus für seinen
Frevel an den Göttern mit unzerbrechlichen Banden und
trieb ihm noch dazu einen Pfahl mitten durch den Leib,
ein Adler aber zerfleischte dem Gefesselten täglich die
Leber, welche jede Nacht wieder nachwuchs. Herakles
erlegte endlich den Adler und befreite den Prometheus
nach dem Willen des Zeus; denn er wollte, dass sein
Sohn durch diese That noch mehr verherrlicht werde.

Diesem Mythus liegt der Gedanke zu Grunde, dass
durch die Erkenntniss, durch die Cultur, deren Quelle
der Gebrauch des Feuers ist, der Mensch aus dem
glücklichen und friedlichen Zustande eines unschuldigen
Naturlebens heraustrete und zu unzähligen Leiden geführt werde. Prometheus selbst, der Vordenkende, ist
die personificirte Erkenntniss des Menschengeschlechtes,
der erkennende Menschengeist, der, nur auf sich selbst

fassend, den Göttern sich widersetzt, ihnen das Gebührende verweigert und anmassend nach dem greift, was
nur den Göttern gehören sollte. Er brachte sich selbst
in's Verderben; in Fesseln geschmiedet musste er dulden
und leiden, bis Herakles, der Mensch, welcher durch
Kampf und Duldung das Erdenleben überwand und zum
Olympos hinaufstieg, den zerfleischenden Adler tödtete.
Durch das Weib kam das grösste Uebel auf die Erde;
durch die Fortpflanzung des Geschlechts wird dem einzelnen Menschen ein unsterbliches irdisches Leben unmöglich gemacht, die Geschlechter entstehen und vergehen; der Tod also ist das grosse Uebel, welches durch
das Weib auf die Erde gebracht wird. Aehnliche Ideen
finden wir in den alten Urkunden des jüdischen Volkes*).
Aeschylos hat in drei auf einander folgenden Stücken,
dem feuerbringenden, dem gefesselten und dem
befreiten Prometheus, die Sage von Prometheus
behandelt. Wir besitzen hiervon noch das mittlere Stück.

---

*) In den Werken und Tagen des Hesiod (48 ff.) wird
derselbe Mythus in Einigem verschieden erzählt. Hephaistos bildete das Weib aus Wasser und Erde, und die Götter schmückten
sie mit allerlei verführerischen Gaben aus, woher sie den Namen
Pandora erhielt. Hierauf ward sie von Hermes dem Epimetheus, Nachbedacht, dem Bruder des Prometheus, zugeführt,
der sich trotz der Abmahnungen seines Bruders bethören liess
und sie annahm. Bisher hatten die Menschen ohne Alter und
Krankheit, ohne Arbeit und Müh' ein seliges Leben geführt;
jetzt aber machte das Weib diesem glücklichen Zustande ein
Ende. Sie hob von dem Fasse der Uebel den grossen Deckel,
und alle Uebel flogen heraus und verbreiteten sich unter den
Menschen, mit Ausnahme der Hoffnung. Diese blieb, als Pandora
den Deckel schnell wieder schloss, noch in dem Fasse eingeschlossen zurück; es ward also dem von tausendfachen Leiden
heimgesuchten Menschengeschlechte nicht einmal die trügerische
Hoffnung zu Theil, dass es besser werden wird.

Prometheus ist hier der Sohn der Themis; er hatte
sich in dem Titanenkampf auf die Seite des Zeus gestellt,
weil ihm seine Mutter geweissagt hatte, dass die siegen
würden, bei welchen nicht die rohe Gewalt, sondern die
Klugheit herrsche. Als nun Zeus gesiegt hatte und die
neue Ordnung der Dinge einführte, da wollte er das
bestehende Menschengeschlecht, weil es zu roh und thie-
risch sei, vertilgen und ein neues, besseres erschaffen.
Dem widersetzt sich Prometheus; er nimmt sich der
Menschen an, bringt ihnen das dem Hephaistos entwendete Feuer und lehrt sie mancherlei Künste, so dass sie
dem rohen und hülflosen Zustande entwachsen. Auch
befreit er sie von der bangen Voraussicht und Furcht
des Todes und pflanzt ihnen blinde Hoffnungen ein,
dass sie des Todes vergessen. Zeus lässt nun das Menschengeschlecht bestehen, aus welchem Grunde? wird
nicht angegeben; aber den Prometheus bestraft er für
seine Widersetzlichkeit und seinen Trotz, indem er ihn
im wilden Skythenlande in einer öden Gebirgsgegend
anschmieden lässt. Hier klagt er über sein Geschick und
die Ungerechtigkeit des Zeus; denn er werde gestraft
für die Wohlthaten, die er den Menschen zugewandt
habe. Mitleidig kommen die Okeaniden und Okeanos
herbei und geben ihm den Rath, von seinem Trotz ab-
zulassen und sich dem Zeus zu unterwerfen. Prometheus
belehrt sie, dass einst die Zeit kommen werde, wo der
Herrschaft des Zeus Gefahr drohe, und dass alsdann
nur er ihn durch Mittheilung eines Geheimnisses retten
könne. Dies Geheimniss bestand darin, dass eine Göttin
dem Zeus einen Sohn gebären werde, der stärker sei,
als er selbst, und ihn von dem Throne stossen werde.
Dies will Prometheus nicht eher offenbaren, als bis Zeus
seine Fesseln löst und ihm für die angethane Schmach

Genugthuung gibt. Auch Io erscheint auf ihrer Irrfahrt und Prometheus verkündet ihr, dass sie einst in Aegypten Ruhe finden und dort dem Zeus einen Sohn (Epaphos) gebären werde, von dessen späteren Nachkommen Einer, nämlich Herakles, ihn von seinen Leiden befreien werde. Zeus, der die Drohungen des Prometheus vernommen, schickt den Hermes zu ihm mit dem Befehle, die Gattin zu nennen, die den ihm gefährlichen Sohn gebären würde. Da aber Prometheus bei seinem Trotze verharrt, so trifft ihn der Wetterstrahl des Zeus und er wird mit dem Felsen, an den er gefesselt ist, in den Abgrund gestürzt. Hiermit endet die Tragödie. Hermes hat ihm dies Schicksal verkündet, er werde nach langer Zeit erst wieder an's Licht des Tages kommen und so lange an den Felsen, wo ihm täglich ein Adler die Leber fressen werde, geschmiedet bleiben, bis ein anderer Gott freiwillig für ihn in den Hades ginge. Diese Prophezeiungen des Hermes gingen in Erfüllung. Endlich nach langen Leiden des Prometheus übernahm es der Kentaur Cheiron, da er durch einen giftigen Pfeil des Herakles eine unheilbare Wunde am Fusse hatte, für ihn in den Tod zu gehen, und nun erschoss Herakles mit dem Willen des Zeus den Adler und befreite den Prometheus, der vor seiner Entfesselung das Geheimniss offenbarte. Diese Aussöhnung mit Zeus muss den Hauptinhalt des befreiten Prometheus, des letzten Stückes des Aeschylos, ausgemacht haben.

Wir sehen, Aeschylos hat die Sage von Prometheus, welche sich bei Hesiod in dunkelen und zum Theil verworrenen Zügen findet, nur nach Einer Seite hin in grossartigen Umrissen dargestellt. Prometheus steht da als ein Gegner des Zeus, des höchsten Weltregierers. Er ist Freund und Beschützer der Menschen; aber die

Gaben, welche diese von ihm empfangen, sind nur
irdische Güter; er giebt ihnen das Feuer und lehrt sie
mancherlei Künste, die alle auf irdische Wohlfahrt ab-
zwecken. Er, der nur die weltliche Klugheit repräsentirt, hält diese Güter für die einzigen und höchsten;
von den edelsten, den sittlichen Gütern der Menschheit
weiss er nichts und vermag sie den Menschen nicht zu
geben. Er ist der selbstsüchtige nur auf seine gewöhnliche Klugheit und Kraft vertrauende Menschengeist,
der sich dem höheren, göttlichen Willen des Zeus nicht
unterordnen will und darum der Strafe verfällt. Erst
als er von seinem Trotze abgelassen und sich dem Zeus
gefügt hat, wird er von Herakles befreit, dem Ideale
menschlicher Tugend und frommer Unterwerfung unter
den Wilen des Zeus*).

Ueber die Entstehung des Menschengeschlechtes hat sich bei den alten Griechen keine feste
Meinung gebildet. Nach spät erwähnter Sage machte
Prometheus (siehe p. 27. Anm. *) die ersten Menschen aus
Erde oder aus Erde und Wasser, oder er bildete gemeinschaftlich mit Athene nach der deukalionischen Fluth
neue Menschen aus dem zurückgebliebenen Schlamme.
Bei Hesiod in den Werken und Tagen, wo von den verschiedenen Geschlechtern die Rede ist, findet man den
Ausdruck, die olympischen Götter hätten die Menschen
geschaffen; anderwärts aber (Pindar Nem. 6, 1.) herrscht
wieder die Ansicht, dass Götter und Menschen Einen
Ursprung haben, dass beide aus dunkelem Grunde, aus

---

*) Prometheus wurde zu Athen neben den beiden künst-
lerischen Gottheiten Athene und Hephaistos verehrt; man feierte
ihm hier ein Fest, die Prometheen, mit Fackellauf, als dem Geber
des Feuers, der mit Hülfe dieses Elementes mannigfache Künste
zu üben gelehrt hat.

der Erde als gemeinschaftlicher Mutter entsprossen sind. Beide, unsterbliche Götter und sterbliche Menschen, lebten gesellig vereint zu Mahl und Versammlung, bis die Menschen durch Stolz und Uebermuth der glücklichen Gemeinschaft mit den Göttern verlustig giugen oder unter der Herrschaft des Zeus es die Götter für gut fanden, sich mit den Menschen auseinanderzusetzen und zu bestimmen, welche Ehren ihnen von den Menschen für ihre Wohlthaten und ihren Schutz zu Theil werden sollten. Der verbreitetste und älteste Glaube war jedenfalls der, dass die ersten Menschen aus der Erde hervorgewachsen seien, entweder im Gebirgsland aus felsigem Gestein oder in den Flussthälern aus fruchtbarem Schlammboden. So wuchs Pelasgos in Arkadien im hohen Waldgebirg aus der Erde hervor. S. Kekrops in der attischen, die Sparten in der thebanischen Sage.

Die Vorstellung, dass das Menschengeschlecht aus der Erde entsprungen sei, findet sich auch in der Sage von Deukalion und Pyrrha. Als Zeus mit dem frevelnden Menschengeschlechte nicht mehr zufrieden war und dasselbe durch eine grosse Fluth vertilgte, rettete sich allein Deukalion, König von Phthia, mit seinem Weibe Pyrrha in einem grossen Schiffe. Nach neun Tagen und neun Nächten landeten sie am Parnassus in Phokis. Die Fluth verlief sich und Deukalion erbat sich von Zeus, dass neue Menschen würden, oder er fragte das delphische Orakel, auf welche Weise wieder ein sterbliches Geschlecht entstehen würde. Themis, welche damals das Orakel besass, antwortete: „Hüllet euch beide das Haupt und löst die gegürteten Kleider, werft sodann die Gebeine der grossen Erzeugerin rückwärts." Deukalion deutete sich die Gebeine der grossen Erzeugerin als die Steine der Erde; und so warfen denn

beide Steine hinter sich. Aus den Steinen des Deukalion entstanden Männer, aus denen der Pyrrha Frauen.
(Ovid. Met. 1, 260 ff.) Diese Sage von Deukalion und
der grossen Fluth bezieht sich ursprünglich nur auf
Griechenland oder vielmehr nur auf Thessalien und die
Gegend um den Parnass und stand anfangs für sich
allein da. Später aber suchte man diesen Sagenkreis mit
dem des Prometheus und den Sagen über die verschiedenen Menschengeschlechter zu verbinden und machte
den Deukalion zum Sohne des Prometheus und Pyrrha
zur Tochter des Epimetheus und der Pandora. Der Sohn
des Deukalion und der Pyrrha aber war Hellen, Herrscher in Phthia, der Stammvater der Hellenen; von dessen Söhnen Aiolos, Doros und Xuthos waren die beiden
ersteren die Begründer des äolischen und des dorischen
Stammes. Aiolos erhielt das väterliche Erbtheil, da aber
der äolische Stamm am weitesten in Hellas verbreitet
war, so erzählt die Sage von sieben Söhnen desselben,
die als Stammfürsten an verschiedenen Orten Griechenlands sich niederliessen: Kretheus erbaute Iolkos, Sisyphos Korinth, Salmoneus Salmone in Elis, Athamas
herrschte in Orchomenos, Deïon in Phokis, Magnes in
Magnesia, Perieres ward König in Messene. Xuthos,
von seinen Brüdern aus Thessalien verdrängt, heirathete
in Attika des Erechtheus Tochter Kreüsa und ward Vater
des Ion und Achaios, der Stammfürsten der Ioner und
Achaier. Aus dem ionischen Attika vertrieben, wohnte
er eine Zeit lang mit seinen Söhnen in Achaia, dem
Sitze der Ioner und später der Achaier; Achaios aber
zog zurück nach Thessalien und herrschte dort nach des
Aiolos Tod.

FIG. II. III.

Zeus.

Hera.

Specieller Theil.

A. Die Götter.

I. Die Götter des Olympos.

---

1. Zeus (Ζεύς, Gen. Διός, Jupiter)*).

Zeus, der Sohn des Kronos und der Rhea (Hesiod Theog. 453.), daher von den Dichtern Kronion und Kronide (Κρονίων, Κρονίδης. Saturnius) genannt, war der gewaltige Herrscher der Welt, der Vater der Götter und Menschen. Er ist der mächtigste unter allen Göttern, seinem Willen müssen sich alle beugen. „Wohlan, sagt er, als er den Göttern verbietet an dem Kampfe vor Troja Theil zu nehmen, versucht es, hängt ein goldenes Seil vom Himmel herab und fasset es alle, Götter und Göttinnen, nicht werdet ihr mich, den Zeus, den höchsten Berather, aus dem Himmel herabziehn, so sehr ihr euch auch abmühtet; aber wollte ich ziehen, ich zöge euch herauf sammt der Erde und Meer und bände das Seil an das felsige Haupt des Olympos, dass die Welt schwebend im Luftraum hinge. So viel stärker bin ich als Götter und Menschen." (Hom. Il. 8, 18 ff.) Darum wird er geehrt von allen Unsterblichen; wenn er in ihre Ver-

---

*) Der ursprüngliche Nominativ zu Διός wäre Δίς (gleichen Stammes mit dies und deus), durch Verbindung des δ mit dem Zischlaute σ (σδ = ζ) entstand der Nominativ Ζεύς (äol. Δεύς), dem eine andere Form Ζής oder Ζήν (Gen. Ζηνός, äol. Δάν) zur Seite gestanden haben mag. In Jupiter, Jovis ist an die Stelle des ζ in Ζεύς ein j getreten, wie z. B. in jugum = ζυγόν.

sammlung tritt, so erheben sich alle von ihren Sitzen und gehen ihm grüssend entgegen (Il. 1, 533.). Hoch thront er auf seinem Herrschersitz im Olympos und ihm nahen die Götter mit ihren Bitten; wenn er gnädig gewährend sein Haupt neigt, so wallt das ambrosische Haar von dem unsterblichen Haupte hernieder und er erschüttert den ganzen Olympos. Von Zeus geht aus die Ordnung aller Dinge, in seiner Hand stehen die Geschicke der Menschen, alles Gute und alles Böse kommt von ihm, denn er vermag alles (Od. 4, 236.). In seinem Hause stehen zwei Tonnen, die eine mit bösen Gaben gefüllt, mit Gütern die andere; daraus theilt er den Menschen nach eigener Wahl ihre Geschicke zu (Il. 24, 527.). Als vor Troja der Kampf ohne Entscheidung hin und her wogt, da nimmt er, auf dem Berge Ida sitzend, die goldene Wage und legt hinein die Todesloose, die der Troer und der Achäer, fasst die Wage in der Mitte, und es neigt sich die Schale der Achäer (Il. 8, 69.). Ebenso wägte er die Geschicke des Achilleus und Hektor gegen einander ab (Il. 22, 209.).

Betrachtet man übrigens dieses Bild genauer, so ergibt sich, dass doch die Geschicke der Welt nicht in der Hand des Zeus ruhen, sondern dass die Bestimmung derselben von einer höheren, dunkelen Schicksalsmacht ausgeht, — von der Moira; man findet, dass Zeus, wie er sonst wohl der Moira gleichgesetzt wird, anderwärts wieder als ihr untergeordnet erscheint. Dieser Widerspruch zeigt sich von Homer an durch das ganze griechische Alterthum und wurde von dem Heidenthum nie gelöst. Der Grund liegt darin: Zeus ist der höchste, vollkommenste und mächtigste Gott des griechischen Glaubens; da aber eine Menge anderer Götter neben ihm stand und soviel Freiheit behielt, dass die Macht

des Zeus keine durchgreifende und unbeschränkte sein
konnte, so drängte sich dem Griechen das Bedürfniss
auf, über diesem höchsten und dennoch nach gewissen
Seiten hin beschränkten Gotte noch ein höheres Wesen
zu denken, das die ganze in viele Personen gegliederte
Götterwelt mit seiner Macht umfasste. Man hatte aber
Alles, was die schöpferische Kraft des menschlichen
Geistes vermochte, schon auf Zeus und die übrigen Götter
zusammengehäuft und gewissermassen verbraucht; daher
blieb jene Moira ein Wesen ohne Leben und Persönlichkeit, nur eine dunkele unbegreifliche Macht, ganz
verschieden von den klaren und rein ausgebildeten Göttergestalten des Olympos.

Zeus wohnet auf dem Olympos, dem schneebedeckten
Berge Thessaliens, der mit seinen Gipfeln über die Wolken hinaus in den Himmel reicht. Somit ist der Himmel
in Aether und Wolken sein Aufenthalt, und die Erscheinungen des Himmels gehen von ihm aus, er sammelt und
zerstreut die Wolken, sendet Regen und Schnee und
Hagel, schleudert den gezackten Blitz und erregt den
weithin rollenden Donner. Wenn er seinen Schild, die
glänzende mit Quasten besetzte Aegis (Il. 5, 738.) schüt-
telt, dann entsteht Sturm und Wetter, dann verhüllt er
die Berge in dunkele Wolken und blitzt und donnert
laut (Il. 17, 593.). Der Blitz ist seine furchtbarste Waffe,
mit der er Menschen und Götter schreckt (εὐρύοπα,
ὑψιβρεμέτης, ἐρίγδουπος, der Weit-, Hoch-, Laut-Don-
nernde; τερπικέραυνος, der Donnerfrohe; ἀργικέραυνος,
ἀστεροπητής, der Blitzschleuderer; νεφεληγερέτα, κελαι-
νεφής, der Wolkenversammler, der Schwarzumwölkte;
αἰγίοχος, der Aegisführende). Wie aber hier Zeus in
dem Schrecken des Wetters sich offenbart, so erscheint
er auch wieder als der Besänftiger der tobenden Ele-

mente, so schickt er den günstigen Fahrwind und bringet
den heiteren Tag (Z. οὔριος, Od. 15, 475. αἰθέριος). Von
ihm kommt alle Ordnung in der Natur. Die Horen,
die Gottheiten der Witterung und der wechselnden Jahreszeiten, welche das Wolkenthor des Olympos öffnen
und schliessen und durch Regen oder Heitre den Früchten Gedeihen bringen (Od. 24, 343.), sind seine Dienerinnen oder auch seine Töchter.

Wie Zeus über die seligen Götter herrscht, wie von
seinem Willen die Veränderungen in der Natur abhän-
gen, so waltet er auch in dem Menschenleben. Er gibt,
wie wir schon hörten, den Menschen jegliches Geschick,
und da er das Zukünftige wie das Gegenwärtige weiss,
so kommen von ihm dem Menschen alle Weissagungen
durch Zeichen allerlei Art, durch Träume, durch Blitz
und Vogelflug und durch Orakel; denn Apollon, sein
geliebter Sohn, verkündet nur den Willen des höchsten
Gottes. Daher heisst Zeus πανομφαῖος (Il. 8, 250.), der
Gott aller Stimmen und Laute. — Wie die Ordnung der
Natur das Werk des Zeus ist, so stammt auch im Menschenleben alle Ordnung, Gesetz und Recht von ihm
und steht unter seinem Schutz. Von ihm, dem König
der Götter, haben die Könige der Erde ihre Macht und
Herrschaft erhalten, auf dass sie Recht üben und Ordnung handhaben (Il. 2, 205.). Er ist Beschützer der
Volksversammlungen (ἀγοραῖος) und des Rathes (βουλαῖος)
und zürnt schwer den Männern, die in der Versammlung mit Gewalt das Recht beugen und die Gerechtigkeit vertreiben (Il. 16, 386.). Darum sind Themis und
Dike und Nemesis seine Genossinnen. Der Eid wird
von ihm überwacht; wer ihn verletzt, den trifft die Strafe
des Zeus (Z. ὅρκιος. Il. 4, 158.). In seiner besonderen
Obhut stehen die Rechte des Gastes, des Flüchtlings

und Schutzflehenden (Z. ξένιος, ἱκέσιος). Wie den Staat,
so beschirnt er die Familie und das Haus und hat deswegen gewöhnlich in der Mitte des Hofes einen Altar
(Z. ἕρκειος).

Wie im Vorhergehenden das Wesen des Zeus geschildert worden ist, so finden wir ihn im Allgemeinen
bei Homer. Doch diesem Dichter sind seine Götter
Wesen mit menschlichen Tugenden und menschlichen
Schwächen; daher sehen wir bei Homer den Zeus bisweilen in Verhältnissen, die menschlichen Verhältnissen
ganz ähnlich sind, in denen die überirdische Herrlichkeit und Grösse jenes mächtigsten und erhabensten Gottes einigermassen getrübt wird. Im Olympos findet sein
Herrscherrecht bei den Göttern nicht immer die volle Anerkennung; besonders widersetzen sich ihm oft seine Gemahlin Hera und sein Bruder Poseidon, sowie seine
geliebte Tochter Athena, und suchen durch List und
Gewalt eine Herrschaft über ihn zu erlangen. So wollten
einst jene drei Gottheiten den Zeus fesseln und in Banden
halten; aber Thetis holte aus dem Meere den gewaltigen
Wogenmann Briareos-Aigaion, den hundertarmigen,
der sich im Vollgefühle seiner Kraft neben Zeus setzte
und die Götter schreckte, dass sie den Herrscher zu
binden nicht wagten (Il. 1, 399.). Mit Hera lebte er
besonders im Streite wegen seines Sohnes Herakles,
den Hera hasste, weil er von einer andern Mutter geboren war. Sie verband sich mit Hypnos, dem Schlafe,
der den Zeus überwältigen musste, während sie gegen
den von Troja nach Griechenland zurücksteuernden
Herakles das Meer aufregte und ihn dem Verderben
nahe brachte. Als Zeus erwachte und das Unheil sah,
strafte sein Zorn die Gattin auf furchtbare Weise. Er
fesselte sie mit unlösbaren goldenen Banden an den

Aether und band zwei schwere Ambose an ihre Füsse,
und als die Götter herbeisprangen ihr zu helfen, warf
er jeden, den er ergriff, über die Schwelle des Himmels
hinab auf die Erde; den Herakles aber führte er sicher
nach dem rossenährenden Argos (Il. 14, 249. und 15, 18.).
Wir sehen also, der weiseste Gott kann hintergangen
werden, auch er steht unter dem Einflusse der Ate,
der Bethörung und Verblendung (Il. 19, 95 — 133.). An
dem trojanischen Kriege nimmt er selbst nicht wie die
andern Götter unmittelbaren Antheil, denn das ziemt sich
nicht für den erhabensten der Götter; aber er begünstigt
je nach seinen Zwecken bald die eine, bald die andere
Partei. Im Ganzen lässt er an Troja sich das ihm bestimmte Verhängniss erfüllen; aber damit der von Agamemnon beleidigte Achilleus, seinem der Thetis gegebe-
nen Versprechen gemäss (Il. 1, 493 ff.), von den Achäern
wieder geehrt werde, begünstigt er eine Zeitlang die
Trojaner und gibt ihnen Ruhm.

Die Vorstellung, welche Homer von Zeus hat, bleibt
in der Folge bei dem ganzen griechischen Volke im
Wesentlichen dieselbe. Er ist der Nationalgott der
Griechen und wird überall als der höchste, als der Vater und König der Götter und Menschen, verehrt. Die
Nationalspiele zu Nemea in Argolis und zu Olympia
in Elis, wo er (Z. Ὀλύμπιος) in dem Haine Altis einen
herrlichen Tempel mit der berühmten von Phidias ver-
fertigten Bildsäule hatte, wurden ihm zu Ehren gefeiert.
So wurde er denn auch ein Vorsteher des Kampfes
(Z. ἀγώνιος) und ein gnädiger Verleiher des Siegs; er
selbst war ja einst in der Titanenschlacht ein gewaltiger
Kämpfer gewesen und ein ruhmreicher Sieger.

An einzelnen Orten Griechenlands erhielten sich
noch Vorstellungen von Zeus aus uralter Zeit, die noch

mehr die ursprüngliche Naturseite des Himmelsgottes zeigen und von dem homerischen, olympischen Zeus sehr verschieden waren. Die Bergesgipfel waren im allgemeinen die Stätten, wo der in der Höhe waltende, bald Segen bald Schrecken niedersendende Gott verehrt ward. Die älteste Verehrung genoss Zeus zu Dodona in Thesprotien auf dem quellreichen Berge Tomaros und an dessen Fusse, wo sein berühmtes Orakel lag (Od. 14, 327.). Die Priester an diesem Orakel hiessen Sellen (Σελλοί), sie gingen mit ungewaschenen Füssen und schliefen auf blosser Erde. Dies ist der pelasgische oder dodonäische Zeus, zu dem Achilleus in der Ilias (16, 233.) als seinem Stammgotte betet, ein im Aether webender Gott, der den befruchtenden Regen zur Erde sendet und in dem Rauschen der Bäume sich offenbart. Die älteste Art der Weissagung geschah nach dem Rauschen einer dem Zeus heiligen Eiche mit essbaren Früchten, eines Baumes, der auch sonst dem segensreichen Gotte geweiht ist (Il. 7, 60.). Auch weissagte man nach dem Fluge von Tauben, die hier dem Zeus geheiligt waren, und aus dem Klange eherner in der Luft schwebender Becken, sowie aus einer heiligen Quelle am Fusse der Eiche. Der im Aether webende Geist ward früh mit der Allmutter Erde, Gaia oder Ge, zusammengebracht, deren Fruchtbarkeit er durch die Feuchte des Himmels erweckt; die dodonäischen Priesterinnen sangen das Lied:

„Zeus war, Zeus ist und Zeus wird sein. O grössester Gott Zeus! Früchte spendet die Ge; d'rum nennet Mutter die Gaia!"

Diese Priesterinnen sollen zu Dodona neben den Sellen eingesetzt sein, seit Dione dem Zeus als Tempelgenossin beigesellt war. Dione ist nämlich in Dodona die Gemahlin des Zeus, statt Hera. Sie enthält denselben Begriff wie der dodonäische Zeus, nur in weiblicher

Gestalt; darauf deutet auch ihr Name hin ($Z\epsilon\acute{v}\varsigma - \Delta\iota\acute{o}\varsigma$
— $\Delta\iota\acute{\omega}\nu\eta = Juno$). Sie ist auch eine Gottheit des Aethers
und sendet als solche den befruchtenden Regen, daher
heisst sie Regen-Dione ($\Delta\iota\acute{\omega}\nu\eta$ '$T\acute{\alpha}\varsigma$). Weil sie aber nur
in Dodona besonders verehrt war, und dieses alte Hei-
ligthum in der spätern Zeit von andern verdunkelt wurde,
so trat sie in der Folge mehr in den Hintergrund und
wurde durch Hera von der Seite des Zeus verdrängt.
Sie spielt in den griechischen Göttergeschichten eine sehr
untergeordnete Rolle und wurde von Einigen nur für
eine Nymphe gehalten oder zu den Titanen gezählt;
daher gilt sie auch für eine Tochter des Okeanos und
der Tethys, oder des Uranos und der Ge. Sie soll
von Zeus die Aphrodite geboren haben (Il. 5, 371.).
— Von Dodona, einem der ältesten Sitze der Hellenen,
von wo die hellenischen Stammsagen von Deukalion und
von den Aiakiden sich nach Thessalien, an den Parnass
und bis nach Aigina verbreitet haben, ist der Cultus
des Z. $^{\cdot}E\lambda\lambda\acute{\eta}\nu\iota\sigma\varsigma$ oder $\Pi\alpha\nu\epsilon\lambda\lambda\acute{\eta}\nu\iota\sigma\varsigma$ nach Aigina gedrungen.
Aiakos, der fromme und milde Sohn des Zeus und der
Aigina, Herrscher der Insel, Vater des Peleus und des
Telamon, flehte einst zu dem Vater Zeus, dass er die
menschenleere Insel ihm bevölkere, und der Gott ge-
währte dem Sohne soviele Unterthanen, als dieser
Ameisen an einer dem Zeus geheiligten Eiche hatte hin-
aufeilen sehen (Ov. Met. 7, 627.); Aikos nannte sein
neues Volk Myrmidonen ($\mu\acute{v}\varrho\mu\eta\varkappa\epsilon\varsigma$, Ameisen). Zu andrer
Zeit, als Hellas von grosser Dürre heimgesucht wurde,
bewirkte er durch Opfer und Gebet, dass Zeus den er-
sehnten Regen sendete, und man baute zum Danke dem
Zeus Panhellenios auf dem höchsten Berge der Insel,
wo der Gott thronte, einen Tempel.

Ein Naturgott, ähnlich dem dodonäischen, ist auch

Zeus auf der Insel Kreta; doch sind hier asiatische
Vorstellungen mit hellenischen verschmolzen. Hier soll
Rhea den Zeus in einer Grotte des Berges Dikte (Z.
Δικταῖος), damit ihr Gemahl Kronos das Kind nicht
verschlinge, heimlich geboren und den Kureten (oder
auch den Korybanten) und den Nymphen Adrasteia
und Ida, den Töchtern des Melisseus, des Honig-
manns, zur Bewahrung und Erziehung übergeben haben.
Das Götterkind wurde nun mit der· Milch der Ziege
Amaltheia (Nährerin) und mit Honig, den die Bienen
vom Gebirge herbeitrugen, ernährt und wuchs bald zu
voller Kraft heran, dass er seinen grausamen Vater vom
Throne stossen und sich selbst der Herrschaft über die
Welt bemächtigen konnte (siehe p. 12.). Wie Zeus auf
Kreta geboren sein soll, so wurde auch dort sein Grab
gezeigt; er starb also und lebte wieder auf, wie die
Natur im Herbste stirbt und im Frühling wieder neu
geboren wird. Dieser Naturgott, gewissermassen das
persönliche Bild der Natur, wurde von den Kretern auf
eine orgiastische, wild begeisterte Weise verehrt; unter
Waffentanz und jauchzender Freude und der schallenden
Musik der Kureten, der Priester des Gottes, beging man
das Auferstehungsfest der Natur, mit Trauer und Klage
das Sterbefest. Zeus wurde also hier ähnlich wie anderwärts Dionysos verehrt. Wahrscheinlich stellte man sich
den Zeus in Kreta auch unter dem Bilde eines Stiers
vor; hierauf deutet die in Kreta ausgebildete Sage von
dem Raub der Europa. Zeus, voll Liebe zu der
Europa, der Tochter des Phoinix, den man zu einem
phönikischen König machte, verwandelte sich in einen
Stier und trug die Königstochter von Phönikien aus
über's Meer nach Kreta. (Ovid. Metamorph. 2, 850 ff.,
cf. Horat. Od. 3, 27, 25.)

Nach den arkadischen Sagen war Zeus in Arkadien geboren, auf dem Berge Parrhasion oder auf dem Lykaion, und von Nymphen aufgezogen worden. Den uralten Dienst des Z. Lykaios auf dem Berge Lykaion soll Lykaon, der S. des Pelasgos, eingesetzt haben, indem er am Altare des Gottes sein Kind opferte, wofür ihn jedoch Zeus noch während des Opfers in einen Wolf (λύκος) verwandelte (eine verschiedene Erzählung s. Ov. Met. 1, 195 ff.). Dieser in alter Zeit durch Menschenopfer gesühnte Zeus Lykaios erscheint einerseits als ein Gott des himmlischen Lichtes, andererseits aber auch als ein Spender des erquickenden Regens. . Grosse Aehnlichkeit mit dem lykaiischen Zeus hatte der finstere, blutige Menschenopfer heischende Z. Laphystios der Minyer in Thessalien und Böotien, mit dessen Cultus Athamas und sein Geschlecht auf's engste verknüpft sind (s. Argonautensage). Doch steht in demselben Cultus jener furchtbaren Seite des Gottes auch eine milde und gnädige entgegen in dem Z. Phyxios, der dem Flüchtling Rettung und Schutz zu Theil werden lässt. Denselben Gegensatz finden wir in Attika in dem' zürnenden Z. μαιμάκτης und dem freundlichen Z. μειλίχιος, dem gegen Ende des Winters, am 23. Anthesterion, die mit allerlei Sühngebräuchen verbundenen Diasien gefeiert wurden, sowie dem μαιμάκτης gegen Anfang des Winters im Monat Maimakterion die Maimakterien. Auch in Attika hatten sich mannigfache Beziehungen des Zeus zur Natur erhalten; man flehte ihn an um Schutz und Gedeihen der Feldfrüchte, namentlich der Oelbäume (Z. γεωργός und μόριος, Soph. O. C. 705.). Der Zeus Ammon, dessen Orakel in der libyschen Wüste westlich von Aegypten lag, war ursprünglich kein griechischer, sondern ein ägyptischer Gott. Die späteren Griechen hatten die Sucht ihre Gottheiten mit denen anderer Völker, besonders der Aegypter, zu verschmelzen und für gleichbedeutend zu erklären. So wurde denn jener ägyptische Ammon, dessen Orakel mit dem dodonäischen manche Aehnlichkeit gehabt haben mag, mit dem griechischen Zeus identificirt, und man erbaute diesem Zeus Ammon nun auch in Griechenland Altäre und Tempel.

Die Kinder des Zeus und der Hera sind Ares, Hephaistos, Hebe (Hes. Th. 922.); ausserdem aber wurden ihm viele Söhne und Töchter von andern Göttinnen und sterblichen Frauen geboren: Apollon und Artemis von Leto, Hermes von Maia, Persephone von Demeter, Aphrodite von Dione, die Horen von Themis, die Chariten von Eurynome, des Okeanos Tochter, die Musen von Mnemosyne; Herakles, der Sohn der Alkmene, Dionysos, der Sohn der Semele, Perseus, der der Danae, Kastor und Polydeukes, Söhne der Leda, waren die ausgezeichnetsten Kinder des Zeus von sterblichen Frauen. Athene entsprang aus dem eigenen Haupte des Zeus.

Die berühmteste und vorzüglichste Darstellung des Zeus durch die bildende Kunst war die von Phidias gefertigte Statue zu Olympia, wozu ihm die Verse bei Homer Il. 1, 528:

„Also sprach er und winkte mit schwärzlichen Brauen Kronion; Und die ambrosischen Locken des Herrschers wallten ihm vorwärts Von dem unsterblichen Haupt; es erbebten die Höh'n des Olympos."

das Vorbild gaben. „Der erhabenste Schwung in der Auffassung des Zeusideals machte diese Statue zu einem Wunder der Welt. Die zu Grunde liegende Vorstellung ist die des allmächtig herrschenden, überall siegreichen Gottes in huldvoller Gewährung, gnädiger Erhörung menschlicher Bitten'. In ihm schauten die Griechen den

Zeus gegenwärtig; ihn zu sehen war ein Nepenthes (eine
Linderung und Verscheuchung alles Leides und Kum-
mers), ihn vor dem Tode nicht erblickt zu haben beinah
ein solches Unglück, als in die Mysterien uneingeweiht
zu sterben." (C. O. Müller: Handbuch der Archäologie
der Kunst. §. 115.) „Es war eine sitzende Figur auf einem
mit Gold und Elphenbein verzierten Throne, etwa 40 Fuss
hoch auf einer Basis von 12 Fuss. Die Bekleidung ist bis
auf die Hüften herabgesunken. Der Körper bestand aus
Elphenbein, die Gewänder ans Gold. Der Gott hielt in
der Rechten eine Nike (Siegesgöttin), in der Linken das
Scepter mit dem Adler; denn der in der Höhe thronende
König der Götter hatte den hochkreisenden König der
Vögel zum Symbol. Die Gesichtszüge und die Form des
Hauptes und des übrigen Körpers an dieser Statue wurden stets von späteren Künstlern als Vorbild genommen.
Die Haare erhoben sich über der Mitte der Stirne und
fielen in reichen Locken auf beiden Seiten herunter; der
obere Theil der Stirne war klar und heiter, der untere
Theil, mächtig vorwölbend, drückte die Kraft und das
Sinnen des Geistes aus, die Augen lagen stark zurück
und waren weit geöffnet, um die feinen milden Züge
der Lippen und Wangen wallte ein reicher voller Bart;
die Brust war kräftig und breit. (Siehe Fig. 1. eine
Zeusstatue in der vaticanischen Sammlung. Fig. 2. Zeus-
büste im Mus. Pio-Clementino.)

2. Hera (ʽΗρη, ʼΗρα, Juno)[*]).

Hera, die älteste Tochter des Kronos und der Rhea
(daher *Saturnia*), Schwester des Zeus (Hes. Theog. 453.),
wurde von Okeanos und Tethys erzogen, denen Rhea

---

[*] Der Name bedeutet wahrscheinlich „Herrin."

FIG. IV.

Hera.

sie brachte, als der waltende Zeus den Kronos unter
die Erde verstiess (Il. 14, 200.). Zeus verband sich heimlich mit ihr ohne Vorwissen der Eltern, er raubte die
Braut und ein ganzes Jahrenjahr, dreihundert Jahre,
blieb ihre Ehe verborgen*). Da erklärte er sie als
seine rechtmässige Gemahlin und machte sie zur Königin des Himmels. Aber nicht in dem vollen Sinne, wie
Zeus der Herrscher über Götter und Menschen ist, ist
auch Hera Königin des Himmels; zwar besitzt sie grosse
Gewalt und durch ihre Würde ein gewisses Uebergewicht
über die andern Götter, der Himmel erbebt, wenn sie
auf ihrem goldnen Throne zürnt (Il. 8, 199.), aber dem
Zeus steht sie bei weitem nach. Die übrigen Götter
ehren sie hoch als die Gemahlin des Zeus und erheben
sich von ihren Sitzen, wenn die erhabene Göttin in ihre
Versammlung tritt, wie vor Zeus selbst. Ihrer Würde
als der Gemahlin des höchsten Gottes entspricht ihre
äussere Erscheinung. Wenn die schöngelockte (ἠύκομος)
weissarmige (λευκώλενος) Göttin mit dem grossen Auge
(βοῶπις) in ihrer ganzen Herrlichkeit auftreten will, dann
badet sie den unsterblichen Leib in Ambrosia, salbt sich
mit ambrosischem Oele, welches das ganze Haus des
Zeus, den Himmel und die Erde mit seinem köstlichen
Dufte erfüllt, hüllt sich in das schöne, von Athene gefertigte Gewand mit goldenen Spangen, legt den verzierten Gürtel um den herrlichen Leib und schmückt die
Ohren mit prächtigen Gehängen; dann wirft sie einen
sonnenhellen Schleier um ihr Haupt und bindet unter die
glänzenden Füsse die schönen Sandalen (Il. 14, 170—186.).

---

*) Die Griechen bildeten diese Sagen, weil es bei ihnen
selbst Sitte war vor der Vermählung sich heimlich mit der Braut
zu verbinden und bei der Hochzeit die Braut zu rauben.

Ihren stattlichen Wagen mit dem Zweigespann schirren Hebe und die Horen an und ab (Il. 5, 720 ff. 8, 433.).

Ihre Ehe mit Zeus ist diejenige Seite, welche in ihrem Wesen am meisten hervortritt. Zeus ehrt sie als seine Gemahlin, er rathschlagt mit ihr und theilt ihr oft seine Pläne mit, von denen andre Götter nichts wissen. Aber nur zu oft sucht Hera diese ihre Rechte als Ehefrau geltend zu machen und verlangt mehr, als Zeus ihr gewähren will; daher häufig Zank und Zwietracht unter den beiden Gatten. Besonders bei Homer tritt dieser trotzige und streitsüchtige Charakter der Hera hervor; der Dichter benutzt ihn zu allerlei interessanten Situationen. Den Troern hat die Göttin ihren ganzen Hass zugewandt, weil der troische Königssohn Paris in dem Streit der Göttinnen Hera, Athene und Aphrodite um die Schönheit nicht ihr, sondern der Aphrodite den Preis zuerkannt hatte; die Griechen aber begünstigt sie in dem trojanischen Kriege, denn Argos, Mykene und Sparta sind ihre Lieblingssitze (Il. 4, 51 ff.) und ihr vor allen geweiht. Wenn daher Zeus einmal die Troer begünstigt und den Griechen Verderben sendet, so hat der Gemahl Vorwürfe und Widersetzlichkeit von ihr zu erwarten. Ja sie mischt sich selbst in den Kampf und als sie einst mit Artemis, die den Troern Hülfe leistet, zusammenstösst, nimmt sie ihr den Köcher ab und schlägt ihr denselben unter Schelten und Lachen um die Ohren, dass die Göttin weinend wie eine Taube, die von dem Falken gescheucht wird, aus dem Kampfgewühl entflieht (Il. 21, 481 — 496.).

Den Zorn und die Verfolgung der strengen eifersüchtigen Gemahlin des Zeus müssen besonders die von Zeus geliebten Göttinnen und Frauen und deren Kinder erleiden. (Siehe Apollon, Dionysos, Herakles.) Eine dieser Frauen war I o, die Tochter des Inachos in Argos, nach der Sage eine Priesterin der Hera, ursprünglich aber ein göttliches Wesen. Weil sie von Zeus geliebt wurde, verwandelte Hera sie aus Eifersucht in eine Kuh und gab ihr als Wächter den hundertäugigen Argos bei, den Argos Panoptes. Zeus aber liess durch Hermes den Wächter der Io tödten und. sie selbst nach langem Irren endlich nach Aegypten gelangen, wo sie als Isis verehrt ward*).

Weil Hera unter den Göttinnen des Olympos die einzige wahre Ehefrau ist und sie auch von den ältesten Zeiten her an den verschiedenen Orten ihrer Verehrung stets in ehelicher Verbindung mit Zeus erscheint, so hielt man sie vorzüglich für die Schützerin der Ehen. Als die Göttin, welche die Ehen segnet und in den Nöthen der Geburt beisteht, wurde sie von den Frauen angerufen. In dieser Beziehung hat sie die Beinamen γαμηλία, ζυγία, Ehegöttin, εἰλείθυια, Göttin der Geburten; darum sind die Eileithyien (Εἰλείθυιαι), die bei der Geburt

---

*) Homer erwähnt diese Sage nicht; doch hat bei ihm Hermes den Beinamen Ἀργειφόντης, der Argostödter (Od. 1, 38.). Man sieht hieraus, dass es vor und zur Zeit des Homer eine reiche Sagenwelt gegeben haben muss, die nur zum Theil in die homerischen Gedichte aufgenommen werden konnte. Die Verschmelzung der griechischen Io und der ägyptischen Isis in Eine Person gehörte natürlich nicht der ursprünglichen Sage an. Erst in späterer Zeit haben die Griechen ihre Götter mit den Göttern der Aegypter identificirt. Der Grund, warum dies bei Io und Isis geschah, war ein ganz äusserlicher, er lag darin, dass beide mit Hörnern auf dem Kopfe dargestellt wurden. Io war entweder nur eine ältere Vorstellung der Hera selbst, oder sie ist eine Personification des am Himmel hinwandelnden (Ἰω = εἶμι) Mondes; in dieser Auffassung deuten ihre Hörner auf die Form des Halbmondes, und der vieläugige Argos ist dann ein Bild des bestirnten Himmels.

heistehenden Göttinnen, ihre Töchter (Il. 11, 269.) *).
Uebrigens stand Hera in ältester Zeit gleich Zeus in
enger Beziehung zur Natur; manche deuten sie als die
Erde, welche mit dem Himmelsgotte Zeus in heiliger
Ehe (ἱερός γάμος) den Segen der Natur, Pflanzen und
Blüthen erzeugt, andre als die weibliche fruchtbare Seite
des Himmels, als die Göttin der Luft und Atmosphäre. —
Ihre und des Zeus Kinder sind bei Zeus angeführt.

Hauptorte ihrer Verehrung waren Argos und Mykene,
zwischen denen das berühmte Heiligthum der argivischen
Hera lag, Sparta (Il. 4, 51.), Korinth und manche andre
Orte des Peloponneses, ferner Samos, viele Städte Böotiens und Euböa's, namentlich Platäa und Thespiae am
Kithaeron, der ein alter Mittelpunct des Heracultus war.
Die Ceremonien bei den Festen, die ihr an diesen verschiedenen Orten gefeiert wurden, bezogen sich alle auf
ihre Vermählung und Ehe mit Zeus.

Geweiht waren ihr der Granatapfel, das Symbol der
Liebe, der Kukuk, der Verkünder des Frühlings, in
welcher Jahreszeit sich Hera mit Zeus vermählt hatte.
Der Pfau, der aus dem Blute des erschlagenen Argos
entstanden sein sollte, war der Himmelskönigin heilig
wegen der Augen seines Schweifes, die als ein Bild der
Sterne des Himmels galten (Ov. Met. 15, 385.).

Von der bildenden Kunst wurde Hera immer in edler
erhabener Gestalt dargestellt, als die hohe Gemahlin des
Zeus. Ihr berühmtestes Bild war die von Polyklet ver-
fertigte Statue zu Argos. Sie hatte eine Art Krone
(στέφανος) auf dem Haupte, die mit den Figuren der
Chariten und Horen geschmückt war. In der einen Hand

---

*) Die Eileithyia in der Einzahl, welche in Kreta eine
Grotte bewohnt, wird erwähnt Od. 19, 188.; sie ist nach Hes.
Th. 922. Tochter des Zeus und der Hera.

FIG. V.

Pallas Athena.

:.

hielt sie einen Granatapfel, in der andern ein Scepter mit einem Kukuk auf der Spitze. Das Antlitz der Hera zeigt die Formen einer unvergänglichen Blüthe und Reife der Schönheit, sanftgerundet ohne Ueberfülle, Ehrfurcht gebietend ohne Schroffheit, die gerundeten und offenen Augen schauen gerade vor sich hin. Die Gestalt ist blühend und völlig ausgebildet, umkleidet mit einem langen Chiton, der nur Hals und Arme frei lässt: darüber ist ein Himation geworfen, das um die Mitte der Gestalt liegt; der Schleier, ein wesentliches Attribut der Verlobten und Frau, ist gewöhnlich nach dem Hinterhaupte zurückgeschoben. (Siehe Fig. 3. Herabüste in der Villa Ludovisi zu Rom. Fig. 4. Herastatue in der vaticanischen Sammlung.)

3. Pallas Athena (Ἀθηνᾶ, Ἀθήνη, Ἀθηναίη, Minerva)*).

Pallas Athena ist die Tochter des Zeus, das Kind eines starken Vaters (ὀβριμοπάτρη, Od. 1, 101. Il. 5, 747.), neben Zeus vor allen andern Göttern hochgeehrt. Homer nennt keine Mutter, aber Hesiod erzählt, dass Zeus die Metis (Klugheit) auf Rath der Gaia verschlungen und darauf aus seinem Haupte die Athena geboren habe (Hes. Th. 886—900. cf. Hom. Hymn. 28. εἰς Ἀθηνᾶν. Pind. Ol. 7, 34 ff.). Diese Sage ist von Späteren weiter ausgebildet worden und es hiess, dass Hephaistos (oder Prometheus) auf Befehl des Zeus dessen Haupt mit chernem Beile gespalten habe, und dass Athena sogleich in voller Kraft gewappnet aus dem Haupte des Vaters gesprungen sei. Aus der Erzählung des Hesiod und der Späteren erkennt man, dass Athene die gewal-

*) Παλλάς bedeutet die kräftige Jungfrau, wie Πάλλαντες rüstige Jungen. Das Wort steht bei Homer und Hesiod nie allein.

4*

tige Klugheit des Zeus ist in persönlicher Gestaltung,
und so erscheint sie denn auch bei Homer und in der
Folgezeit als die kluge und gewaltige Götterjungfrau,
geschickt in jeglicher männlichen und weiblichen Kunst-
fertigkeit, eine Lenkerin der geordneten und klugen
Kriegsführung. Sie beschützt alle die, welche sich als
kluge und tapfere Männer erweisen, wie vor allen den
Odysseus. Diese Sorge um den Vielgewandten sowie
um sein ganzes Haus, um die kluge kunstfertige Pe-
nelopeia und den verständigen Telemachos zeigt
sich in der Odyssee überall. Sie überredet den Vater
Zeus, dass er wider Willen des Poseidon dem Odysseus
die Heimkehr bereitet, sie ermuthigt den Telemachos
und begleitet ihn auf seiner Reise nach Pylos und Sparta,
sie unterstützt beide in dem Kampfe gegen die Freier.
In der Odyssee ist Athene mit ihrem Vater, der sie
liebt wie ein vorgezogenes Kind, stets einig; in der
Ilias dagegen ist sie ihm oft entgegen, trotzdem lässt
sie dieser immer wegen seiner Vorliebe zu ihr endlich
gewähren (Il. 8, 39. 22, 183 — 185. 5, 877.).

Athene, die gewappnet aus dem Haupte des starken
Vaters hervorsprang, ist eine kriegerische Göttin, doch
im Gegensatz zu Ares, der nur an dem Streit und dem
wilden blutigen Getümmel der Schlacht seine Freude
hat, eine Vorsteherin des besonnenen und geordneten
Kampfes, der sicher zum Siege führt; der Gedanke des
Zeus ist siegreich überall. Weil sie die Verleiherin des
Sieges ist, tragen Bildsäulen von ihr, wie die unten
erwähnte Pallas Parthenos auf der athenischen Burg,
die Nike, die Siegesgöttin, auf der Hand; ja sie selbst
heisst Nike (Soph. Phil. 134. Eurip. Ion. 469. 1551.) und
hatte als solche zu Athen an den Propyläen einen
Tempel. Sie sollte aus besonderer Rücksicht auf den

Gigantenkampf (s. p. 14.), in dem sie vor allen Göttern neben Zeus sich ausgezeichnet hatte, diesen Beinamen erhalten haben. Die stets kampffertige und unbezwungene (Ἀτρυτώνη, Il. 5, 115.) Jungfrau wird somit eine Schirmerin der Städte und Staaten (Ἀλαλκομενηίς, die Abwehrerin, Ἐρυσίπτολις, die Stadtschirmerin, Il. 5, 908. 6, 305., Πρόμαχος, die Schützerin), welche das Volk zum Kampfe anfeuert (Λαοσσόος, Od. 22, 210.), zu Sieg und Beute führt (Ἀγελεία, Ληῖτις, Λαφρία, Beutemacherin) und Mauern und Burgen und Häfen beschirmt. Darum sind die Burgen und Städte ihr besonderer Sitz (Ἀκραία, Ἀκρία); die Palladien, alte Schnitzbilder der Göttin mit gezückter Lanze und geschwungenem Schilde, wurden als heilige Schutzbilder und als Unterpfänder der Erhaltung des Staates und der öffentlichen Wohlfahrt in vielen Städten sorglich aufbewahrt und verehrt. Das berühmteste Palladion war das von Troja, das einst Zeus vom Himmel herabgeworfen und der König Ilos in der von ihm erbauten Stadt aufgestellt hatte. Diomedes und Odysseus raubten das Bild, weil die Stadt, so lange es in ihren Mauern war, nicht erobert werden konnte. Später behaupteten verschiedene Städte dieses Wunderbild zu besitzen, so Athen und Argos, selbst Rom und Lavinium.

Aber Athene fördert das Wohl der Bürger auch durch die Künste und Stiftungen des Friedens; sie selbst ist eine kunstfertige Werkmeisterin (Ἐργάνη), sie erfand allerlei Werkzeuge und Geräthe und lehrte die mannigfaltigsten Künste, namentlich die weibliche Kunst des Spinnens und Webens, aber auch die Gewerbe der Männer, wie des Zimmermanns und Schiffbauers, des Goldarbeiters u. s. w. (Il. 5, 61. Od. 6, 232.). Sie waltet ferner über der Handhabung des Rechtes, den Gerichts-

höfen, den Versammlungen, der Verfassung (*Βουλαία,*
Ἀγοραία). Auch sorgt sie für die leibliche Wohlfahrt des
Volkes, sie ist eine Nährerin der Jugend (*Κουροτρόφος*),
eine Helferin und Heilgöttin (*Σώτειρα, Ὑγίεια*).

Vor allen andern Städten hat besonders das mit ihr
auch durch den Namen verbundene Athen, die Stadt der
geistvollsten Männer, diese weise Göttin als ihre Schutzgottheit verehrt. Das attische Land, um das sie mit
Poseidon gestritten (s. Poseidon), wurde als ihr besonderes Eigenthum angesehen und alle Verhältnisse des
Landes waren mit ihrem Cultus in enge Verbindung
gebracht. Sie ist die Schirmerin der Stadt (*Πολιάς, Πο-
λιοῦχος*), der Phratrien und Geschlechter (*Φρατρία*), aus
denen der Kern des Volkes besteht, sie hat den Areopag
eingesetzt und Gesetze und Ordnung geschaffen, sie hat
dem Lande den Oelbaum gegeben, hat das Zügeln der
Pferde (*Ἱππία*) und das Anjochen des Stieres gelehrt.
Auf der Burg hatte sie zwei Tempel, das Erechtheion,
wo sich das älteste vom Himmel gefallene Schnitzbild
der Göttin befand und der heilige Oelbaum, den sie einst
im Streite mit Poseidon um das Land gepflanzt hatte,
sowie die von Poseidon bei derselben Gelegenheit her-
vorgerufene Quelle von Meerwasser gezeigt wurde, und
der herrliche Parthenon mit der berühmten von Phidias
gefertigten Bildsäule der Athene Parthenos. Die wichtigsten Feste waren ihr geweiht, wie die Errhephorien, die
grossen und kleinen Panathenäen, von denen die kleinen
jedes Jahr, die grossen alle 4 Jahre vom 25—28. Hekatombaion (Juli—August) gefeiert wurden. Am ersten
Tage der grossen Panathenäen wurde ein Wettlauf mit
Fackeln im Kerameikos gehalten, am zweiten gymna-
stische, am dritten musische Wettkämpfe von Dichtern,
Sängern und Rednern. Der Sieger erhielt einen Kranz

von Oelzweigen und eine Amphore feinen Oels von den
heiligen Oelbäumen. Am feierlichsten und glänzend-
sten war die Procession- durch die Stadt nach der Burg
am 28. Hekatombaion, in welcher das reich mit Bild-
werken durchwirkte Safrangewand ($\pi\acute{\epsilon}\pi\lambda o\varsigma$), das attische
Frauen jedesmal neu zur Bekleidung des alten Bildes
der Göttin gewebt hatten, in Form eines Segels an
einem Rollschiff aufgehängt nach dem Parthenon , gebracht wurde (ein Vorbild solchen Actes schon Il. 6,
269 ff. 297 ff.).

Nach dem Bisherigen war Athene vorzugsweise eine
ethische Gottheit; doch deuten manche Spuren in den
Sagen und dem Cultus darauf hin, dass sie gleich den
meisten Göttern in der altpelasgischen Zeit auch Naturgottheit war, wie denn z. B. in Attika ihre Beziehung
zu dem Ackerbau und zur Baumpflanzung, sowie ihre
Verbindung mit dem Schlangenkinde Erichthonios (s.
attische Sagen), dem Symbole des aus der Erde auf-
sprossenden Pflanzensegens, ihre Naturseite hinlänglich
bekundet. Erwägt man ihre Abstammung von Zeus,
dem Himmelsgotte, so muss man sie als Naturgöttin
ihrem innersten Wesen nach als ein lichtes Kind der
reinen Aetherhöhe auffassen; doch ist sie in der Fülle
ihres Wesens und bei der Ausdehnung ihres Wirkungs-
kreises auch zu dem Naturleben der Erde in mannigfache Beziehungen getreten. Namentlich stand sie in
engem Zusammenhange mit dem Elemente des Wassers,
weshalb Poseidon oft neben ihr auftritt. Ihre ältesten
Cultusstätten finden sich besonders an Flüssen und Seen,
so z. B. zu Alalkomenae in Böotien an dem kopaischen
See und dem Flusse Triton unfern einer Stelle, wo die
alte von dem See verschlungene Stadt Athen gelegen
haben sollte. Hier am Triton war auch, wie man sagte,

Athene geboren, und ebenso nahm man an verschiedenen andern griechischen Flüssen gleichen Namens (in Arkadien, Kreta), wo man auch Athenecult hatte, die Geburtsstätten der Göttin an. Deshalb heisst Athene Τριτωνίς, Τριτογίνεια, Fluthgeborne, denn Τρίτων bezeichnet die rauschende Fluth. Auch in Libyen gab es einen See Tritonis, an welchem Athene mit Poseidon, der hier sogar ihr Vater hiess, verehrt ward (Herodot. 4, 180.); allein hier war nicht, wie man annahm, zu allererst die Verehrung der Athene heimisch, sondern der Cult war erst durch einen wandernden Griechenstamm, die Minyer, dorthin gebracht.

Der Athene ist heilig der Oelbaum als die für Attika wichtigste Pflanze und die Eule (γλαῦξ); sie selbst heisst γλαυκῶπις, die helläugige, scharfsichtige Göttin, ein Beiwort, bei dem der Grieche an den eigenthümlichen Glanz des Auges der Eule dachte. Das schönste und grossartigste Bild der Athene hat Phidias geschaffen in dem Standbilde der Pallas Parthenos auf der Burg zu Athen. Das Characteristische in der Darstellung der Göttin ist ruhiger Ernst, selbstbewusste Kraft und Klarheit des Geistes. Kopf und Blick sind etwas gesenkt, wie bei einer Sinnenden. Auf dem Haupte trägt sie den Helm, um die Brust die Aigis, einen schuppigen Panzer mit Schlangen am Rande und dem Gorgonenhaupte in der Mitte. Die Aigis hat sie mit dem Vater Zeus gemein (Il. 5♀736 ff. 2, 446.), das grausenhafte Gorgoneion aber, das alle Feinde zurückschreckt, hat sie entweder von Perseus (s. d.) erhalten, oder sie hat es sich, nachdem sie selbst die Gorgo im Gigantenkampfe erlegt (Eurip. Ion. 991.), an die Brust gesetzt. (Siehe Fig. 5. Statue der Athene zu Velletri, im Louvre. Fig. 6. Kopf der Athene aus der Villa Albani.)

FIG. VI. VII.

Pallas Athena.

Aphrodite.

4. Phoibos Apollon (Φοῖβος Ἀπόλλων, *Apollo*).

Apollon ist der Sohn des Zeus und der Titanin Leto (*Latona*. Hes. Theog. 918.), nach der gewöhnlichen Sage auf Delos am Berge Kynthos (daher Δήλιος, Κύνθιος) geboren. Leto wurde von der eifersüchtigen Hera auf der ganzen Erde verfolgt, bis ihr endlich die Insel Delos, die bis dahin unstät in dem Meere umhergeschwommen war (Pindar), eine sichere Stätte bot zur Geburt ihrer Kinder Apollon und Artemis (Hom. Hymn. in Apoll. 25—130.). Apollon ist seinem Wesen nach ein Gott des Heils und der Ordnung, der geliebte Sohn des Zeus, der ja der oberste Schirmer der Ordnung ist. (Daher heisst Ap. oft bei Homer Διὶ φίλος und wird von Zeus angeredet φίλε Φοῖβε.) Er ist der Reine (Φοῖβος), der alles Böse hasst und den Uebermüthigen straft; den Guten aber schützt er und gewährt ihm Heil. Seine Waffen sind Bogen und Pfeile, mit denen er fernhin trifft und den Gottlosen Verderben sendet (ἀργυρότοξος Il. 1, 37. ἕκατος, ἑκάεργος, ἑκηβόλος). So tödtete er die übermüthigen Aloaden (Söhne des Aloeus), Otos und Ephialtes, die den Himmel erstürmen wollten (Od. 11, 305 ff.). Seine Pfeile bringen die Pest, welche die Menschen plötzlich in den Jahren der Jugend und Kraft dahinnimmt aus dem süssen Leben. Als die Griechen im Lager vor Troja seinem Priester Chryses die gebührende Ehre versagten, da setzte er sich fernab von den Schiffen und neun Tage lang flogen seine verderbenbringenden Pfeile in das Lager, dass Menschen und Thiere dahinstarben. (Anfang der Ilias.) Daher heisst er auch vorzugsweise der Pestsender, der Verderber (οὔλιος), daher leitet man seinen Namen ab von ἀπόλλυμι, ich vernichte. Wie er aber Krankheit und Tod

verursachen kann, so vermag er auch diese Uebel von
Menschen und Thieren abzuhalten; er ist ἀλεξίκακος,
ἀκέσιος, σωτήρ, der Helfende und Heilbingende, der
Vater des Asklepios, des Heilgottes *). Die männliche Jugend steht unter der Obhut des jugendlichen
Gottes, namentlich in Gymnasien und im Kriege; so
ist er auch (wie in Sparta) ein kriegerischer Gott geworden, der in der Schlacht um Beistand angerufen
ward. Wie er zugleich mit Hermes in den Gymnasien
waltet, so hat er auch mit diesem Gotte den Schutz
der Wege und Strassen (ἀγυιεύς, ϑυραῖος), des Feldes
und des Waldes und der Heerden (ὀπάων μήλων, νόμιος)
gemein, denen er Fruchtbarkeit und Gedeihen bringt **).
Er weidete die Rinder des Troers Laomedon am Ida
(Il. 21, 448.) und die Rosse des Admetos in Pierien

*) Asklepios (*Aesculapius*) ist Sohn des Apollon von
Koronis, der Tochter des Lapithen Phlegyas. Weil er alle
Menschen heilte und selbst Todte auferweckte, so erschlug ihn
Zeus mit dem Blitze, damit nicht ferner die Ordnung der Welt
gestört werde. Er ward besonders zu Epidauros verehrt. Seine
Tochter ist Hygieia (Ὑγίεια, *Hygea*, *Hygia*), die Gesundheit.
— Paian (Παιήων, Παιών, Παιάν) ist bei Homer der Name
einer selbstständigen Person, des Arztes der Götter im Olympos
(Il. 5, 401. 899.), später ist er Beiname des Apollon und des
Asklepios.

**) Als der Gott der Heerden, des Feldes und Waldes
hatte Apollon den Beinamen Aristaios (der Beste); später
trennte sich dieser Beiname von Apollon los und wurde der
Name eines besonderen Gottes, der die Heerden segnet.
Wein und Oelbau fördert, die Zucht der Bienen schützt
und das Glück der Jagd gewährt. Diesen Aristaios machte
man nun zu dem Sohne des Apollon von der Nymphe Kyrene. Er ward verehrt in Thessalien, Arkadien, auf der
Insel Keos, in Kyrene u. a. O. (Virgil. Georg 4, 315 ff. Pind.
Pyth. 9.)

FIG. VIII.

Apollon.

(Il. 2, 763.)*). Mit seiner Schwester Artemis ist er ein Freund und Hüter des Wildes und ein kühner Jäger und Verfolger wilder Thiere; doch ist diese Seite mehr bei Artemis ausgebildet.

Apollon ist der liebe Sohn des Zeus; während bei Homer die übrigen Götter im Olympos sich oft gegen Zeus auflehnen, ist er, obgleich er eine bedeutende Stellung unter den Göttern einnimmt, doch immer in gutem Einverständniss mit dem Vater und aufs engste mit ihm verbunden. Er ist der Prophet des Zeus und gibt dessen Willen und Satzungen den Sterblichen kund (Hom. hymn. 1. in Apoll. 132.)**). Dadurch wird er der Gott der Weissagung und der Orakel, in welchen er nicht seinen eigenen Willen, sondern den seines Vaters verkündet. Auch schon bei Homer ist er der pythische Gott, der Besitzer des delphischen Orakels (Od. 8, 79.). Da die Aussendungen von Kolonien gewöhnlich unter Mitwirkung der Orakel geschahen, da Verfassungen oft von Delphi aus vorgeschrieben

---

*) Apollon diente dem Admetos, dem König in Pherä, und weidete seine Heerden. Aus Liebe zu demselben erwirkte er von den Moiren, dass, wenn die Stunde seines Todes käme, er am Leben bleiben dürfte, falls ein Andrer für ihn sterben wollte. Dies übernahm seine Gemahlin Alkestis, die schönste unter des Pelias blühenden Töchtern (Il. 2, 775.). Aber Persephone schickte sie wegen ihrer treuen Liebe wieder zur Oberwelt herauf, oder nach anderer Sage befreite sie Herakles. — Admetos, der Ungebändigte, war ein Beiname des Hades.

**) In der bei Homer oft vorkommenden Formel: αἶ γάρ. Ζεῦ τε πάτερ καὶ Ἀθηναίη καὶ Ἄπολλον (Il. 2, 371. 4, 288. Od. 7, 311.) finden wir die Fülle des höchsten göttlichen Wesens in ihre drei Hauptfactoren auseinandergelegt: Zeus als die höchste den beiden andern zu Grunde liegende und als Vater gebietende Macht, Athene die personificirte μῆτις und Apollon der Prophet dieser Macht.

wurden, so ward Apollon auch der Gründer von Städten
und Staaten und ihren Verfassungen. So beruhte die
dorische Verfassung ganz auf apollinischem Cult. Apollon
ist durch dieses Amt des Orakelgottes der eigentliche
Führer und Lenker der griechischen Geschichte geworden. — Wie die Weissagung, so beruht auch die Poesie
auf einer eigenthümlichen enthusiastischen Gemüthser-
regung, welche dem Cultus des Apollon eigen war, ohne
dass derselbe jedoch auf der andern Seite seinen ursprünglichen Ernst und seine Würde verlor und der
leidenschaftlichen Ausartung des Dionysosdienstes verfiel. Daher wird Apollon auch ein Gott der Dichtkunst,
dem Gesang und Saitenspiel lieb ist, und ein Führer
der Musen. Bei Homer zwar ist er noch nicht der Musagetes, der Musenführer; aber er tritt auch hier schon
in Verbindung mit diesen Göttinnen auf, er spielt in
der Versammlung der Götter die schöne Phorminx, während die Musen ihren lieblichen Gesang ertönen lassen
(Il. 1, 603.).

In seiner ursprünglichen Bedeutung als Naturgott war
Apollon ein Gott des Lichtes; daher heisst er Λυκηγενής,
Lichtgeborner, Λύκειος und ein Sohn der Leto (λήθω,
λανθάνω, lateo, Latona), der dunkelen Nacht, nach der
allgemeinen Vorstellung, dass das Licht aus dem Dunkel
hervorbricht, und da das Licht ein Feind alles Unholden
und Unreinen, die Bedingung alles Schönen und aller
Ordnung in der Natur ist, sowie die Quelle alles Lebens, so konnten sich aus dieser Grundbedeutung des
Gottes die verschiedenen oben angeführten vorzugsweise
ethischen Seiten eines Wesens entwickeln. So wurde
er einerseits der ernste und erhabene Gott der morali-
schen Weltordnung und sittlicher Reinheit, ein Feind
des Uebermuths und alles Schlechten, andrerseits aber

FIG. IX.

Apollon Musagetes.

auch ein freundlicher Spender des Lebens und der Kraft, und wie das Licht überallhin dringt und uns die natürliche Welt enthüllt und offenbart, so ward Apollon auch der vorzugsweise wissende Gott, der Gott der Weissagung. In hellenischer Zeit ist die natürliche Seite des Lichtgottes vor der ethischen zurückgewichen, doch trat sie bei Verfall derselben allmählich wieder hervor, indem man Helios, den Gott der Sonne, in der ja das Licht am meisten zur Erscheinung kommt, mit Apollon identificirte.

In dem trojanischen Kriege steht Apollon den Troern bei, obgleich ihm früher der trojanische König Laomedon, dem er mit Poseidon die Mauern von Ilion erbaut und auf dem Ida die Heerden geweidet hatte (Il. 7, 452. 21, 441 ff.), den versprochenen Lohn vorenthalten hatte; er beschirmt besonders den Hektor und hilft ihm den Patroklos überwältigen; ebenso erlegt Paris durch seine Hülfe den Achilleus.

Dem Apollon werden viele Nachkommen zugeschrieben, besonders sollten von ihm abstammen Seher und Sänger und die Stammheroen solcher Landschaften und Städte, in denen der Cult des Gottes verbreitet war.

Unter den Orten, wo Apollon besonders verehrt ward, nennen wir vor allen Delos und Delphi oder Pytho. Zu Delos sollte der Gott geboren sein; daher war ihm die ganze Insel geweiht und kein Todter durfte auf ihr begraben werden, weil der Gott als der Reine und Makellose nicht mit Unreinem in Berührung kommen darf. Von Delos aus soll Apollon nach Delphi gewandert sein, um das dortige Orakel in Besitz zu nehmen. Dieses hatte zuerst der Gaia nebst Poseidon, dann der Themis gehört und ward von dem Drachen Python oder Delphyne, einem Sohn der Ge, bewacht.

Apollon tödtete den Drachen (Hom. Hymn. 1. in Apoll.
300 sq.), musste aber für den Mord ein grosses Jahr
(8 Jahre) in der Verbannung leben und Knechtesdienste
(bei Admetos) thun. Der reine Gott, der in Delphi
selbst als ein Verfolger der Blutschuld und Obwalter
der Mordsühne verehrt ward, musste sich, ehe er dieses
Amt übernahm, selbst den Gesetzen der Sühne unter-
ziehn und die gerechte Strafe über sich ergehen lassen.
Nachdem er gesühnt zurückgekehrt war, nahm er von
dem Orakel Besitz und begründete an der Stelle, wo vor-
dem der Drache, der Repräsentant dunkler Erdmächte
und der Finsterniss in natürlicher und sittlicher Bedeutung, gehaust hatte, als pythischer Gott durch seine Weissagungen eine höhere sittliche Ordnung. Er selbst zwar
ist keiner Täuschung unterworfen, denn vor seinem alles
erforschenden Sinn liegt Gegenwart und Zukunft aufgeschlossen, aber des Menschen beschränkter Geist vermag nicht immer seine Sprüche sich deutlich zu machen.
Daher heist Apollon Λοξίας, der Verworrene, der Dunkele. Die Weissagung geschah durch eine Priesterin,
Pythia, welche sich über einem Erdschlunde auf einen
Dreifuss setzte und, berauscht durch den aus der Höhle
aufsteigenden Dunst, begeisterte Worte ausstiess; hieraus
setzten dann die Priester den Orakelspruch zusammen.
Man feierte dem Apollon zu Delphi alle vier Jahre die
pythischen Spiele, zu welchen die griechischen Staaten
Gesandtschaften und Opfer schickten. Denn der delphische Gott und sein Orakel standen in ganz Griechenland in hohem Ansehen und keine bedeutende Unter-
nehmung wurde vorgenommen, ohne dass man vorher
seinen Ausspruch gehört hätte. Alle übrigen Orakel in
Griechenland wurden seit der Wanderung der Dorier,
deren Nationalgott er war, von dem delphischen ver-

dunkelt, auch das früher so hoch berühmte dodonäische,
und wurden zum grossen Theil von Apollon selbst in
Besitz genommen. So in Böotien das Orakel der Til-
phossa, von dem er den Namen Tilphossios erhielt;
bei Theben hatte er am Fluss Ismenos als Apollon
Ismenios ein Heiligthum und ein Orakel; in Kleinasien, wo der Gott von alter Zeit her verehrt ward und
ihm mehrere Städte, wie z. B. Troja, geheiligt waren,
sind am berühmtesten das Orakel zu Didyma bei Mi-
letos (Ap. Didymaios) und das zu Klaros bei Kolophon
(Klarios). Als Orakelgott gibt Apollon den Wahrsagern
ihre Kunst (Il. 1, 72. 86. Od. 15, 245.). Weissagerische
Priesterinnen im Dienste des Apollon waren die Sibyl-
len, die besonders an der Westküste Kleinasiens zu
Hause gewesen sein. sollen, in Troja, Kymä, Erythrä;
die vornehmste war die erythräische, Herophile, die
nach Cumä in Italien gewandert sein sollte und von der
die sibyllinischen Bücher in Rom stammten.

Dem Apollon war heilig der Lorbeer (δάφνη; daher
bildete man die Sage, Apollon habe die Nymphe Daphne
geliebt, diese aber sei, damit sie den Nachstellungen
des Gottes entginge, auf ihr Flehen von Zeus in einen
Lorbeer verwandelt worden (Ovid. Met. 1, 452 ff.), der .
Schwan, von dem man glaubte, er singe vor seinem
Tode noch ein Klagelied, der Delphin, ein Freund der
Musik, der Wolf, der durch seinen Namen (λύκος) ein
Symbol des Lichtes, zugleich aber auch ein Symbol der
Blutrache war, u. a.

Von der bildenden Kunst ward Apollon meist nackt
dargestellt als ein schlanker, kräftiger Jüngling ohne
Bart. Sein langes Haupthaar ist gewöhlich über dem
länglich ovalen Gesicht zu einem Knoten über der
Stirne zusammengebunden, welcher der hochstrebenden

Gestalt zum Gipfel dient. In allen Zügen verkündet
sich ein erhabener, stolzer und klarer Sinn. Die gewöhnlichsten Attribute, die er führt, sind Pfeil und Bogen oder die Phorminx. Wir haben noch manche alte
Statuen von ihm, die berühmteste und bekanteste darunter ist der Apollo von Belvedere im Vatican zu Rom;
sie stellt den Gott in dem Momente dar, wo er eben
den Python erlegt hat. (Siehe Fig. 8. — Fig. 14. ist ein
dem Belved. Apollon entsprechender Kopf. — Fig. 9.
Apollon Musagetes.)

5. Artemis ('Ἄρτεμις, ιδος, Diana)*).

Artemis, die Tochter des Zeus und der Leto,
Schwester des Apollon, ist ursprünglich dasselbe Wesen wie dieser, nur in weiblicher Auffassung; denn die
Griechen drückten öfter die Fülle Einer göttlichen Vorstellung in zwei Personen, einer männlichen und weiblichen, zusammen aus (Zeus und Dione, Zeus und Hera,
Apollon und Artemis). Artemis sendet daher, gleichwie
ihr Bruder, durch ihre Pfeile Verderben und plötzlichen
Tod, nicht weniger aber schützt und schirmt sie die,
welche sie liebt, und mehrt ihren Wohlstand. Doch hat
sich bei ihr vornehmlich der Begriff einer der Pfeile sich
freuenden (ἰοχέαιρα) Jägerin, der bei Apollon ganz zu-
rücktritt, ausgebildet. Begleitet von den Nymphen,
den Töchtern des Zeus, streift die Jungfrau, denn sie
ward nie besiegt von der Liebe, jagend durch die waldigen Gebirge und hat ihre Freude an den Ebern und
schnellen Hirschen; über die ganze Schaar ihrer Beglei-

---

*) Der Name 'Ἄρτεμις kommt wahrscheinlich von ἀρτεμής,
unversehrt, gesund; sie ist die unversehrte Jungfrau, die zugleich
Gesundheit und unversehrte Kraft gibt.

FIG. X.

Artemis.

terinnen ragt sie mit dem Haupte und dem schönen
Antlitz hervor, so dass die schlanke Göttin leicht zu erkennen ist (Od. 6, 102—109.). Wenn sie aber der Jagd
sich erfreut hat und des Lärms müde ist, dann geht sie
nach Delphi zu dem Sitze des geliebten Bruders und er-
götzt sich mit den Musen und Chariten am schönen
Reigentanz (Hom. Hymn. 27. *in Dianam*). Als Jägerin hat
sie noch den Beinamen τοξοφόρος, die Bogenführende,
und χρυσηλάκατος, die Göttin mit goldenem Pfeil, ἐλαφη-
βόλος die Hirschtödterin.

Die Jagdgöttin liebt die Thiere des Waldes, schützet
und nähret sie, ebenso giebt sie den Heerden Gedeihen.
Ueberhaupt hat sich in ihr aus alter Zeit noch eine besondere Beziehung zur Natur erhalten; sie ist die Spenderin von frischem, blühenden Naturleben, Leben und
Licht bringend. Daher ward sie auch eine Göttin der
Geburten (Εἰλήθυια) und Ernährerin der Jugend (κουροτρόφος, παιδοτρόφος.) Als Mondgöttin wurde sie erst
spät aufgefasst, nachdem auch ihr Bruder zum Sonnengott geworden war; als solche ist sie mit Hekate vermengt.

Artemis wurde an vielen Orten Griechenlands verehrt, meistens in Gemeinschaft mit Apollon. In Arkadien, wo sie von Alters her besonders als die von den
Nymphen umgebene Jägerin, die Freundin der Waldes-
höhen auftritt, ist sie von Apollon ganz getrennt; sie
hat hier in Hainen, an Quellen, Seen und Flüssen ihre
Heiligthümer*). — Die ephesische Artemis ist eine

---

*) In Arkadien hatte Artemis vor Alters den Beinamen
Kallisto, die Schönste. Dieser Name trennte sich später von
der Göttin, und Kallisto ward ein selbständiges Wesen, eine
Nymphe und Begleiterin der Artemis. Zeus zeugte mit ihr den

asiatische Gottheit, welche mit der griechischen Artemis
ursprünglich nichts gemein hat, eine allnährende Naturgottheit. Ebenso ist die in Tauris verehrte Artemis eine
fremde Göttin, die in irgend einer Seite eine Aehnlichkeit mit der griechischen Artemis gehabt haben mag.
Dieser Gottheit wurden in Tauris Menschenopfer gebracht. Iphigeneia, die Tochter des Agamemnon,
brachte, wie die attische Sage erzählt, ihr Bild aus dem
Lande der Barbaren nach Brauron in Attika, weshalb sie die brauronische heisst. Diese harte blut-
heischende Göttin Artemis wurde auch zu Sparta unter
dem Namen Ὀρθία, die Aufrechtstehende, verehrt; statt
der früheren Menschenopfer geisselte man dort Knaben
an ihrem Altar, so dass derselbe mit Blut bespritzt
wurde. Dieselbe Artemis hatte den Namen Iphigeneia.

Von der Kunst wird Artemis gewöhnlich als Jägerin
dargestellt, schlank und leichtfüssig, gleich ihrem Bruder
Apollon, mit dem sie auch in den Gesichtszügen Aehnlichkeit hat. Wenn sie als Mondgöttin gebildet ist, so
hat sie einen Schleier über dem Kopf, den Halbmond
über dem Scheitel und in den Händen Fackeln. Die berühmteste Statue von ihr ist die Artemis von Versailles
im Louvre, eine Beschützerin des Wildes, bei der eine
verfolgte Hindin Zuflucht sucht (Fig. 10.).

6. Hermes (Ἑρμῆς, *Mercurius*).

Hermes, der Sohn des Zeus und der Maia (Mutter), einer Tochter des Atlas (Hes. Theog. 93ª.), wurde

---

Arkas; darum wurde sie von Hera in eine Bärin verwandelt,
welche von Artemis erschossen ward. Zeus versetzte sie unter
die Gestirne als grosse Bärin, Arktos.

FIG. XI.

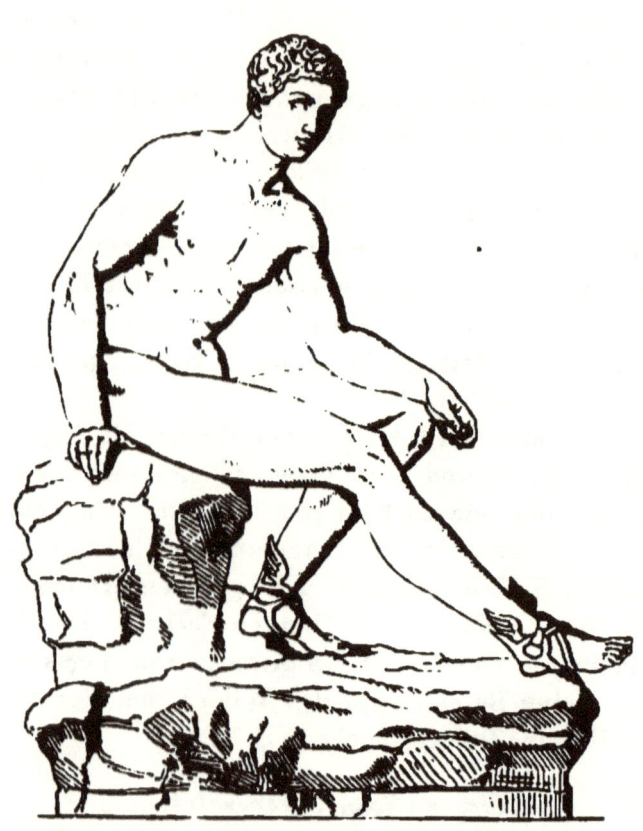

Hermes.

in einer Höhle des arkadischen Berges Kyllene geboren (daher Hermes *Κυλλήνιος.* Od. 24, 1.). Er ist bei
Homer der gewandte, allzeit fertige und thätige Bote
und Ausrichter des Zeus, *Διὸς ἄγγελος, διάκτορος,* der
Alles glücklich hinausführt (*δι-άγω*), der die Menschen
geleitet und unterstützt. Nirgends ist er, wie Iris, der
blosse Bote der Götter, der Verkünder, sondern er ist
selbstthätig und hilft im Auftrage des Zeus als ein an-
stelliger und gewandter Gott die Geschäfte der Menschen
und Götter vollführen. So befreite er den Ares durch
List aus den Fesseln der Aloaden Otos und Ephialtes
(siehe Ares), er führte den Priamos in der Nacht durch
das Lager der Griechen zu dem Zelte des Achilleus
(Il. 24, 336 ff.), er tödtete den Argos (daher *Ἀργειφόντης,*
siehe Hera), schützte den klugen Odysseus gegen die
Ränke der Zauberin Kirke (Od. 10, 277.) u. s. w. Aus
demselben Grunde ist er bei Homer der Geleiter der
Todten, er führt die Seelen mit seinem goldenen, dreisprossigen Stabe auf Anordnung und Befehl des Zeus
in die Unterwelt (*ψυχοπομπός*); denn überall ist er der
Vollführer von dem Willen des Zeus, während Apollon der Verkünder und Prophet desselben ist. Darum
kommt er häufig mit Apollon in Verbindung.

Die Stellung, in der Hermes in den Gedichten des
Homer zu Zeus und den Göttern überhaupt steht, erhielt
derselbe wahrscheinlich erst durch diesen Dichter oder
ungefähr zu dessen Zeit. In vorhomerischer, altpelasgischer Zeit war Hermes ein Gott, dessen Macht im
Himmel und auf Erden verbreitet war, ein Ordner und
Füger, ein Vermittler in allen Kreisen der Natur und
des Menschenlebens, dessen Alles vermittelnde Wirksamkeit den Menschen Heil und Segen bringt; daher
heisst er der segnende und gewinnbringende (*ἀκάκητα,*

5*

ἐριούνιος, δωτήρ ἑάων)*). Als nun später die einzeln
verehrten Gottheiten zusammengestellt und zu Einem
Ganzen in dem olympischen Götterstaate geordnet wurden, da musste Hermes, der überall Wirksame und
Thätige, sich auch dem Zeus, dem Herrscher der Welt,
unterordnen und wurde nun der Diener des Zeus, dessen
Weltordnung er aus- und durchführt. Ein Grundzug
aber ist in seinem Wesen der, dass es ihm am liebsten
ist mit den Menschen zu verkehren (Il. 24, 334.), dass
der menschenfreundliche Gott den Werken aller Sterblichen Gedeihen gibt.

Sowie Homer den Gott dargestellt hat, bleibt er auch
im Allgemeinen in der Folgezeit, nur dass man die ein-
zelnen Seiten und Grundzüge seines Wesens noch mehr
ausbildete. Der dem Homer zugeschriebene Hymnus auf
Hermes hebt besonders hervor, wie der in Arkadien
geborene Gott als Gott der Heerden (νόμιος) durch seine
List und Verschlagenheit es dahin bringt, dass er in den
Olympos unter die ersten Götter aufgenommen wird;
das Gewandte, Listige und Anstellige bildet hier den
Grundzug seines Charakters. Kaum ist der Gott in der
Höhle des Kyllene geboren, so schlüpft er aus seinen
Windeln und macht aus der Schaale einer Schildkröte,
die er vor der Höhle gefunden und ausgewaidet, eine
Lyra; darauf geht er nach Pierien, wo Apollon die
Heerden der Götter weidet, und stiehlt 50 Rinder, die

---

*) Wahrscheinlich kommt sein Name von εἴρω, fügen, ἕρμα,
das Zusammengefügte. Man pflegte dem Gott an Wegen Stein-
haufen (Ἑρμαῖοι λόφοι, Od. 16, 471.), Sinnbilder des Zusammen-
gefügten, aufzuhäufen, zu welchen jeder Vorübergehende einen
Stein hinzufügen musste; einem solchen von Steinen zusammen-
gesetzten Pfeiler setzte man dann einen Kopf auf, und so entstanden die Hermen, Hermessäulen.

er mit solcher List fortzuführen und zu verstecken weiss, dass man keine Spur von ihnen entdecken kann. Nun eilt er zu dem Kyllene zurück und steckt sich wieder in seine Windeln; Apollon aber ist durch die Angabe eines Greises, welcher den Knaben mit den Rindern gesehen hat, und durch seine eigene Sehergabe zu der Gewissheit gekommem, dass der eben geborne Hermes der Rinderdieb sein müsse, und kommt nun in die Höhle des Kyllene, um die Rinder zurückzufordern. Da Hermes leugnet, so zwingt ihn Apollon, mit ihm in seinen Windeln zu Zeus auf den Olympos zu gehen; auch hier versucht Hermes noch zu leugnen, aber Zeus, der des Knaben List durchschaut, befiehlt ihm, mit Apollon die Rinder zu suchen und sie zurückzugeben. Dies geschah. Als nun Apollon den Hermes die Lyra spielen hörte, ergötzte ihn das Spiel so, dass er ihm für dies Instrument seine Rinder gab. Da er aber fürchtete, Hermes möchte ihm später die Lyra wieder entwenden und seinen Bogen dazu, so schwor ihm dieser einen feierlichen Eid, ihn nie mehr zu bestehlen, und dafür schenkte ihm nun Apollon den goldenen, dreisprossigen Stab ($\tau\rho\iota\pi\acute\epsilon\tau\eta$-$\lambda o\nu$ $\acute\rho\acute\alpha\beta\delta o\nu$) des Glücks und des Reichthums*) und hiess ihn zu den Thrien im Parnass geben, drei geflügelten, weissagerischen Jungfrauen, um von ihnen ihre Weissagekunst zu lernen; denn seine eigene Art der Weissagekunst dürfe er niemand lehren. Hermes möge ihm dieses Amt der höheren Weissagung lassen und sich ergötzen an den Heerden und allen Thieren des Erdbodens, er möge die Seelen der Todten zum Hades

---

*) Dieser Zauberstab, den Hermes gewöhnlich trägt, besteht aus 3 Sprossen, von denen die beiden oberen zu einem Knoten verschlungen sind; später geht er in einen Schlangenstab über.

geleiten. So schieden in Frieden und Freundschaft
die beiden Söhne des Zeus. Dies der Inhalt des homerischen Hymnos auf Hermes. Man sieht darin ausser
dem zuerst Erwähnten, dass Hermes und Apollon ursprünglich manche Kreise der Wirksamkeit gemein gehabt haben müssen, welche aber in der Folge, wo ihre
Vorstellungen genauer bestimmt wurden, getrennt und
gegen einander abgegrenzt wurden. Doch behalten die
beiden jugendlichen Brüder noch manches gemein; so
sind beide νόμιοι und ἀγώνιοι θεοί, beide sind musische
Götter und Besitzer der Strassen, Apollon als ἀγυιεύς,
Hermes als ἐνόδιος:

Die einzelnen Eigenschaften nun, die an Hermes, als
dem im Menschenleben wirksamen Gotte, besonders hervortreten, sind folgende: Er ist 1) Beschützer und Hüter
der Heerden (νόμιος) und gibt dadurch den Menschen
Reichthum, 2) der Gott mannigfacher Erfindungen,
3) der Gott der Herolde, wie er selbst der Herold der
Götter ist (κῆρυξ θεῶν); wie die Herolde auch priesterliche Functionen beim Opfer hatten, so war auch Hermes ein Opferherold, ein Vorsteher des Opfers, das er
selbst erfunden haben sollte. 4) Er gibt die gewandte
Rede (λόγιος, facundus) und ist Gott des klugen Ver-
kehrs. Zum Erwerb gehört List, Lug und Trug, selbst
Diebstahl und Meineid; daher hilft Hermes selbst Be-
trügern und Dieben, wenn sie ihr Werk nur mit einer
gewissen Anstelligkeit und Anmuth (χάρις, Od. 15, 318.),
auszuführen suchen. Weil Hermes Handel und Wandel
beschützt, so ist er auch 5) der Gott der Wege, der
den Wandrer beschirmt (ἡγεμόνιος) und selbst zufällige
Güter gibt, wie den Fund (ἕρμαιον). 6) Als Geleiter
führt er die Todten zur Unterwelt (ψυχοπομπός, χθό-
νιος), sowie er dieselben auch an gewissen Todtenfesten,

bei Todtenorakeln und Todtenbeschwörungen wieder zur
Oberwelt heraufsteigen lässt. Wegen dieser Beziehung
zum Schattenreiche zaubert er auch durch seinen Stab
den Schlaf auf die Augen der Menschen (Il. 24, 343. 445.)
und sendet die Träume (Hom. h. in Merc. 14. cf. Od. 7,
137.). 7) Der Gewandte und Anstellige ist ferner der
Gott der Gymnastik (ἐναγώνιος, Kampfhort). Cf. Hor.
Carm. 1, 10. Durch alle diese Eigenschaften zieht sich
der Grundgedanke hindurch, dass Hermes als der gewandte, thätige und menschenfreundliche Gott Glück
und Reichthum gibt.

Verehrt ward Hermes von Alters her in Arkadien,
Athen, Samothrake (hier unter dem Namen Kadmilos)
und frühzeitig schon in ganz Griechenland; besonders
hatte er seine Altäre und Bilder (Hermen) an den
Strassen und Plätzen und am Eingang der Ringschulen.

Man dachte sich und bildete in der Kunst den Her-
mes als einen schlanken, aber kräftigen Jüngling (cf.
Od. 10, 277 — 279.). Auf dem Haupte trug er den flachen
Reisehut mit breiter Krempe (πέτασος), dem man später
Flügel anfügte. Ebenso setzte man ihm Flügel an die
Sohlen (πέδιλα), welche er sich anband, wenn er um
irgend etwas auszuführen forteilen wollte; sie trugen ihn
über das Meer und die weite Erde gleich dem Wehen
des Windes. In der Hand hielt er den oben erwähnten
Zauberstab, der auch als Heroldstab aufgefasst wird.
(Fig. 11. Bronze-Statue des Hermes von Herculanum.)

7. Hephaistos (Ἥφαιστος, Vulcanus).

Hephaistos, die schaffende Kraft des Feuers re-
präsentirend, war in den ältesten Zeiten vor Homer ein
in der Natur mächtig schöpferisches Wesen; aber später
behielt er nicht diese hohe Würde. Bei Homer und in

der Folgezeit ist er ein kunstfertiger Gott, ein Werkmeister, der durch die Macht des Feuers die Metalle
schmelzt und geschickt bearbeitet ($\varkappa\lambda\upsilon\tau o\tau \epsilon\chi\nu\eta\varsigma$, $\pi o\lambda\upsilon\varphi\varrho\omega\nu$,
der Kunstberühmte, der Kluge, $\chi\alpha\lambda\varkappa\epsilon\upsilon\varsigma$, *Mulciber*, der
Schmied). Er heisst Sohn des Zeus und der Hera,
oder auch der Hera allein (Hes. Theog. 927.); weil er
aber schwächlich, hässlich und lahm ($\alpha\mu\varphi\iota\gamma\upsilon\eta\epsilon\iota\varsigma$, $\varkappa\upsilon\lambda\lambda o$-
$\pi o\delta\iota\omega\nu$) war, so warf ihn gleich nach der Geburt seine
Mutter aus dem Olympos. Die Meergöttinnen Thetis und
Eurynome fingen ihn in ihrem Schoosse auf und erzogen
ihn (Il. 18, 394—405.). In den Olymp zurückgekehrt,
will er einst seiner von Zeus misshandelten Mutter bei-
springen, wird aber wiederum von dem Vater aus dem
Himmel geschleudert; er stürzte den ganzen Tag und
erst mit der sinkenden Sonne fiel er halbentseelt auf
der Insel Lemnos nieder, wo ihn sintische Männer auf-
hoben und freundlich empfingen (Il. 1, 590—94)*); und
diese Insel liebte er vor allen Landen der Erde (Od.
θ, 284.), weil sie vulkanisch ist.

Wegen seiner Hässlichkeit und Lahmheit dient Hephaistos oft den Göttern des Olympos zum Scherze. Als
er einst bei dem Göttermahl der mit Zeus grollenden
Mutter unter besänftigenden Worten den Becher dar-
reichte und nun auch den übrigen Göttern den süssen
Nektar brachte, da erscholl plötzlich ein „unauslösch-
liches Gelächter" der Götter, wie sie ihn so durch den
Saal hin hinken sahen (Il. 1, 571—601.). Im übrigen war
Hephaistos eine starke und kräftige Gestalt, wie sie
einem tüchtigen Werkmeister geziemt. Er hat auf dem
Olympos seine Schmiedewerkstätte mit 20 künstlichen

---

*) Spätere lassen ihn von diesem Falle lahm und hinkend
werden; bei Homer ist er es schon von seiner Geburt an.

Blasebälgen (Il. 18, 470.)*) und hat sich selbst zwei goldene redende und sich bewegende Sclavinnen gefertigt, auf die er sich stützet (Il. 18, 416.); auch baute er sich und den übrigen Göttern eherne Paläste (Il. 18, 370. 1, 608.) auf dem Olympos. Dem Achilleus schmiedete er einen kunstreichen Schild (Il. 18, 478 ff.), dem Diomedes einen Harnisch (Il. 8, 195. Andere herrliche Werke des Hephaistos werden erwähnt .Od. 7, 91. 24, 74. Il. 2, 101. 14, 238. 15, 310. 18, 376. Virgil. Aen. 8, 426. 612.).

Dem Gotte, der durch seine schönen Werke ($\chi\alpha\varrho\iota\epsilon\nu\tau\alpha$ $\check{\epsilon}\varrho\gamma\alpha$) dem Leben Anmuth verschafft, ist in der Ilias die schöne Charis vermählt (18, 382. bei Hes. Th. 945. ist es Aglaia, die jüngste der Chariten.); in der Odyssee dagegen ist Aphrodite seine Gemahlin**). Diese jedoch hat wenig Gefallen an dem plumpen, hässlichen Schmied und wendet ihre Liebe dem kräftigen, schönen Ares zu. Mit Athene, als der Göttin der Künste, tritt Hephaistos oft in Verbindung und lehrt und schirmt mit ihr die Künstler der Erde (Hymn. Homer. 19. *in Vulcanum*. Od. 6, 232.). Namentlich wurde er zu Athen mit Athene und Prometheus als Begründer und Förderer menschlicher Cultur, als Stifter des durch den Feuerheerd zusammengehaltenen Familienlebens und milderer Gesittung verehrt. — An manchen Stellen Homers tritt noch mehr die physische Natur des Gottes hervor; das Feuer heisst Hauch, Flamme des Hephaistos (Il. 21, 355. 17, 88.); ja das Element selbst wird bei Homer (Il. 2, 426.)

------

*) Später verlegte man seine Esse in den Aetna oder auf eine der vulkanischen Inseln und gab ihm als Gehülfen der Schmiedekunst die Kyklopen Brontes, Steropes und Pyrakmon u. A. (Virgil. Aen. 8, 416 ff.)

**) Die betreffende Stelle in der Odyssee scheint übrigens mit Recht für spätere Interpolation gehalten zu werden.

und oft bei späteren Dichtern mit dem Namen des Gottes bezeichnet, wie der Krieg mit dem Worte Ares.

Ausser auf Lemnos ($\Lambda\acute{\eta}\mu\nu\iota\circ\varsigma$) und in Attika wurde Hephaistos in Griechenland wenig verehrt. Die spätere bildende Kunst stellte ihn gewöhnlich als kräftigen, bärtigen Mann dar mit den Werkzeugen seiner Kunst; die Lahmheit wurde nur leise angedeutet.

8. Aphrodite ($A\varphi\varrho\circ\delta\acute{\iota}\tau\eta$, Venus).

Aphrodite, die Göttin der Liebe, ist nach Homer die Tochter des Zeus und der Dione (siehe Zeus p. 45.); eine andere Sage aber, welcher Hesiod (Th. 190.) folgt, erzählt, dass sie aus dem Schaume des Meeres entstanden und an der Insel Kypros ans Land gestiegen sei ($A\varphi\varrho\circ\gamma\acute{\epsilon}\nu\epsilon\iota\alpha$, $A\nu\alpha\delta\upsilon\circ\mu\acute{\epsilon}\nu\eta$, $K\upsilon\pi\varrho\circ\gamma\acute{\epsilon}\nu\epsilon\iota\alpha$). Daher habe sie den Namen Aphrodite, Schaumgeborne, erhalten. Bei Homer und den späteren Dichtern ist die Göttin der Liebe und Schönheit, die goldene Aphrodite, die schönste und blühendste unter allen Göttinnen, mit holdem Blicke und süsslächelndem Antlitz, welche von den Horen und den Chariten begleitet und bedient wird. Ihr goldner Schmuck leuchtet heller als das Feuer und des Mondes Glanz, ambrosisch duften ihre köstlichen Gewänder und das goldbekränzte Haar. In ihrem Gürtel sind alle Zauber versammelt, schmachtende Liebe und Sehnsucht, Getändel und schmeichelnde Bitte, die selbst den Weisen bethört. (Il. 14, 215. vgl. die beiden hom. Hymnen auf Aphrod. 3. und 6.)

Als die Göttin der Liebe besiegt sie Götter und Menschen; alles, was Leben hat, fühlt ihre unwiderstehliche Macht. Die schönste der Göttinnen verleiht auch den Sterblichen Schönheit und Liebreiz und beglückt sie durch die Liebe (sie ist insofern auch Ehegöttin,

γαμοστόλος, τελεσίγαμος); wer sich aber ihrer Macht widersetzt, wird von ihr mit Strafen heimgesucht, wie Daphnis,
der Heros der sicilischen Hirten (Theocrit. 1.).

Paris, der trojanische Königssohn, erkannte ihr vor
Hera und Athene den Preis der Schönheit zu (Il. 24,
30.), der Troer Anchises ward von ihr geliebt, und
sie ward ihm Mutter des Aineias; darum führte sie
dem Paris die Helena zu, die schönste der Frauen, und
stand im trojanischen Kriege auf Seiten der Troer. Sie
schützt den Paris, den Aineias und Hektor im Kampfe
und wagt sich selbst in das Schlachtgetümmel; da aber
wird sie, als sie eben Aineias aus der Schlacht entführen
will, von Diomedes an der Hand verwundet und enteilt
auf dem Wagen des Ares zu dem Olympos. Als sie
hier der Mutter Dione ihr Leid klagt, spricht diese ihr
Trost zu; Athene und Hera aber verhöhnen sie, und
Zeus spricht lächelnd: „Nicht sind dir, mein Kind, verliehen die Werke des Krieges. Ordne du lieber hinfort
anmuthige Werke der Hochzeit; jene besorgt schon Ares,
der stürmende, und Athenaia“ (Il. 5, 311 — 430.).

Ueber ihre Verbindung mit Hephaistos und ihre Liebe
zu Ares siehe Hephaistos (p. 73.) und Ares. Wegen
ihrer Zusammenstellung mit Ares wird sie auch eine
kriegerische Göttin, welche die Waffen des Krieges führt.
So gab es zu Sparta eine ’A. ’Αρεία und ἐνόπλιος. Der
Beiname νικηφόρος scheint sich übrigens auf den Sieg zu
beziehen, der im Gefolge von Liebe und Schönheit ist.

Aphrodite war, wie es scheint, ursprünglich eine
asiatische Gottheit, gleich der syrischen Astarte, eine
grosse Naturgöttin, die aus der Feuchte, dem Wasser
alle Erzeugung der Erde hervorbringt und daher selbst
aus dem Schaume des Meeres entstanden sein sollte.
Aus dem Oriente nun kam ihr Cult nach Griechenland,

wo sie allmählich die reine Gestalt einer griechischen Gottheit annahm. Sie wurde deshalb besonders auf Inseln, an den Häfen und an dem Meeresufer verehrt, wie auf Kypros zu Paphos, Amathus, Idalion u. s. w., zu Knidos in Karien, auf der Insel Kos, auf Kythera, in Korinth, auf dem Berge Eryx in Sicilien; daher ihre Beinamen Κύπρις, Παφία, Ἀμαθουσία, Ἰδαλία, Κνιδία, Κυθέρεια, Ἐρυκίνη. Als eine Göttin, die zum Meere in Beziehung steht, wurde sie stets von den Griechen angesehen, sie hiess Εὔπλοια, die Verleiherin glücklicher Fahrt, Γαληναία, Meerstillerin.

Eine asiatische Sage ist die von der Liebe der Aphrodite zu dem schönen Adonis, dem Sohne des Phoinix und der Alphesiboia. Diese Sage ist von Späteren sehr häufig behandelt, verändert und erweitert worden; die Grundzüge derselben lassen sich jedoch deutlich erkennen. Adonis, ein Kind oder ein zarter Jüngling, wurde von Aphrodite geliebt und von dieser der Persephone, der Göttin der Unterwelt, anvertraut; Persephone aber, die ebenfalls den Knaben liebte, gab ihn nicht wieder zur Oberwelt zurück. Der Spruch des Zeus lautete nun, dass Adonis eine Zeitlang im Jahre bei Aphrodite, die noch übrige Zeit aber bei Persephone leben sollte. Nach einer andern Sage wurde Adonis in der Blüthe seiner Jahre von einem Eber auf der Jagd getödtet und von Aphrodite beweint. Man sieht, dass Adonis nach dieser asiatischen Anschauung das Leben der Natur bezeichnet, welches im Frühling erwacht (wie denn auch gesagt wurde, dass Adonis aus einem Myrrhenbaume entstanden sei), im Herbst aber durch die Mächte der Unterwelt dem Tode anheimfällt. Daher wurde während des Adonisfestes an einem Tage mit lauter Klage der Tod, am folgenden die Wiederkunft des Adonis mit

Jubel und Freude gefeiert. Man trug dabei die Bilder
der Aphrodite und des Adonis umher und Scherben mit
schnellkeimenden Gewächsen, als dem Sinnbild des
schnellen Aufblühens und Verwelkens der Natur. Dies
sind die Gärten des Adonis (Theocrit. 15.).

Die späteren Griechen unterschieden zwischen einer
Aphrodite U r a n i a (Oὐρανία), der Göttin reiner himm-
lischer, und einer Aphrodite P a n d e m o s (Πάνδημος,
πᾶς-δῆμος), der Göttin gemeiner sinnlicher Liebe. In
älterer Zeit jedoch hatte der Name Pandemos die Bedeutung der V o l k s e i n e n d e n; den Dienst dieser das
Volk zur Gemeinde verbindenden Göttin führte Theseus
in Athen ein, und ihr baute Solon einen Tempel.

Der Aphrodite waren heilig als Sinnbilder der Liebe
die Myrte, die Rose, der Apfel, als Symbole der Fruchtbarkeit der Mohn, die Taube, der Sperling, als Früh-
lingsvogel die Schwalbe; als Meeresgöttin ist sie von
Seethieren, wie dem Delphin, umgeben. Die Göttin der
Liebe und Schönheit liebt Kränze und Blumen (Ἄνϑεια);
daher weihte man ihr auch die Linde, mit deren Bast
die Kränze gebunden wurden. — Die ausgebildete Kunst
stellt Aphrodite dar als ein reizendes, in voller Blüthe
stehendes Weib mit etwas länglichem Gesichte, schmach-
tenden Augen und lächelndem Munde. Eine der schönsten und berühmtesten noch erhaltenen Statuen ist die
mediceische Venus aus weissem Marmor, „einer Rose
gleich, die nach einer schönen Morgenröthe beim Aufgang der Sonne aufbricht, einer Frucht gleich, die aus
dem Zustande der Herbe und Härte in den der völligen
Reife übergeht." (Winkelmann. — Fig. 7. Kopf der
Aphrodite aus der Sammlung Borghese im Louvre.)

In Gesellschaft der Liebesgöttin erscheint gewöhnlich P e i t h o (Πειϑώ, Suada, Suadela), die Göttin süsser

schmeichelnder Ueberredung, und Himeros (Ἵμερος) und Pothos (Πόθος), Personificationen liebender Sehnsucht, Wesen, die ursprünglich nicht im Volksglauben existirt haben, sondern erst durch die Dichtkunst geschaffen wurden. Dagegen ist Eros, der Gott der Liebe und Sohn der Aphrodite, eine lebensvolle, ausgebildete Gestalt, welche auch in dem Volksglauben begründet war. Um des Zusammenhangs willen lassen wir ihn hier mit den Wesen, mit welchen er gewöhnlich in Verbindung tritt, folgen.

9. Eros (Ἔρως, Ἔρος, Amor, Cupido).

Eros wird bei Homer nicht genannt, dort ist die liebeerweckende Gottheit nur Aphrodite; bei Hesiod (Theog. 120.) aber ist er einer der ältesten Götter, eine vereinigende Macht bei der Entstehung der Welt. Zuerst war das Chaos, dann ward die breite Erde und der Tartaros und Eros, der schönste unter den unsterblichen Göttern. Dieser alte Naturgott wurde zu Thespiä in Böotien verehrt, wo ihm alle fünf Jahre die Erotidien gefeiert wurden; ganz verschieden aber von ihm ist der Liebesgott, dessen Vorstellung die Dichtkunst mit spielendem Witze ausgebildet hat, gewöhnlich Sohn der Aphrodite und des Ares oder des Zeus genannt. Er ist ein anmuthiger Knabe, an der Grenze des Jünglingsalters stehend, voll List und Grausamkeit, der die Herzen der Menschen und Götter mit seinen Pfeilen verwundet. Selbst Zeus, der Herrscher der Welt, und seine eigene Mutter sind nicht sicher vor ihm; im Himmel und auf Erden, im Meer und in der Unterwelt herrscht der allsiegende Gott (Soph. Antig. 75 ff.). Er fliegt umher auf goldenen Flügeln, bewaffnet mit Bogen

und Pfeilen, die er in goldenem Köcher trägt; wen er
trifft mit seinen Pfeilen, der wird ergriffen von den Leiden und Freuden der Liebe.

Die heilige Schaar der thebanischen Jünglinge war
dem Eros geweiht, in Athen verehrte man Eros als den
Befreier der Stadt, weil Harmodios und Aristogeiton, die beiden befreundeten Jünglinge, der Pisistrati-
denherrschaft ein Ende gemacht haben sollten: Eros ist
also auch der Gott der Freundschaft und Liebe zwischen
Männern und Jünglingen, weshalb er auch besonders in
den Gymnasien verehrt wurde. Auf dieser Liebe beruhte das enge Zusammenhalten im Heere; daher opferten die Lakedämonier und Kretenser, bei denen ein
befreundetes, liebendes Verhältniss älterer Männer zu
Jünglingen als ein Erziehungsmittel von dem Staate
überwacht wurde, vor dem Treffen dem Eros.

In der späteren griechischen und in der römischen
Zeit umgab man den Eros mit einer zahlreichen Schaar
von Brüdern und Begleitern, den Eroten, Amoretten.
Auch gab man dem Eros einen Anteros (᾽Αντέρως) bei,
dem Gott der Liebe den der Gegenliebe, der durch seine
heiteren Spiele erst den älteren Bruder zum Wachsthum
und Gedeihen brachte. Häufig trat Eros in Verbindung
mit Psyche (Ψυχή), der Personification der menschlichen Seele, einer Gestalt, welche auch erst in später
griechischer Zeit geschaffen wurde. Eros ist entweder
in Liebe mit ihr verbunden, oder er quält sie in seinem
grausamen Sinne. Die letzte Vorstellung wird besonders
unter dem Bilde eines Schmetterlings, des Symbols der
Seele dargestellt, welchen Eros über eine Fackel hält,
dem er die Flügel ausreisst u. s. w. Dies Verhältniss
von Eros und Psyche hat ein Schriftsteller aus der römischen Kaiserzeit, Apulejus, in einer zarten und anmuthi-

gen Erzählung*) mährchenhaft behandelt, deren tieferer Gehalt jedoch philosophischer Natur ist. Denn auch die Philosophen haben, wie z. B. Plato im Symposion, das Wesen des Eros genauer zu bestimmen gesucht; bei ihnen ist er ein grosser Dämon, der die menschliche Seele läutert und zum Guten und dadurch zur Glückseligkeit erzieht.

Ein fernerer Freund und Begleiter des Eros ist Hymen oder Hymenaios ($Τμήν$, $Τμέναιος$, Hymenaeus), der Gott der Vermählung, der in dem Brautliede oder Hymenaeus angerufen wurde. Daher heisst er der Sohn des Apollon und der Muse Kalliope. Die meisten Erzählungen, welche erklären wollen, warum er im Brautliede angerufen werde, enthalten den Grundzug, dass er von Seeräubern entführte Mädchen befreite und deswegen bei ihrer Hochzeit im Brautliede gepriesen wurde. Dies bezieht sich auf die griechische Sitte, die Braut vor der Hochzeit zu rauben. Hymen wird von der Kunst etwas älter und reifer dargestellt, als Eros.

---

*) Ein König hatte 3 Töchter, deren jüngste, bei weitem die schönste und lieblichste, Psyche hiess. Eros liebte sie und brachte sie an einen von aller Welt abgeschiedenen Ort, wo er in glücklicher Liebe mit ihr vereint, jedoch von ihr unerkannt und ungesehen, lebte. Er hatte ihr verboten nach seinem Antlitz zu forschen oder je das Geheimniss ihrer Liebe zu verrathen; als aber einst ihre bösen Schwestern sie besuchten, wurde sie von diesen, welche über ihr grosses Glück von Neid erfüllt waren, verleitet, sich über ihren Gatten Gewissheit zu verschaffen. Darum wurde sie von Eros verlassen und suchte ihn nun mit Kummer und unter tausend Mühen und Gefahren auf der ganzen Erde. Endlich, nachdem sie durch die lange Noth und Duldung von der früheren Befleckung gereinigt ist, wird sie wieder mit Eros verbunden und erlangt durch diese Verbindung die Unsterblichkeit. Ihre Tochter heisst Glückseligkeit.

FIG. XII.

Ares.

Von Eros giebt es zwei verschiedene Darstellungs-
arten. Die ältere Kunst bildete ihn als einen reifen
Knaben von vollendeter Schönheit, die jüngere dagegen
als ein anmuthiges Kind.

10. Ares ('Ἄρης, Mars).

Ares, der Sohn des Zeus und der Hera (Hes.
Theog. 922.), ist bei Homer der wilde Gott des Kampfs,
der sich erfreut am Getümmel der Schlacht und dem
Männermord. Daher ist es ihm einerlei, auf welcher
Seite er kämpft, er ist ein Parteigänger (ἀλλοπρόςαλλος
Il. 5, 831.), der, unersättlich des Krieges, laut schreiend
die Mauern umtobt und überall Verderben bringt. Wegen dieser wilden Streitsucht ist er dem Zeus der verhassteste der Götter (Il. 5, 888.) und ein Feind der Athena,
die dem geordneten Kampfe vorsteht. Diese tritt ihm
im trojanischen Kriege gewöhnlich entgegen, und durch
ihre Hülfe verwundet ihn Diomedes, dass der eherne
Gott laut aufschreit, wie 9000, ja 10000 rüstige Männer
im Streite (Il. 5, 765. 856. 15, 125 ff. 20, 69. 21, 400 ff.).
Wenn er auf seinem Streitwagen gerüstet in den Kampf
fährt, so gehen ihm zur Seite Deimos und Phobos
(Δεῖμος, Φόβος), Furcht und Schrecken, Eris ("Ερις),
die Erregerin des Streites (Il. 4, 440.), und Enyo ('Ενυώ),
die mordende, städtezerstörende Kriegsgöttin (Il. 5, 592.).
Von dem der letzteren zu Grunde liegenden Begriffe
erhielt Ares den Beinamen 'Ενυάλιος (Il. 2, 651.); doch
kommt auch Enyalios als besondere Gottheit neben
Ares vor, wie in dem athenischen Ephebeneide. Deimos und Phobos sind seine und der Aphrodite Kinder,
zugleich aber auch Harmonia, die Eintracht (Hes. Th.
933 ff.), und Eros und Anteros. Ausserdem heissen
tapfere, besonders rohe und wilde Kämpfer seine Söhne.

In dem homerischen Hymnus auf Ares (No. 8.) wird dieser als ein Gott angerufen, der für höhere Interessen kämpft; er heisst hier Schirm des Olympos, Vater des schönerrungenen Sieges, Helfer der Themis, des Rechtes. Allein dies ist ein philosophischer, von den übrigen homerischen ganz verschiedener Hymnus aus später Zeit, in welchem Ares zugleich als der Planet gleiches Namens betrachtet wird.

Ares war nicht von Anfang an der Gott des Krieges; ursprünglich war er eine befruchtende, chthonische (unterirdische) Naturgottheit, welche Segen und Verderben bringen konnte. So wurde er besonders seit alter Zeit im thebanischen Lande verehrt; es tritt aber hier vornehmlich an ihm die verderbliche Seite hervor. Er ist der Gott, welcher Krieg und Seuchen schickt, und daraus entwickelte sich denn später einseitig die Vorstellung eines Kriegsgottes. Uebrigens heisst Ares noch bei Sophokles der Pestsender (Soph. Oed. Tyr. 185.). Auf den alten Naturgott Ares bezieht sich wahrscheinlich der Mythos von Otos und Ephialtes, welche den Ares fesselten und 13 Monate in einem ehernen Gefässe gefangen hielten, bis Hermes ihn, den erschöpften, durch List befreite (Il. 5, 385.).

Ares fand im Allgemeinen in Griechenland wenig Verehrung; nach Homer (Od. 8, 361.) hatte er im Lande der wilden Thraker seinen Wohnsitz, wohl deswegen, weil dieses Volk besonders den Krieg liebte. Die griechische Kunst hat ihn, weil sein Wesen zu sehr ein blosser Begriff war, wenig gebildet, desto häufiger aber kamen seine Statuen bei den Römern vor. Er wird dargestellt als kräftiger, jugendlicher Mann, gewöhnlich nackt mit dem Helm auf dem Haupte. (Fig. 12. Ares, Statue der Villa Ludovisi.)

FIG. XIII.

Hestia.

63

11. Hestia ('Εστία, Ἰστίη, Vesta).

Hestia, die reine Göttin des Heerdes und des Heerdfeuers, findet sich in der Ilias und Odysee noch nicht
als Gottheit erwähnt; zuerst wird sie genannt bei Hesiod
(Theog. 453.) und in den homerischen Hymnen, welche
bekanntlich erst in der Zeit nach Homer gedichtet worden
sind. Sie war die Tochter des Kronos und der Rhea,
nach dem Glauben Einiger die älteste, nach Andern die
jüngste unter den Kindern des Kronos; und auch jetzt
noch streitet man darüber, ob sie schon in der Urzeit
der Griechen sei verehrt worden, oder ob, was wahrscheinlicher ist, erst nach Homer die Vorstellung dieser
Gottheit entstanden sei. Nach dem homerischen Hymnus
auf Aphrodite (20 ff.) warben um ihre Ehe Poseidon und
Apollon; sie aber schwor bei dem Haupte des Zeus,
dass sie ewig unvermählt bleiben wolle. Dafür ertheilte
ihr Zeus die schöne Ehre, dass sie in der Mitte des
Hauses, an dem Heerde, und in allen Tempeln verehrt
würde. Der Heerd ist der Mittelpunkt des Hauses, der
die Glieder der Familie in Liebe zusammenhält; Hestia
ist daher die Göttin der häuslichen Eintracht, sie gewährt dem Hause Sicherheit, Frieden und Segen. So
ist sie eine den Menschen besonders freundliche Göttin
und wird gern zusammengestellt mit dem Segenspender
Hermes, der gleich ihr die Werke der Menschen begünstigt (Hom. hymn. 29. in Vest.). Weil an dem Heerde
geopfert wird, ist Hestia die Vorsteherin der Opfer und
des heiligen Opferfeuers; darum bringt man ihr bei dem
Opferschmause zu Anfang und zu Ende heilige Spenden
und verehrt sie in den Tempeln der übrigen Gottheiten.

An dem Heerde suchte der Landflüchtige und Verfolgte Schutz; daher ist Hestia nebst Zeus auch die

6 *

Schirmerin der Schutzflehenden und Hülflosen. Mit Zeus zugleich wacht sie auch über den Eid; denn bei dem Heerde und dem gastlichen Tische schwor man zu Zeus (Hom. Od. 14, 158.).

Die Stadt und der Staat sind gewissermassen grössere Familien; daher hatte die Göttin in den Rathhäusern oder Prytaneien (Pind. Nem. 11, 1.), als dem Mittelpuncte des Staates, ihr besonderes Heiligthum mit einem Heerde, auf dem ihr von unvermählten Frauen ein ewiges Feuer unterhalten wurde und von dem aus die fortziehenden Colonien das heilige Feuer für ihr neu zu gründendes Prytaneion mitnahmen. Sie war somit das Sinnbild bürgerlicher Eintracht, gemeinsamen Wohnsitzes und gemeinsamer Gottesverehrung. Auch grössere nationale Vereine, namentlich religiöser Art, besassen an der gemeinsamen Cultusstätte ein Heiligthum der Hestia; so galt die Hestia des delphischen Heiligthums gewissermassen als der religiöse Mittelpunct des gesammten Griechenvolkes. Ja die Göttin erhielt eine noch viel umfassendere Bedeutung, indem man sie als Grund und Mittelpunct der ganzen natürlichen wie sittlichen Weltordnung ansah; insofern hat sie ihr eigentliches Prytaneion im Hause des Zeus, des höchsten Walters der Welt, wo das ewige himmlische Feuer brennt, von dem Prometheus einst den Menschen einen Theil zur Erde trug.

Statuen und Tempel der Hestia waren selten; die Kunst stellt sie dar in der ernsten, würdevollen Haltung einer erhabenen Frau mit klaren, einfachen Gesichtszügen. (Fig. 13. die sogenannte Giustinianische Vesta.)

—

Wir lassen sich an die olympischen Götter noch diejenigen Gottheiten niederen Ranges anschliessen, welche

zu dem Olympos in gewisse Beziehungen treten. Es
sind zum Theil dienende Gottheiten des Olympos, zum
Theil solche Wesen, welche irgend eine Seite eines
olympischen Gottes selbständig in sich entwickelt haben,
wie die Schicksalsgottheiten, die Götter der Witterung
u. s. w.

12. Moira (Μοῖρα, Parca, Parze).

Das Wort μοῖρα bedeutet ursprünglich den Theil,
den bestimmten Theil, daher den Theil des Lebens,
der dem Menschen beschieden ist (μοῖρα βιότοιο, Il. 4,
170.), die Lebensdauer und das im Leben zugetheilte
Geschick, wie den dem Lebenden bestimmten Tod (θάνατος καὶ μοῖρα Il. 3, 101. μοῖρ' ὀλοὴ θανάτοιο Od. 2, 100.).
Dieser Begriff wurde nun von dem Dichter personificirt
zu einer Moira („Zutheilerin") einer Schicksalsgöt-
tin. Wir haben bei Zeus das Verhältniss der Moira zu
diesem und den übrigen Göttern näher erörtert und gesehen, dass die Moira bald über Zeus und den Göttern
stehend, bald von denselben abhängig betrachtet wurde.
Demnach sah man die Moira entweder als eine blind
waltende unabwendbare Macht an, oder man glaubte
durch Gebet und Flehen zu den Göttern auf die Moira
einwirken zu können. Bei Homer erscheint die Moira
gewöhnlich in der Einzahl; doch finden wir auch schon
bei ihm an zwei Stellen eine Mehrheit derselben, Μοῖραι
(Il. 24, 49.) oder Κατακλῶθες, die Spinnerinnen (Od. 7,
197.), welche dem Menschen die Lebensloose zuspinnen (Il. 24, 209.)*). Erst bei Hesiod traten sie in der

---

*) Uebrigens ist das Spinnen des Lebenslooses nicht allein
den Moiren eigen, auch von den Göttern im Allgemeinen wird
dieser Ausdruck gebraucht. Od. 3, 208. ἀλλ' οὔ μοι τοιοῦτον
ἐπέκλωσαν θεοὶ ὄλβον. cf. Od. 1, 17.

Dreizahl auf unter den Namen Klotho, die Spinnerin, Lachesis, die das Loos Bestimmende, und Atropos, die Unabwendbare, Töchter der Nacht (Νύξ), oder auch des Zeus und der Themis (Theog. 217. 904.). Man dachte sie sich in der Folge entweder als die erhabenen Gottheiten des allgemeinen Schicksals, welche walten über der Ordnung in der Natur und im Menschenleben, mit Sceptern in der Hand, oder als die Gottheiten der Lebensdauer, die dem Menschen den Faden seines Lebens zuspinnen und endlich abschneiden. Als solche treten sie gern mit den Gottheiten der Geburt und des Todes in Verbindung. Da sie das Leben und das Geschick des Lebens zutheilen, so wissen sie auch die Schicksale der Menschen voraus und singen, weissagen dieselben bei deren Geburt (Ovid. Met. 8, 452 ff. Horat. Carm. Saecul. 25.). Die Dichter schildern die Moiren bisweilen als alte, hässliche Frauen; von der Kunst aber werden sie dargestellt als ernste Jungfrauen. Die spätere Kunst giebt der Klotho eine Spindel in die Hand, Lachesis bezeichnet die Geschicke am Globus oder hält eine Schriftrolle, in der die Geschicke verzeichnet sind, Atropos schneidet den Faden entzwei oder hält eine Wage, zeigt die Stunde des Todes an der Sonnenuhr u. s. w. An verschiedenen Orten Griechenlands, wie zu Sparta, Olympia, Korinth, hatte Moira Tempel und Altäre.

Ein mit Moira fast gleicher Begriff ist bei Homer Aisa (Αἶσα). Auch dies Wort heisst ursprünglich der Theil und wurde zu einer Personification des Schicksals; sie spinnt wie die Moira dem Menschen bei seiner Geburt den Schicksalsfaden (Il. 20, 127. Od. 7, 197.). Aber dies Wesen blieb noch viel mehr als die Moira eine blosse Personification ohne Leben.

Eine bei Homer noch nicht vorkommende Personification ist

13. Tyche (*Τύχη, Fors, Fortuna*),

die Göttin des Zufalls und des Glückes, die das Steuerruder des Lebens in Händen hält. Bei Hesiod (Th. 360.) wird Tyche unter den Töchtern des Okeanos und der Tethys aufgezählt, bei Pindar ist sie eine der Moiren. Als die Geberin des Glücks trägt sie das Horn der Amaltheia, das Symbol der Fülle der Glücksgaben, oder den Plutos, den Reichthum, im Arme und heisst *Τύχη ἀγαθή* (*bona Fortuna*), das gute Geschick. Sie wurde als solche an verschiedenen Orten verehrt, besonders als Retterin und Erhalterin der Staaten (*Σώτειρα*, Pind. Ol. 12, *in.*, Tochter des Zeus *Ἐλευθέριος*); deshalb hatte sie in Sikyon ihr Heiligthum auf der Burg als Akraia. In der späteren, hellenistischen und römischen Zeit verehrten die einzelnen Städte ihre besonderen *Τύχαι*, welche in weiblicher Form den Dämonen oder Genien (s. d.) der Oerter entsprachen.

14. Nemesis (*Νέμεσις*).

Nemesis, bei Homer keine Gottheit, bei Hesiod (Th. 223.) eine Tochter der Nacht, tritt auch zu den Schicksalsgottheiten hinzu. Das Wort *νέμεσις* (von *νέμω*, zutheilen) bedeutet ursprünglich das Zutheilen des Gebührenden; die personificirte Nemesis ist also eine Gottheit, welche dem Menschen das Verdiente zutheilt, welche Glück und Unglück nach Recht und Gebühr bringt. Sie unterscheidet sich also von den Moiren dadurch, dass diese als Schicksalsgottheiten überhaupt vor der Geburt schon dem Menschen sein Geschick bestimmen, Nemesis aber für begangene Thaten zum Lohn oder zur Strafe

nach dem sittlichen Rechtsgefühl Glück oder Unglück
verleiht. Besonders tritt aber an ihr das Unheilbringende
hervor; sie ist eine rächende und strafende Göttin, welche
dem übermüthigen Menschen, dem bisher ein allzugrosses
Glück zu Theil ward, schwere Verluste bringt, damit er
gedenke, dass er ein Sterblicher ist, denn ein ungetrübtes
Glück ist nur den Göttern beschieden. Man bildete Nemesis als jungfräuliche strenge Göttin, welche mit gebo-
genem Arm das Gewand vor der Brust hält (als Zeichen
der Elle, des Masshaltens) und selbstprüfend in den Busen schaut. Ihre gewöhnlichen Attribute sind der Zaum,
das Schwert, die Peitsche.

Nemesis wurde an einigen Orten Griechenlands verehrt, besonders hatte sie in dem attischen Flecken Rham-
nus ein altes Heiligthum, weshalb sie den Beinamen
Rhamnusia erhielt. Diese rhamnusische Nemesis wurde
mit Adrasteia verschmolzen und erhielt auch diesen
Namen, der, von διδράσκω abgeleitet, die Unentrinnbare
bezeichnen soll. Ursprünglich war aber Adrasteia, welcher von dem Heros Adrastos in Kleinasien bei Kyzikos ein Heiligthum errichtet worden sein soll (cf. Il. 2,
828 ff.), eine von Nemesis ganz verschiedene Gottheit,
ähnlich der phrygischen Rhea Kybele.

15. Ate (Ἄτη).

Das Wort ἄτη bedeutet die Bethörung und Verwirrung
des Sinnes, welche zur Sünde führt. Bei Homer ist es
gewöhnlich noch ein unpersönlicher Begriff, die Götter
selbst führen den Menschen in Verwirrung, Schuld und
Unglück; an manchen Stellen jedoch tritt Ate als ein
persönliches Wesen auf, eine schnellfüssige, mächtige,
erhabene Tochter des Zeus. Selbst den Sinn des Zeus
bethört sie, weshalb dieser sie erzürnt aus dem Olympos

wirft; sie stürzt auf die Werke der Menschen (Il. 9, 505.
19, 91 ff. 126 ff.). Was sie verschuldet, machen die Litai,
die Bitten, wieder gut (Il. 9, 502.). Hesiod nennt Ate
eine Tochter der Eris (Theog. 230.). Bei den Tragikern
hat sie viel Aehnlichkeit mit Nemesis, sie bringt dem
Schuldigen die gebührende Strafe. Verehrung ward ihr
nicht zu Theil, auch kennt man keine bildliche Darstellung von ihr.

16. Dike (Δίκη).

Dike (die Gerechtigkeit), nach Hesiod die Tochter
des Zeus und der Themis, eine der Horen (Theog.
901.), ist Schützerin des Rechts und der Gerichte, Feindin
des Trugs und des Frevels. Wenn ein Richter das Recht
verletzt, so kommt sie klagend zum Throne des Zeus
(Hes. Opp. 256.). Daher wird sie Beisitzerin des Zeus genannt (Soph. Oed. Col. 1377. vgl. auch Antig. 450.). Als
Beschützerin des Rechts bringt sie Ruhe und Frieden und
Gesetzmässigkeit, daher heisst ihre Tochter bei Pindar
Hesychia (die Ruhe), und bei Hesiod ihre Schwestern
Eunomia und Eirene (Gesetzlichkeit und Friede). Sie
verfolgt den Frevler, stösst ihm das Schwert, das ihr
Aisa geschärft, in die Brust und bringt die Poine (die
Strafe), wenn auch spät, in sein Haus; ebenso aber be-
lohnt sie auch den Guten, der auf dem Wege des Rech-
tes wandelt. Später erhielt sie den Beinamen Astraia.

17. Themis (Θέμις, ιδος, att. ιτος, episch ιστος).

Themis (die Satzung, θέω = τίθημι), die Göttin der
gesetzlichen Ordnung, ist bei Homer zwar noch ganz
unentwickelt, aber sie erscheint doch auch hier schon
als ein göttliches Wesen, welches neben Zeus zur
Schützung des Rechts angerufen wird und die Versamm-

lungen der Männer beruft und auflöst (Od. 2, 68.). Sie
ist am geeignetsten die Ruhe im Olympos wieder her-
zustellen und weiss nichts vom Murren gegen Zeus; sie
ist die wohlrathende Helferin (εὔβουλος, σώτειρα) und
heisst, wie Dike, die Beisitzerin des Zeus. Hesiod nennt
sie die Tochter des Uranos und der Ge, eine Titanin,
Gemahlin des Zeus, mit dem sie die Horen und die
Moiren erzeugt (Theog. 135. 901.); sie ist also nach
dieser Zusammenstellung das Wesen, welches mit Zeus
die Ordnungen der Natur und des Menschenlebens hervorruft. Weil die Satzungen des Zeus (Διὸς μεγάλοιο
θέμιστες) durch die Orakel verkündet werden, wird
Themis auch eine weissagende Gottheit (fatidica, Ovid.
Met. 1, 321.), welche vor Apollon das delphische Orakel
besessen haben soll. Themis hatte an mehreren Orten
Griechenlands Heiligthümer. Ihre gewöhnlichen Attribute sind die Wage und das Füllhorn.

18. Musen (Μοῦσα, Μοῦσαι, Musa, Camēna).

Homer nennt entweder die Muse, die Göttin des
Gesanges, in der Einzahl oder auch in der Mehrheit,
aber ohne ihre Zahl und ihre Namen anzugeben. Nur
an einer Stelle (Od. 24, 60.), welche übrigens jüngeren
Ursprungs ist als die übrigen homerischen Gesänge, wird
die Neunzahl genannt. Die neun Musen mit ihren unter-
scheidenden Namen finden sich zuerst bei Hesiod (Theog.
77.); sie heissen Kleio (Κλειώ, Clio), die Verkünderin,
Euterpe (Εὐτέρπη), die Erfreuerin, Thaleia (Θάλεια,
Thalia), die Blühende, Melpomene (Μελπομένη), die
Sängerin, Terpsichore (Τερψιχόρη), die Tanzfrohe,
Erato (Ἐρατώ), die Liebliche, Polymnia (Πολύμνια),
die Hymnenreiche, Urania (Οὐρανία), die Himmlische,

Kalliope (Καλλιόπη), die Schönstimmige. Sie sind Töchter des Zeus und der Mnemosȳne. Bei Hesiod stehen die Musen auch zu dem Tanze in Beziehung, während sie bei Homer nur die Göttinnen des Gesanges sind, welche in Olympos bei den Mahlen der Götter ihre liebliche Stimme ertönen lassen (Il. 1, 604.), die den Sängern die Gabe des Gesanges verleihen und ihnen den Stoff ihrer Lieder in die Seele legen. Sie werden daher ganz besonders von den Sängern um Beistand angerufen, die Sänger sind ihre Söhne und Lieblinge. Thamyris aber, der sich mit ihnen in einen Wettstreit einzulassen wagte, wurde von ihnen des Gesanges beraubt und mit Blindheit gestraft (Il. 2, 594 ff.).

Die Musen waren ursprünglich begeisternde Quellnymphen, denen Quellen, Grotten und Haine geweiht waren. Ihre Hauptverehrung genossen sie bei dem gesangreichen Stamme der Thraker, welche aus den Gegenden des Olympos, aus Pierien herabzogen nach Böotien an den Berg Helikon. Hier waren ihnen heilig die Quellen Aganippe und Hippokrene, hier feierten ihnen die Thespier das Musenfest. Von dem Helikon aus verbreitete sich der Dienst der Musen auch nach anderen Orten; Lieblingsaufenthalte waren ihnen die in der Nähe des Helikon gelegenen Berge Leibethron*) und Parnassos, an dessen Fusse ihnen die Quelle Kastalia unweit Delphi geweiht war. Allmählich kam ihre Verehrung über ganz Griechenland. Nach den Hauptorten ihrer Verehrung haben sie die Namen *Pierides, Olympiades, Pimpleïdes, Heliconiades, Thespiades, Parnassides, Castalides.* Uebrigens waren die Namen und die Zahl der Musen, wie sie von Hesiod bestimmt werden,

---

*) Ein Ort Leibethron oder Leibethra war auch in Pierien.

nicht die allgemein herrschenden. Man nannte drei: Melete (*Μελέτη*, das Sinnen), Mneme (*Μνήμη*, das Gedächtniss) und Aoide ('*Αοιδή*, Gesang), vier, sieben, acht. Später theilte man den einzelnen der neun Musen bestimmte Kreise der Thätigkeit zu und dehnte ihre Wirksamkeit auf alle Zweige der Kunst und der Wissenschaft · aus. Danach erhielten sie auch verschiedene Attribute: Kalliope ward die Göttin des epischen Gesanges, mit Wachstafeln und Stylus; Euterpe die Göttin des lyrischen Gesanges, mit der Flöte; Melpomene Muse der Tragödie, mit einer tragischen Maske in der Hand, Ephen ums Haupt u. s. w.; Erato Muse der erotischen (Liebes-) Dichtkunst und der Mimik; Polymnia Muse der Hymnen; Thaleia Muse der heiteren und ländlichen Dichtkunst, der Komödie u. s. w., mit der komischen Maske, dem Hirtenstab und Epheukranz; Terpsichore Muse des Tanzes mit der Lyra; Kleio Muse der Geschichte, mit einer Papierrolle; Urania Muse der Sternkunde, mit einem Globus.

Die Musen kommen oft in Verbindung vor mit Apollon, der auch ein Gott der Musik ist und die Sänger beschirmt (siehe Apollon); daher wird dieser der Führer der Musen, Musagetes (*Μουσαγέτης*). Durch diesen Zusammenhang und wegen ihrer begeisternden Natur sind sie auch weissagerische Gottheiten. Auch mit Dionysos waren die begeisternden Musen schon in alter Zeit in Pierien verbunden. Später hat die dramatische Dichtkunst, welche vorzugsweise im Dionysosculte wurzelte, diese Verbindung zu neuem Flor gebracht.

19. Charis, Chariten (*Χάρις*, *ιτος*, *Gratiae*, Gration).

Die Chariten, Töchter des Zeus und der Hera oder der Eurynome, der Weitschaltenden (Hes. Theog.

907.), oder auch des Helios und der Aigle (des Glan-
zes), waren die Göttinnen der Anmuth. Sie bezeichnen
besonders den Reiz des geselligen Lebens, die Einigung
der Menschen in Gesetzlichkeit (daher wird auch ihre
Mutter Eunomia genannt), das frohe, heitre Festesleben.
In Homers Ilias ist die Charis Gemahlin des Hephaistos (18, 382. Aglaia nennt sie Hesiod), während in der
Odyssee Aphrodite mit ihm vermählt ist (siehe Hephaistos). An einer andern Stelle der Ilias (14, 267.) spricht
Homer von den Chariten in der Mehrheit und lässt Hera
dem Gotte des Schlafs eine der jüngeren Chariten,
die Pasithea (die Wunderschöne), versprechen. Hesiod
(Theog. 907.) nennt drei Chariten: Euphrosýne (festliche Freude), Aglaia (festlicher Glanz) und Thalïa
blühende Festesfreude). Da der Begriff der Geselligkeit
bei ihnen vorherrscht, so sind sie stets unzertrennlich;
als die Göttinnen der Anmuth verschönern sie alles, was
den Menschen erfreut, Feste, Tänze und Gelage, und
„selbst die Götter ziehen nie ohne der Chariten Geleit
zu fröhlichen Reigen, noch zu festlichem Mahle" (Pindar.
Ol. 14, 8.). Ueberall, wo die Menschen zu festlicher
Freude und anmuthiger, durch die Sitte und den Schön-
heitssinn geregelter Lust sich versammeln, da erscheinen
die am Tanz und dem heiteren Liede sich erfreuenden
Chariten. Die Kunst erhält erst durch die Anmuth ihre
wahre Weihe; daher ist Charis die Gemahlin des Hephaistos, daher sind die Chariten befreundet mit den
Göttinnen des Gesanges, den Musen, und wohnen mit
ihnen zusammen auf dem Olympos. Sie sind die Bei-
sitzerinnen des Wohlredners Hermes und der Peitho,
der Ueberredung, weil die Beredtsamkeit ohne Anmuth
erfolglos bleibt. Die Schönheit vermag nicht ohne die
Anmuth dauernd zu fesseln; darum sind die Chariten

die steten Begleiterinnen und Dienerinnen der **Aphrodite.** Auch mit den **Horen** kommen die Chariten
häufig in Verbindung; doch stehen sie ihnen entgegen,
wie menschliches Leben der Ordnung der Natur. „Die
Horen zeitigen den Wein, den die Chariten geniessen
helfen; während bei Hesiod die Horen das Götterkind
Pandora mit Frühlingsblumen kränzen, schmücken es
die Chariten mit goldenen Halsketten; jene pflücken
oder streuen Blumen, diese winden sie und giessen
Balsam aus." (O. Müller.)

Die älteste Verehrung hatten die Chariten in Böotien,
bei dem Minyerstamme zu Orchomenos; hier sollte König
Eteokles zuerst ihren Dienst eingeführt haben. Von
Orchomenos aus kamen sie alsdann in die Gegend des
Helikon, wo sie mit dem Dienste der Musen in Verbindung gesetzt wurden, und an andere Orte Griechenlands.
Zu Sparta wurden nur zwei Chariten verehrt, **Kleta**
und **Phaënna**, Schall und Schimmer; in derselben Zahl
finden sie sich zu Athen unter den Namen **Auxo**, die
Wachsthumfördernde, und **Hegemone**, die Führerin;
diese athenischen Chariten scheinen alte Witterungsgöttinnen gewesen zu sein, gleich den Horen **Thallo**
und **Karpo** und der Thaugöttin **Pandrosos**, welche
sämmtlich nebst Helios angerufen wurden, verderblichen
Brand und sengende Dürre abzuhalten. Ueberhaupt ist
es wahrscheinlich, dass die Chariten in der ältesten Zeit
Naturgottheiten waren, wenig verschieden von den Horen, dass aber später ihre Wirksamkeit ganz auf das
menschliche Leben übertragen wurde.

Die Chariten werden gewöhnlich in der Dreizahl
vereint dargestellt, ohne Bekleidung, in mädchenhafter
Unbefangenheit, blühender Jungfräulichkeit, in schlanker vollendetster Gestalt mit freundlicher Gesichtsbildung.

Ihre Attribute sind musikalische Instrumente oder Myrten, Rosen, Würfel.

20. Horen ('Ὧραι, *Horae*).

Die Horen, die schönlockigen, blühenden Witterungsgöttinnen, sind bei Homer die Dienerinnen des Zeus (Διὸς 'Ὧραι Od. 24, 344.), die Hüterinnen des Olympos, welche dessen Thore öffnen und schliessen (Il. 5, 749.) und durch den Wechsel der Witterung der Pflanzenwelt Gedeihen schaffen und die Früchte zeitigen. Diese ihre segensreiche Wirksamkeit in der Natur kann nur stattfinden, wenn in dem Wechsel ein gleichmässiger Kreislauf, eine regelmässig wiederkehrende Ordnung besteht. Die Horen bezeichnen das Gesetzmässige in der Witterung, den gleichen Gang der Zeiten, und werden daher vorzugsweise die Gottheiten der Jahreszeiten; ursprünglich aber bedeutet das Wort ὥρα jeden begrenzten Zeitraum des Jahres sowohl als des Tages und des Menschenalters, besonders diejenigen Zeiträume, welche Blüthe und Vollkommenheit und Reife herbeiführen (Frühling, Jugend, Herbst). Die Horen treten mit Zeus in so enge Verbindung, weil dieser ursprünglich als der in der Höhe des Himmels waltende Gott die Witterung schickt und weil die Ordnung im Wechsel der Natur von seinem Willen ausgeht. Als Töchter des Zeus treten sie bei Homer, der auch Zahl und Namen unbestimmt lässt, nicht auf; erst Hesiod (Theog. 901 ff.) nennt sie Töchter des Zeus und der Themis unter den Namen Eunomia (Gesetzmässigkeit), Dike (Recht) und Eirene (Friede). Aus diesen Namen erkennt man, dass sie Hesiod nicht blos als die Gottheiten der Witterung und des geordneten Jahres, als Naturgottheiten, auffasst, sondern dass er sie in Beziehung zum Menschenleben

setzt; die Gottheiten, welche die ruhige, gleichmässige
Ordnung in der Natur aufrecht erhalten, werden zu
Schützerinnen der Ordnung und des Friedens in der
menschlichen Gesellschaft (Pind. Ol. 13, 6 ff.). Die Vor-
stellung der Naturgottheiten ist indess stets bei den
Horen überwiegend geblieben.

Die gewöhnliche Zahl der Horen ist die Dreizahl,
weil der Grieche drei Jahreszeiten anzunehmen pflegte,
Frühling, Sommer und Winter, in späterer Zeit finden
sich auch vier genannt; ursprünglich gab es aber wahrscheinlich nur zwei Horen. So verehrte man zu Athen
die Frühlingshore Thallo (Θαλλώ v. θάλλω), welche die
Pflanzen sprossen und blühen lässt, und die Hore des
Sommers Karpo (Καρπώ v. καρπός), welche die Früchte
zeitigt. Wie die Horen die Pflanzen aufwachsen lassen
und zur Blüthe bringen, so können sie auch dem natürlichen Leben des Menschen Gedeihen schaffen, sie sind
die Ernährerinnen und Pflegerinnen der aufwachsenden
Jugend; darum erzogen sie die Hera, den Hermes, den
Dionysos. Auch führen sie das Thun der Menschen zu
gedeihlichem Ende; in dem Laufe der Zeit, unter dem
Tanze der Horen, reifen allmählich die Werke der Menschen.

Die Kunst stellt die Horen entweder allein oder in
Gemeinschaft dar, gewöhnlich mit den Erzeugnissen der
Jahreszeiten; die Frühlingshore (*Chloris*, die Blühende)
kommt öfter allein vor, den Schurz voll Blumen. Häufig
erscheinen sie tanzend. Es sind reizende, jugendliche
Gestalten. Verehrung genossen sie zu Athen, Korinth
u. a. O.

21. Hyaden ('Τάς, άδος, Hyades).

Die **Hyaden**, die Regnenden *), sind ein Sternbild
an dem Kopfe des Stiers, bei dessen Aufgang, gleich-
zeitig mit dem der Sonne, die stürmische, regnerische
Zeit beginnt (*tristes, pluviae* Virg. Aen. 1, 744. Horat. Od.
1, 3, 14.). Daher wurden sie als Nymphen mit dem dodonäischen Zeus in Verbindung gebracht, der als der
Gott des Himmels den Regen schenkte und auch *'Υης*,
der Regnende, der Befeuchtende, hiess. Auch **Dione**,
die zu Dodona des Zeus Gemahlin ist, wird eine *'Τάς*
genannt. Als die **dodonäischen Nymphen** waren
sie die Ammen des **Zeus**. Auch den **Dionysos**, der
ebenfalls den Beinamen *'Υης*, der Feuchte, hatte, sollten
sie erzogen haben und hiessen danach auch die **nysä-
ischen Nymphen**. Zeus versetzte sie aus Dankbarkeit für diese Verdienste um seinen Sohn unter die
Sterne. Ihre Zahl, ihre Namen wie ihre Abstammung
werden sehr verschieden angegeben. Man nennt deren
zwei bis sieben, doch ist die Siebenzahl die gewöhn-
lichste. Hesiod nahm fünf Hyaden an. Sie sollen abstammen von **Atlas** und **Aithra** oder **Pleione**, oder
von **Okeanos**, von **Melisseus**, dem Honigmann, weil
von ihnen die süsse Nahrung kommt, u. s. w. Von einer
Verehrung derselben weiss man nichts.

22. Pleiaden (*Πλειάδες, Πληϊάδες, Πελειάδες, Pliades, Vergiliae*.)

Die **Pleiaden** werden mit den Hyaden in Verwandt
schaft gebracht, sie heissen deren Schwestern, Töchter

---

*) Sie wurden auch von *ῦς* abgeleitet und als eine Heerde
kleiner Schweine gedacht, *Suculae*.

des Atlas*) und der Aithra oder der Pleione. Sie
bedeuten das Siebengestirn, die Sterne der Schiff-
fahrt (von $\pi\lambda\acute{\epsilon}\omega$)**), weil mit ihrem Aufgange die ruhige,
der Schifffahrt günstige Jahreszeit kommt; wenn sie aber
in das Meer sinken, dann ist die Zeit der Stürme und
der Regenschauer,. und der Schiffer fliehet das Meer.
Sechs von diesen Sternen sind sichtbar, der siebente ist
ein dunkler Stern; daher hiess es, die siebente der
Pleiaden halte sich verborgen aus Scham, weil sie allein
von den Geschwistern mit einem sterblichen Manne vereint gewesen sei. Aus Schmerz über den Tod ihrer
Schwestern, der Hyaden, tödteten sie sich selbst und
wurden unter die Sterne versetzt; oder man erzählte,

---

*) Hes. Opp. 383. Atlas heisst wohl deswegen der Vater
der Pleiaden, weil diese im Westen, wo der Aufenthalt des
Atlas gedacht wird, sich in das Meer senken und verschwinden.
Daher mag auch Kalypso, die Verbergende, seine Tochter genannt werden (Od. 1, 52.). Er ist der Sohn des Japetos und
der Klymene, aus dem Geschlechte der Titanen, „ein klug-
gesinnter, der des ganzen Meeres Tiefen kennt und selbst die
grossen Säulen hält; die Erde und Himmel auseinander halten"
(Od. l. l.). Atlas ist die Personification eines Berges, von dem
man glaubte, er trage den Himmel. Indem der Berg zu einer
Person umgestaltet wird, ist diese selbst nicht mehr die Stütze,
sondern ist nur dazu bestimmt, die Stütze zu halten. Der Fuss
des Berges reicht in den Meeresgrund; daher kennt Atlas die
Tiefen des Meeres und heisst wie die Meeresgötter $\delta\lambda o\acute{o}\varphi\rho\omega\nu$.
Nach Hesiod (Theog. 517.) muss er zur Strafe, weil er im Ti-
tanenkampfe mitgestritten, den Himmel tragen mit dem Haupt
und unermüdeten Armen; er steht vor den Hesperiden. Im
Westen sollte er wohnen und herrschen; er besass dort grosse
Heerden und prächtige Gärten, die hesperidischen (westlichen)
Gärten. Die spätere Zeit machte ihn zu dem afrikanischen
Berge Atlas.

**) Eine andere Ableitung ist v.. $\pi\lambda\acute{\epsilon}\omega$, $\varphi\lambda\acute{\epsilon}\omega$, pluo, Regen-
gestirn.

sie seien, von dem riesigen böotischen Jäger Orion
5 Monate lang verfolgt, auf ihr Flehen in Tauben (πελειάδες) und darauf in Sterne verwandelt worden. Diese
letzte Sage, welche sich in Böotien gebildet hat, hat
darin ihren Grund, dass sich das Sternbild Orion fünf
Monate lang am Himmel neben den Pleiaden hinbewegt
(Pind. Nem. 2, 11 u. 12. Hes. Opp. 615.). Die Pleiaden
wurden wahrscheinlich in der ältesten Zeit wie die
Hyaden mit dem dodonäischen Zeus in Verbindung
gebracht. Zu Dodona hiessen die Priesterinnen des
Zeus Πελειάδες, Tauben; die Tauben waren Weissage-
vögel zu Dodona, und Homer (Od. 12, 59 ff.) erzählt, dass
Tauben dem Zeus Ambrosia bringen; indem sie aber an
den Plankten, den Irrfelsen, vorbeifliegen, wird Eine
getödtet, doch Zeus macht jedesmal die Zahl wieder voll.
Diese Sage bezieht sich ohne Zweifel auf das Pleiaden-
gestirn, von dem ein Stern nicht sichtbar ist.

Die Namen der Pleiaden werden verschieden angegeben; die gewöhnlichsten sind: Alkyone (der Eis-
vogel, weil dieser im Frühjahr, wenn die Pleiaden
aufgehen und der Schiffer sich wieder auf das Meer
wagt, brütet), Merope (Menschenkind), Kelaino (die
Dunkle, wahrscheinlich von dem dunklen Regengewölk),
Elektra (die Glänzende), Sterope (die Blitzende),
Taÿgete und Maia, die älteste und schönste. Die
beiden letzten Namen weisen auf den Peloponnes hin;
Taÿgete hat ihren Namen vom lakonischen Berge Taÿ-
getos, Maia ist eine arkadische Göttin, die Mutter des
Hermes. In Arkadien aber fanden sich besonders die
Sagen über die Pleiaden*). Im Ganzen hatten die alten

---

*) Von Sternen werden bei Homer ausser den Hyaden,
Pleiaden und Orion (Il. 18, 486.) noch genannt Heosphoros
(Ἐωςφόρος), der Morgenstern, welcher der Eos vorauszieht

Griechen eine geringe Kenntniss von den Gestirnen; der Thierkreis mit den zwölf Sternbildern wird erst spät erwähnt.

23. Iris (Ἶρις, ιδος).

Iris, die Tochter des Thaumas (θαῦμα, das Wunder) und der Okeanine Elektra (Glanz, Hes. Theog. 265.), ist die Göttin des Regenbogens. Der Regenbogen verbindet den Himmel mit der Erde; daher eignet sich Iris zu einer Botin der Götter, deren Befehle sie vom Himmel zur Erde niederbringt. Wenn sie einmal zu einer Botin der Götter gemacht ist, so kann sie von diesen nicht allein auf die Erde, sondern überall hin gesendet werden, in das Meer und in die Unterwelt (Il. 24, 78. Hesiod. Theog. 784 ff. Virgil. Aen. 9, 803.). Vorzugsweise wird sie von Zeus und von Hera ausgeschickt; dann fliegt die schnellfüssige Göttin auf goldenen Flügeln, „wie der Schnee aus Wolken daher fliegt oder der Hagel, vom Nordwind getrieben" (Il. 15, 170.). Spätere Dichter gesellen sie besonders der Hera als Botin und Dienerin zu (Ovid. Met. 1, 270. 14, 85. Virg. Aen. 5, 606. 4, 693.). Sie unterscheidet sich von Hermes, der ein ähnliches Amt hat, dadurch, dass dieser mehr ein auf Befehl des Zeus ausführender und thätiger Gott ist (siehe Hermes), während Iris fast blos das Botenamt verrichtet. Da sie aber einmal als freie Persönlichkeit hingestellt ist, so kann es auch vorkommen, dass sie

---

(Il. 23, 220. Od. 13, 93.); er heisst Hesperos (Ἕσπερος), Abendstern, wenn er am Abend leuchtet (Il. 22, 318.); ferner Scirios (*Sirius*, der brennende Hundsstern), der den Menschen lästige Hitze bringt, der Hund des Jägers Orion (Il. 22, 26 ff.); Arktos, die Bärin, auch der Wagen genannt, und Bootes oder Arktophylax, der Bärenhüter (Il. 18, 486. Od. 5, 272.).

selbst freiwillig Rath ertheilt oder auch helfend eingreift (Il. 23, 198 ff. 15, 201. 24, 96. 5, 353.). In der Odyssee kommt sie nicht vor, hier ist Hermes ausschliesslich der Götterbote. — Iris findet sich nicht in Statuen dargestellt, wohl aber auf Vasen und Reliefs, als eine leichte, geflügelte Gestalt, oft mit einer Kanne; denn man glaubte, sie trage den Wolken das Wasser zu. Von einer Verehrung der Iris finden sich geringe Spuren *).

24. Helios ('Ηλιος, 'Ηέλιος, Sol).

Helios, der Sonnengott, ist Sohn des Titanen Hyperion (des Hochwandelnden; daher heisst Helios Ὑπεριονίδης oder auch selbst Ὑπερίων Od. 1, 8. 24.) und der Titanin Theia (Hes. Theog. 371 ff.) oder der Euryphaëssa (Hom. h. in Sol.) und wird deshalb auch vorzugsweise Titan genannt. Er führt den goldenen glänzenden Sonnenwagen mit dem feuerschnaubenden Rossegespann den Tag über am Himmel hin um den Göttern und Menschen zu leuchten, ein jugendlich starker Gott mit leuchtendem Blick, das umlockte Haupt mit glänzender Strahlenkrone geschmückt (Hom. h. in Sol.). Des Morgens erhebt er sich im Osten aus dem Okeanos (λίμνη Od. 3, 1., einer ruhigen Bucht des Okeanosstromes), am Abend steigt er im Westen an den Thoren des Helios, dem Eingang in die Dunkelheit, wieder in den Okeanos nieder und lässt die ermüdeten Pferde ausruhen. Wagen und Gespann finden sich zuerst in den hom. Hymnen (in Merc. 69. in Cer. 88.); doch

---

*) Die Ossa, welche sich bei Homer als Personification findet (Il. 2, 93. Od. 24, 413.), bezeichnet das schweifende Gerücht. Sie heisst auch Διὸς ἄγγελος, ohne jedoch eine bestimmte Bestellung zu haben. Ihr entspricht die Fama der röm. Dichter (Virg. Aen. 4, 173.).

muss man wohl diese Vorstellung auch in Ilias und Odyssee voraussetzen, obgleich ihrer dort keine Erwähnung
geschieht. Auch bleibt es bei Homer und bei Hesiod
unbestimmt, auf welche Weise Helios von Westen nach
Osten zurückkehrt. Spätere Dichter sagen, Helios schiffe
in der Nacht auf dem Okeanos in einem goldenen Kahne,
den Hephaistos gefertigt, um die nördliche Hälfte der
Erde nach dem Osten herum, wo man ihm einen prächtigen Palast gab. (Eine poetisch schmückende Beschreibung der Burg des *Sol* sowie des Wagens und der Vor-
bereitung zur Fahrt siehe Ovid. Met. 2, 1 ff.) Ebenso
erhielt er später im Westen einen Palast.

Helios sieht und hört alles (πανδερκής, der Allsehende
Il. 3, 277. Od. 11, 109.); er dringt mit seinem Lichte in
die verborgensten Orte, zieht das Geheimniss an den
Tag und straft auch wohl selbst den Schuldigen (Soph.
O. C. 869.). Daher ruft man ihn an bei Betheuerungen
und Schwüren.

Auf der Insel **Thrinakia** hatte Helios „sieben
Heerden der Rinder und gleichviel trefflicher Schafe,
fünfzig in jeglicher Heerd', und niemals mehret sie An-
wachs, nie auch schwindet die Zahl" (Od. 12, 127 ff.).
Vielleicht waren die Heerden des Helios ursprünglich
eine bildliche Bezeichnung der Tage des Jahres, welche
ja von dem Sonnengotte heraufgeführt werden; das alte
Jahr bestand aus 50 Wochen von je sieben Tagen und
sieben Nächten. Wo Helios verehrt wird, da finden sich
auch gewöhnlich ihm geweihte Heerden von weisser oder
röthlicher Farbe (Hom. h. in Ap. P. 233. Herod. 9, 93.).
Jene Heerden auf Thrinakia wurden von **Phaëthusa**
(φάος, Licht) und **Lampetia** (λάμπω, leuchten), den
Töchtern des Helios und der **Neaira** (Neujahr, Neu-
mond?) geweidet. Als die Gefährten des Odysseus von

den heiligen Rindern geschlachtet hatten, wurden sie auf Verlangen des Helios, dem Lampetia den Frevel gemeldet, von Zeus ins Verderben gestürzt (Od. 12, 374. cf. 1, 7.).

Ausser Phaëthusa und Lampetia werden noch als Kinder des Helios genannt der im Osten im Lande Aia wohnende zauberreiche König Aiëtes und die auf der im Westen gelegenen Insel Aia hausende Zauberin Kirke. Beider Mutter war Perse oder Perseïs. Mit Klymene erzeugte Helios den Phaëthon ($\Phi\alpha\epsilon\vartheta\omega\nu$)*). Als dieser zu einem schönen Jüngling herangewachsen war, suchte er den Vater in seiner Burg auf und erlangte durch viele Bitten von ihm, dass er ihm auf einen Tag die Lenkung des Sonnenwagens überliess. Da aber seine Hand die wilden Rosse nicht zu bändigen vermochte, so nahte er sich zu sehr der Erde, so dass er sie fast in Brand steckte. Da erschlug ihn Zeus mit seinem Blitz und er fiel in den Fluss Eridanos. Seine Schwestern, die Heliaden oder Phaëthontiden, beweinten ihn und wurden in ihrem Schmerz in Erlen oder Pappeln verwandelt; ihre Thränen sind der Bernstein $\ddot{\eta}\lambda\epsilon\kappa\tau\rho o\nu$ (Ovid. Met. 2, 1 ff.) **).

Beinamen des Helios sind $\dot{\alpha}\kappa\dot{\alpha}\mu\alpha\varsigma$, der Unermüdliche, $\dot{\eta}\lambda\dot{\epsilon}\kappa\tau\omega\rho$, $\varphi\alpha\dot{\epsilon}\vartheta\omega\nu$, $\pi\alpha\mu\varphi\alpha\nu\dot{o}\omega\nu$, $\varphi\alpha\epsilon\sigma\dot{\iota}\mu\beta\rho o\tau o\varsigma$, der Leuchtende, $\tau\epsilon\rho\psi\dot{\iota}\mu\beta\rho o\tau o\varsigma$, der Menschenerfreuer; den Beinamen $\Phi o\tilde{\iota}\beta o\varsigma$, der Helle und Reine, erhielt er erst spät, nach-

---

*) Phaëthon war ursprünglich ein Beiname des Helios (Od. 5, 479.), der sich von ihm loslöste und nun der Name einer besonderen Person wurde. Aehnlicher Beispiele liefert die Mythologie viele (siehe Kallisto unter Artemis).

**) Der Bernstein wird in der Mythe mit dem Sonnengott zusammengebracht wegen der Verwandtschaft der Wörter $\ddot{\eta}\lambda\epsilon\kappa\tau\rho o\nu$ und $\dot{\eta}\lambda\dot{\epsilon}\kappa\tau\omega\rho$, die strahlende Sonne (Il. 6, 513.).

dem er mit Apollon identificirt worden. Wir finden eine
Vermengung beider Gottheiten, des allsehenden Sonnen-
gottes und des allkundigen Weissagers Apollon, zuerst
bei Euripides.

Helios wurde an vielen Orten Griechenlands verehrt,
wie zu Korinth, zu Argos, in Elis, besonders aber auf
der Insel Rhodos (Pind. Ol. 7, 54 ff.), wo̔ sein kolossales
Bild von 70 Ellen Höhe mit gespreizten Beinen über
dem Eingange des Hafens stand, eins der sieben Wun-
derwerke der alten Welt. Geweiht war ihm der den
Tag verkündende Hahn; man opferte ihm vornehmlich
weisse Thiere, unter andern Pferde. Wenn er in ganzer
Figur abgebildet wird, so erscheint er meist bekleidet,
auf seinem Wagen, die Rosse mit der Peitsche regierend.
Sein Gesicht ist etwas voller, als das des Apollon.

25. Selene (Σελήνη, Μήνη, Luna)*).

Selene, die Mondgöttin, ist Tochter des Hyperion
und der Theia (Hes. Th. 371.), Schwester des Helios
und der Eos, ein Titanenkind (Τιτηνίς, Titania). In der
Ilias und Odyssee kommt sie nicht als Göttin vor; da-
gegen besitzen wir einen homerischen Hymnus auf Selene
(Hom. Hymn. 32.), in welchem sie, die Tochter des Pallas
(Hom. Hymn. 2, 99.), als die weissarmige, schöngelockte
Göttin erscheint, mit langen Flügeln, geschmückt mit
goldenem Diadem. Wenn sie ihre schöne Gestalt im
Okeanos gebadet und in glänzende Gewande gekleidet

---

*) Das Wort Σελήνη hängt mit σέλας, Glanz, zusammen;
zwischen Μήνη und Σελήνη machten die Dichter den Unterschied, dass sie sagten, jener sei der menschliche, dieser der bei
den Göttern gebräuchliche Name für die Mondgöttin, d. h. Μήνη
ist die Benennung des gewöhnlichen Lebens, Σελήνη der dichterische Name.

hat, dann schirrt sie ihre Wagen an und fährt an den
Himmel um der Erde ihr freundliches Licht zu bringen.
Auf ihrem mit zwei weissen Pferden, mit Maulthieren
oder mit Kühen*) bespannten Wagen zieht die milde
Göttin langsam am Himmel hin, eine bescheidene Erscheinung gegen den mit dem Viergespann rasch dahin-
fliegenden Bruder Helios.

Es gibt von Selene nur wenig Mythen, am meisten
ist ihr Verhältniss zu Endymion von der Poesie ausgeführt und ausgeschmückt worden. Die Sagen hierüber
weisen zum Theil nach Elis, zum Theil nach Karien.
In Elis, wo die olympischen Spiele gefeiert wurden,
heisst er der Sohn des Königs Aëthlios ($\overset{"}{\alpha} \varepsilon \vartheta \lambda o \varsigma$, der
Wettkampf), dem er als Herrscher folgte; er zeugte mit
Selene 50 Töchter, welche die 50 zwischen die olympischen Spiele fallenden Monate bezeichnen. Dieser eleï-
sche König soll, wie die Dichter erzählen, nach Karien
gewandert sein, oder er war ein karischer Jäger oder
ein Hirte. Auf dem Berge Latmos liegt er in einer
Höhle in ewigem Schlummer, und allnächtlich steigt
Selene voll Liebe zu dem schönen Jüngling vom Himmel herab um ihn zu küssen und bei ihm zu ruhen. In
dieser Sage bezeichnet Endymion, der Beschleichende,
den Schlaf, der in die Menschen gleitet ($\acute{\varepsilon} v \delta \acute{v} \omega$); er ruht
in dem Berge der Vergessenheit ($\lambda \acute{\alpha} \vartheta \omega$, $\lambda \alpha v \vartheta \acute{\alpha} v \omega$). Er
ist ein in süssem Nichtsthun schlummernder Hirt oder
ein Jäger, der die Menschen erjagt, oder ein König,
wie der allbändigende Hypnos ($\pi \alpha v \delta \alpha \mu \acute{\alpha} \tau \omega \varrho$, Il. 24, 5.),
der auch Herrscher aller Götter und Menschen heisst
(Il. 14, 233.). — Aehnlich der eleïschen Sage von En-

---

*) Die Kuh ist durch ihre Hörner das Symbol des Halb-
mondes.

dymion ist die attische, dass Selene dem Zeus die Pan-
deia geboren habe (Hom. Hymn. 32.); denn diese bezeichnet das nach einer bestimmten Zahl von Monaten
wiederkehrende athenische Fest Pandia oder die Diasien.

Selene wurde später mit Artemis, Hekate und
Persephone vermengt. Daher erhielt sie auch den
Beinamen Φοίβη, wie ihr Bruder Helios nach Apollon
Φοῖβος genannt ward (Virg. Aen. 10, 216.). In ihrer gewöhnlichen Bildung durch die Kunst ist sie von Artemis
nur durch ein volleres Gesicht, durch vollständigere Bekleidung und ein bogenförmiges Schleiergewand über
dem Haupte unterschieden. Ob sie als Mondgöttin einen
Cultus gehabt, ist ungewiss.

26. Eos (Ἠώς, Aurora)*).

Eos, die Göttin der Morgenröthe, ist die Tochter
des Hyperion und der Theia, eine Schwester des
Helios und der Selene (Hes. Theog. 371 ff.). Am frühen Morgen erhebt sich die rosige, schöngelockte Göttin
im safranfarbnen Gewande (ἠριγένεια, εὐπλόκαμος, ῥοδο-
δάκτυλος, ῥοδόπηχυς, κροκόπεπλος, purpurea, lutea), die
hellglänzende Bringerin des Lichtes (λαμπροφαής, φαεσ-
φόρος), von dem safranfarbenen Lager um mit ihrem
schnellen Gespann (Od. 23, 244.) weisser oder röthlicher
Rosse an den Himmel zu fahren. Zwar steigt sie bei
Homer von dem östlichen Ocean her auf, aber sie geht
nicht wie Helios am Himmel hin um im Westen unter-
zutauchen; sie ist nur die Göttin des Tagesaufgangs
und des Tageslichtes überhaupt, bezeichnet aber nirgends

---

*) Der Name kommt wohl von αὔω, ἄημι, wehen, hauchen,
weil mit dem Anfang des Frühroths sich gewöhnlich Windhauch erhebt. Od. 5, 469. αὔρη δ' ἐκ ποταμοῦ ψυχρή πνέει
ἠῶθι πρό. Aeolisch heisst ἠώς αὔως. So kommt Aurora von aura.

die Dauer des ganzen Tages. Erst später wird sie mit Hemera ('Ημέρα) gleichbedeutend, so dass diese von den Tragikern an ganz in ihre Stelle eintritt. Auch bei Hesiod (Theog. 124.) ist Hemera noch von Eos verschieden, die Tochter der Nyx und des Erebos, weil das Licht aus dem Dunkel hervorbricht; im Westen geht sie unter und begrüsst an der westlichen Pforte beim Begegnen die Mutter Nacht (ibid. 748.).

Mit der schnellen Göttin, die mit dem Windhauch des Morgens sich erhebt, hat die Sage, ähnlich wie mit den Harpyien, den hinwegraffenden Windesgöttinnen, die Vorstellung verbunden, dass sie die Menschen raube und entführe; doch thut sie dies nicht in feindlicher Absicht, sondern aus Liebe. So entführte sie den schönen Tithōnos, den Sohn des trojanischen Königs Laomedon (Il. 20, 237.), und machte ihn zu ihrem Gemahle. Sie erbat sich für ihn von Zeus ein ewiges Leben; da sie aber zugleich um ewige Jugend zu bitten vergessen hatte, so trockneten mit der Zeit seine Glieder aus und die Stimme schwand ihm. Darum verschloss sie ihn in ein Gemach (Hom. Hymn. in Ven. 3, 219—238.), oder sie verwandelte ihn in eine Cicade; in seiner irdischen Natur vermochte er nicht die Unsterblichkeit zu tragen. Söhne des Eos und des Tithonos sind Emathion und Memnon (Hes. Th. 984.). Den letztern macht die nachhomerische Sage zu einem Fürsten der am Okeanos wohnenden östlichen Aethiopier und lässt ihn vor Troja im Kampfe mit Achilleus fallen; er wurde in Asien als ein schöner früh verstorbener Jüngling an vielen Orten gefeiert und beklagt, ursprünglich, wie es scheint, ein Bild des schönen schnell verbleichenden Morgensterns. Wie den Tithonos entführte Eos auch den Jäger Orion, die Götter aber zürnten hierüber so lange, bis ihn Ar-

temis in Ortygia mit ihren sanften Geschossen tödtete
(Od. 5, 121—124.); ferner den Kleitos, den Sohn des
Mantios (Od. 15, 250.), und von dem Gipfel des Hymet-
tos in Attika den Kephalos, den Gemahl der Prokris
(Ov. Mer. 7, 700.). Dem Astraios (Sternenmann) gebar
Eos die Winde Argestes, Zephyros, Boreas und
Notos, sowie den Heosphoros und die übrigen Sterne
(Hes. Theog. 378 ff.).

Eine besondere Verehrung genoss Eos bei den Griechen nicht. Von der Kunst wird sie dargestellt als eine
prächtige, meist geflügelte Gestalt entweder auf dem
Wagen mit Flügelrossen oder als Führerin der Sonnen-
rosse. Sie trägt bisweilen eine Fackel in der Hand.

27. Die Winde ('Ἄνεμοι).

Auch die Winde sind göttliche Wesen; doch findet
sich bei ihnen wie auch bei andern Naturgottheiten ein
Wechseln und Schwanken zwischen dem Naturelement
und freier Persönlichkeit. In Homers Ilias (23, 200 ff.)
wohnen sie in Thrakien und halten im Hause des Zephyros als lustige luftige Gesellen ein Gelage. Man
betete zu den Winden und brachte ihnen Trankopfer;
so Achilleus, als er den Scheiterhaufen des Patroklos
anzündete (Il. 23, 194 ff.). Nach Homers Odyssee (10, 1. ff.)
herrscht auf der fernen westlichen Insel Aiolia ein
Dämon Aiŏlos*), Sohn des Hippŏtes ('Ιπποτάδης), den
Zeus zum Schaffner der Winde bestellt hat, dass er sie
wehen lässt und ruhen nach seinem Willen. Auf der
ringsum von ehernen Mauern und hohen Felsen umge-
benen Insel wohnt er in einem reichen Hause mit seiner
Gattin und 12 Kindern, 6 Söhnen und 6 Töchtern, die

---

*) αἰόλος, beweglich, ein Beiwort der Luft.

er mit einander vermählt hat. Odysseus kam auf seinen
Irrfahrten an diese Insel und wurde von Aiolos freundschaftlich einen ganzen Monat bewirthet, und als er
endlich weiter fuhr, gab ihm der Herrscher in einem
Schlauche verschlossen die widrigen Winde mit, liess
aber einen günstigen Wind in seine Segel wehen. Aber
auf der Fahrt öffneten die Gefährten des Odysseus den
Schlauch, während er schlief, weil sie Schätze darin zu
finden glaubten; die stürmenden Winde brachen heraus
und trieben das Schiff wieder an die Insel des Aiolos
zurück. Dieser jedoch wies ihn erzürnt von sich; denn
nicht sei ihm erlaubt einem Manne beizustehn, der den
unsterblichen Göttern verhasst sei (Od. 10, 13—75.).
Weder in der Ilias noch bei Hesiod wird Aiolos erwähnt,
auch hat er nirgends in Griechenland Verehrung genossen. Spätere Dichter geben Lipăra oder Strongўle, eine
der äolischen Inseln, für seinen Wohnort aus, dort sitzt
er, das Scepter in der Hand, auf der Höhe eines Felsen-
berges und hält die in einer Höhle eingeschlossenen
Winde in Gehorsam (Virg. Aen. 1, 52. 140. 8, 416. Ovid.
Met. 1, 262.). Dieser Winddämon wurde vielfach mit
Aiolos, dem Stammheroen der Aeolier, verwechselt und
vermengt.

Bei Homer heissen die vier Hauptwinde: Euros (der
sengende Ostwind), Notos (der feuchte Süd), Ze-
phўros (der dunkle, regenbringende West) und Boreas (der brausende Nord). Boreas und Zephyros
werden gewöhnlich von Homer zusammengestellt, wie
Euros und Notos (Il. 2, 145. 9, 5. Od. 5, 295.); nur Boreas und Zephyros haben gemeinschaftliche Epitheta,
und kein Epitheton des Euros oder Notos kommt auch
einem andern Winde zu. Hesiod (Theog. 378 ff.) nennt
auch diese vier Winde, statt des Euros aber hat er den

Namen **Argestes** (der **Klare** und **Helle**, weil er aus
dem Osten kommt, wo die Sonne aufsteigt). Sie heissen
bei Hesiod die Söhne des **Astraios** (Sternenmanns)
und der **Eos**. Den Grund hiervon siehe **Eos**, Anmer-
kung.   '

Boreas, der stärkste und wildeste aller Winde,
hatte an einigen Orten Griechenlands Heiligthümer. In
Attika sollte er die **Oreithyia**, die Tochter des **Erechtheus**, geraubt und nach Trakien entführt haben. Als
nun die Athener im Kriege gegen Xerxes von dem
Orakel den Befehl erhielten, sie sollten ihren Schwager
anrufen, erklärte man mit Bezug auf jene Fabel den
Boreas als solchen, opferte ihm und rief ihn zur Hülfe.
Die Flotte der Perser wurde am Vorgebirge Sepias durch
den Sturm stark beschädigt, und nun glaubte man, Boreas
habe seinen Verwandten Hülfe geleistet, und errichtete
ihm am Flusse Ilissus ein Heiligthum (Herod. 7, 189.).

Zephyros, der mildeste unter den Winden (der
römische *Favonius*, „der Holde"), hatte ebenfalls bei
Athen einen Altar. Als der Westwind, welcher den
Regen bringt, fördert er das Wachsthum der Pflanzenwelt. Daher gab man ihm die Frülingshore **Chloris**
zur Gemahlin, welche er auch entführt haben sollte, und
den **Karpos** (Frucht) zum Sohne (Ovid. Fast. 5, 197.).
Wahrscheinlich wegen seiner Beziehung zum Pflanzen-
reich wurde auch gedichtet, Zephyros habe den **Hyakinthos**, den Sohn des Amyklas*), geliebt; dieser
nämlich bezeichnet wie Adonis die aufblühende und
wieder ersterbende Natur. Da der schöne Jüngling seine
Liebe dem Apollon zuwandte, so trieb einst Zephyros,
während Apollon sich mit dem Geliebten am Diskos-

---

*) Heros der alten Stadt Amyklae bei Sparta.

werfen erfreute, aus Eifersucht die von Apollon gewor-
fene Diskosscheibe auf das Haupt des Hyakinthos, dass
er starb; aus seinem Blute entspross die gleichnamige
Blume (Ovid. Met. 10, 184.). Dem Hyakinthos zu Ehren
wurden zu Sparta die Hyakinthien gefeiert; am ersten
Tage brachte man Todtenopfer, am zweiten und dritten
aber wurden fröhliche Festzüge gehalten. — Von den
anderen Winden finden sich keine besonderen Mythen.
Neben den erwähnten Hauptwinden werden von Späteren
noch mehrere andere genannt. An dem jetzt noch exi-
stirenden achtseitigen Windthurm zu Athen waren acht
Hauptwinde angebracht; auf der Kuppel des Thurmes
befand sich ein Triton, der jedesmal mit einem Stabe
den Wind zeigte, welcher eben wehte. Man stellte die
Winde gewöhnlich dar als Wesen mit Flügeln an Haupt
und Schultern.

Zu den Gottheiten der Winde gehören auch die
Harpyien (Ἅρπυιαι, gleichen Stammes mit ἁρπάζω, =
θύελλαι), die Göttinnen des raffenden Sturmes. Bei Homer, wo sie nur unvollständig personificirt sind, werden
ihre Namen und ihre Zahl nicht vollständig augegeben,
er nennt nur die Podarge mit Namen (Il. 16, 150.). Es
sind schnelle Göttinnen, von denen man glaubte, sie
hätten die Menschen, welche spurlos verschwunden waren, geraubt (Od. 1, 241. 14, 371. 20, 66 ff.). Bei Hesiod
(Th. 267.), der ihrer zwei nennt, Okypete und Aëllo,
und ihnen den Thaumas und die Elektra zu Eltern,
die Iris zur Schwester gibt, sind sie schon körperlicher
geworden, geflügelte, schönlockige Göttinnen. Von späteren Dichtern werden sie als geflügelte Missgestalten
dargestellt, zusammengesetzt aus der Gestalt von Jungfrauen und Vögeln. Sie kommen besonders in der Sage
von Phineus, dem blinden Weissager in Thrakien,

vor; sie rauben ihm das Mahl, nach späterer Sage verschlingen sie es zum Theil, zum Theil besudeln sie es
(Virg. Aen. 3, 216 ff.). Hier erscheinen sie ganz als der
personificirte schmutzige, alles wegraffende Hunger.

Typhaon, Typhoeus (Τυφάων, Τυφωεύς, Τυφώς)
ist der verderbliche Sturmwind, der Vater der Winde;
doch sind von diesen die wohlthätigen, Boreas, Zephyros, Notos und Argestes, ausgenommen. Ursprünglich
bezeichnet er den tobenden Dampf, der mit zerstörender
Gewalt aus der Erde, aus den Vulkanen, hervorbricht.
Bei Homer liegt er im Lande der Arimer in der Erde,
die von den Blitzen des Zeus gepeitscht wird (Il. 2, 781.).
Hesiod trennt den Typhaon (Th. 306 ff.) von Typhoeus
und macht letzteren zum Vater des ersteren. Typhoeus,
der jüngste Sohn der Gaia und des Tartaros, ein
gewaltiger Riese mit hundert Drachenköpfen, wollte über
Götter und Menschen herrschen, wurde aber von Zeus
durch den Blitz gebändigt und in den Tartaros geworfen (Theog. 820 ff.). Die spätere Sage nimmt an, dass
er unter dem Aetna begraben liege (Pind. Pyth. 1, 15 ff.);
auch verlegte man ihn in andere vulkanische Länder,
nach Phrygien, Lydien u. s. w.

II. Die Götter des Meeres.

1. Poseidon (Ποσειδῶν, Ποσειδάων, Neptunus).

Poseidon ist der Sohn des Kronos und der Rhea,
der Bruder des Zeus (Hes. Theog. 453.), und zwar bei
Homer der jüngere. Als nach Besiegung des Kronos und
der Titanen die Kroniden die Herrschaft der Welt unter
sich theilten, ward ihm durch das Loos das Meer zu

FIG. XIV. XV.

Apollon.

Poseidon.

Theil (Il. 15, 187 ff.). Er ist bei Homer der dunkelge-
lockte (κυανοχαίτης) Herrscher des Meeres; nur noch
in seinen Beiwörtern γαιήοχος, ἐννοσίγαιος, ἐνοσίχθων, der
Erdhaltende, Erderschütternde, hat sich eine Andeutung
erhalten, dass er früher mit dem Element gleichbedeutend war. Zeus ist älter und weiser als Poseidon und
hat daher die Obmacht über ihn; allein Poseidon erkennt
diese nicht immer an. Als ihn einst Zeus durch Iris aus
dem Kampfe vor den Mauern Trojas abrufen lässt, da
sagt er in seinem Zorne, dass er als Bruder gleiche
Würde mit Zeus habe und diesem nicht zu gehorchen
brauche; Zeus möge seinen Kindern befehlen, nicht ihm.
Er will also dem Zeus nur das Recht patriarchalischer
Herrschaft über seine Familie zugestehen. Iris aber
macht ihn darauf aufmerksam, dass Zeus der ältere sei
und ihm die Erinyen folgen (Il. 15, 185 ff.). Die Erinyen
bedeuten hier den zürnenden Fluch, der auf dem lastet,
welcher die Pietät gegen Eltern oder auch ältere Brüder
verletzt. Die Verpflichtung zum Gehorsam liegt also auch
hier im Familienrecht. Ein ähnlicher Fall der Auflehn-
nung findet sich Il. 1, 400., wo erzählt wird, dass Poseidon mit Hera und Athena den Zeus habe fesseln wollen;
zu andrer Zeit zeigt sich Poseidon auch wieder gefällig
und willfährig gegen den Bruder (Il. 8, 440.), und Zeus
erkennt ihn an als πρεσβύτατος καὶ ἄριστος unter den
Göttern (Od. 13, 142.). In der Odyssee, wo Poseidon
den Odysseus, der den Kyklopen Polyphemos, den
Sohn des Poseidon und der Nymphe Thoosa, ge-
blendet hat, verfolgt und von der Heimkehr zurückhält,
hat Zeus lange auf den Zorn des Bruders Rücksicht
genommen, bis er es endlich, während Poseidon fern
bei den Aethiopen weilt und der Opfer sich freut, auf
Zureden der Athena wagt, mit den übrigen Göttern die

Rückkehr des Odysseus zu beschliessen (Od. 1, 11—79.).
In der Ilias ist Poseidon ein Feind der Troer; schon
vor dem trojanischen Kriege war er von dem trojanischen König Laomedon schwer beleidigt worden. Er
hatte ihm mit Apollon die Mauern von Troja gebaut,
aber den versprochenen Lohn nicht erhalten (Il. 7, 452.
21, 443.); dafür schickte er ein Seeungeheuer, von dem
die Tochter des Laomedon, Hesione, verschlungen werden sollte, als eben Herakles noch zu rechter Zeit erschien und das Ungeheuer tödtete.

Als der Herrscher des Meeres (ἄναξ, εὐρυκρείων, *Sa-*
turnius domitor maris) hat er seinen Palast in den Tiefen
des Meeres, zu Aegä (Il. 13, 21. Od. 5, 381.)*). Hier
stehen seine stürmenden, erzhufigen Rosse, mit denen er
in seinem Wagen über die Meeresfluth fährt. Dann freut
sich das ganze Meer, es glättet seine Wellen, und die
Ungeheuer der Tiefe erkennen den Herrscher und kommen von allen Seiten herauf und umhüpfen ihn spielend
(Il. 13, 17 ff. Virg. Aen. 5, 817 ff.). Die Götter des Meeres
sind ihm unterthan und ehren ihn als ihren Gebieter.
Alle Erscheinungen des Meeres gehen von ihm aus; er
ebnet die Fluth und gibt günstige Fahrt, aber er erregt
auch den Sturm und treibt gewaltig die tobenden Wellen
auf. Dann erbebet die Erde unter seinem Zorn und es
zerbrechen die Felsen (ἐννοσίγαιος, ἐνοσίχθων, κινάκτωρ
γαίας Soph. Trach. 498.). Leicht beweglich wie das Meer
ist auch sein Sinn; er ist heftig und aufbrausend und
verfolgt mit schwerem Hasse, die ihn verletzt haben.
Er vernichtet die Schiffer, überschwemmt die Länder

---

*) Welches Aegä gemeint sei, ist zweifelhaft. Man schwankt
zwischen dem in Achaia, in Euböa und einer Felseninsel zwischen Tenos und Chios. Wahrscheinlich ist der letzte Ort die
von Homer bezeichnete Wohnung des Poseidon (s. p. 18. Anm.).

und lässt die Fluthen die Städte verschlingen; er sendet
verderbliche, Meeresungeheuer (Hesione, Andromeda)
und wilde Stiere (Hippolytos, Herakles c, 8.) aus der
Meerestiefe ans Land, um die Menschen zu strafen.
Seine Waffe, mit der er die Gewalt übt über das be-
wegliche Element, ist der Dreizack ($\tau\varrho\iota\alpha\iota\nu\alpha$, *tridens*);
mit ihm regt er die Fluth auf und bändigt sie, mit ihm
zerschlägt er die Felsen und stösst Quellen aus der
Erde hervor (Od. 5, 292. Il. 12, 27. Virg. Aen. 1, 138.).
Poseidon war in altpelasgischer Zeit ein allgemein,
auch an solchen Orten verehrter Gott, welche nicht mit
dem Meere in Berührung standen; er bezeichnete ursprünglich das gesammte um und durch die Erde verbreitete Gewässer. Er war somit ein Gott, der die Pflan-
zenwelt nährt ($\Phi\upsilon\tau\dot\alpha\lambda\mu\iota\varrho\varsigma$, der Befruchter, zu Hermione),
und stand in vielen Gegenden mit Demeter, der Mutter
Erde, in enger Verbindung. Von ihm kommen Quellen
und Flüsse und See. In der Folge aber wurde er vorzugsweise der gewaltige Gott des Meeres, und seine ursprüngliche weit ausgedehnte Bedeutung schwand immer
mehr aus dem Bewusstsein des Volkes. An vielen Orten
trat seine Verehrung zurück, während andere Culte sich
hoben und in den Vordergrund traten, dagegen wurde
sein Cult wieder an andern Orten, die dem Meere nahe
lagen, eingeführt. Daher kommt es, dass von so vielen
Länderstreitigkeiten erzählt wird, die er mit andern
Göttern hatte. So stritt er mit Athena um den Besitz
von Attika und Trözen. Attika erhielt Athena, weil
sie den dem Lande nützlichen Oelbaum erschuf, während
Poseidon eine Quelle von Meerwasser auf der Burg von
Athen entstehen liess, oder dem Lande das Pferd gab
(Herodot. 8, 55.); doch finden wir im Cultus von Attika
beide Gottheiten als $\ddot\iota\pi\pi\iota\varrho\iota$ versöhnt neben einander

8 *

(Soph. O. C. 54. 706. 1070.); auch über Trözen wurde die
Herrschaft unter beide Gottheiten getheilt. Mit Hera
stritt Poseidon um Argolis, mit Helios um Korinth
u. s. w. Seinen Antheil an Delphi, welches er früher
mit Gaia gemeinschaftlich besass, trat er dem Apollon
gegen die Insel Kalauria ab.

Das Ross war dem Poseidon, dem Wassergott, besonders heilig; denn es nährt sich auf feuchten, gras-
reichen Auen, an Quellen und Flüssen und ist ausserdem ein Symbol der stürmenden Meereswogen sowie
der durch die Fluthen hinsegelnden Schiffe (Od. 4, 707.).
Poseidon erschuf das Pferd und lehrte es lenken und
zügeln, daher der Beiname ἵππιος in Attika und an
manchen andern Orten. Als der Rosselenker tritt er in
häufige Verbindung mit Athena, welche die Zügel des
Rosses erfunden haben soll und daher auch ἱππία heisst.
Durch sein Verhältniss zum Pferde wird er auch der
Hort der Wettrennen mit Pferden; bei solchen Wett-
kämpfen wurde er angerufen und durch Opfer und Gelübde verehrt.

Die Gemahlin des Poseidon war Amphitrite. Bei
Homer tritt sie noch nicht als solche auf; erst Hesiod
(Theog. 930.) verbindet sie mit Poseidon und lässt den
Triton aus ihrer Ehe entstehen. Ausserdem wird der
Gott mit einer Menge von Geliebten in Verbindung ge-
bracht und ihm eine zahlreiche Nachkommenschaft zu-
geschrieben. Denn die vielen Städte und Stämme, welche
ihn verehrten, machten grossentheils ihre Gründer und
Stammheroen zu Söhnen des Poseidon; ausserdem galt
er als Vater mancher Seegottheiten, Quellen u. s. w.
und besonders auch riesiger Unholde, wie des Polyphem,
Busiris u. a.

Auch in der hellenischen Zeit, als Poseidon vorzugsweise zum Beherrscher der Meere geworden war, hatte sein Cult eine allgemeine Verbreitung, besonders aber in Küstenländern und auf Inseln. Bei Homer ist vornehmlich Nestor, der Beherrscher von Pylos, ein Schützling und Verehrer des Poseidon (Od. 3, 5.). Sein Vater Neleus, ein Sohn des Poseidon (Od. 11, 253 ff.) oder des Aioliden Kretheus (p. 34.), war aus Thessalien, einem alten Sitze der Aeolier und des diesem Stamme eigenen Poseidoncultus, in den Peloponnes gekommen. Thessalien sollte Poseidon von den überfluthenden Wassern des Peneios dadurch befreit haben, dass er mit seinem Dreizack das Felsenthal Tempe öffnete und so dem Wasser einen Ausfluss zum Meere verschaffte; daher hiess er in Thessalien πετραῖος (πέτρα, der Fels). Auch in dem wasserreichen Böotien blühte von uralter Zeit her der Dienst des Poseidon, besonders zu Onchestos (Il. 2, 506. Hymn. in Ap. Pyth. 52.). Dem Stamme der Ioner war Poseidon ein Nationalgott. Diese wohnten anfangs an der Nordküste des Peloponneses, in Achaia; sie wurden von da in Folge der dorischen Wanderung von den Achäern vertrieben, wanderten nach Attika und darauf hinüber an die kleinasiatische Küste. Schon in Achaia hatte die Verehrung des Poseidon in den verschiedenen Städten der Ioner geblüht, besonders in Helike (ἑλίσσω) und Aegä, und sie erhielt sich auch daselbst nach der Auswanderung der Ioner. Dorthin brachten ihm, wie Homer sagt (Il. 8, 203.), alle Danaer viele und schöne Geschenke. Der Cult des helikonischen Poseidon (Ἑλικώνιος ἄναξ Il. 20, 404.) wanderte mit den Ionern nach Asien; er hatte sein hehrstes Heiligthum am Vorgebirge Mykale im Gebiet der Stadt Priëne. Hier war das Panionion, wo die Ionier ein Nationalfest, die Panionien, feierten

(Herod. 1, 148.). Bei Korinth wurden dem Gotte auf dem Isthmos jedes dritte Jahr die isthmischen Spiele gefeiert; der Preis des Sieges war ein Fichtenkranz. Ausser den genannten erwähnen wir noch als Orte seiner Verehrung Aegina, Euböa, Athen und Eleusis und eine Menge von Städten im Peloponnes. Herodot (2, 50. 4, 188.) berichtet von einem Culte des Poseidon in Libyen und behauptet fälschlich, dass von da aus Poseidon zu den Griechen gekommen sei.

Heilig sind dem Poseidon ausser dem Pferde der hinstürmende brüllende Stier, ein Symbol der tosenden Fluthen ($\tau\alpha\acute{\nu}\varrho\varepsilon o\varsigma$ $\Pi o\sigma\varepsilon\iota\delta\tilde{\omega}\nu$, Hes. Scut. 104.), und der Delphin, der Freund der ruhigen See, unter den Bäumen die Fichte wegen ihres dunkelen Grüns, der Farbe des Meeres, und wegen ihrer Verwendung zum Schiffbau. Dargestellt wurde er von der Kunst oft in Gruppen mit Amphitrite und andern Meeresgottheiten; er ist zwar erhaben und gewaltig, doch fehlt ihm die ruhige Majestät des Zeus, mit dem er Familienähnlichkeit hat; er zeigt seinem Elemente gemäss etwas Unruhiges und Heftiges, einen gewissen Trotz und Unmuth. Sein Körper ist schlanker, als der des Zeus, doch von derberer Musculatur; das Gesicht hat eckigere Formen, weniger Klarheit und Ruhe in den Zügen, das Haar ist mehr gesträubt und durcheinandergeworfen. (Fig. 15. Kopf des Poseidon in dem Museo-Chiarmonti des Vatican.)

2. Amphitrite ($A\mu\varphi\iota\tau\varrho\acute{\iota}\tau\eta$).

Amphitrite, Tochter des Nereus, eine Nereïde (Hes. Theog. 243.), war die Gemahlin des Poseidon und mit ihm Beherrscherin des Meeres. Ihr Name bedeutet die mit Wasser die Erde umwogende Göttin; sie ist also insofern ursprünglich das Element des Meeres. Bei

Homer wird sie immer nur in Beziehung auf die Wogen des Meeres (᾿Αμφιτρίτης κῦμα Od. 3, 91. 12, 60.) oder auf die Meerwunder und Ungeheuer genannt (Od. 12, 97. 5, 422.); eines Verhältnisses zu Poseidon geschieht keine Erwähnung. Erst bei Hesiod (Theog. 930.) ist Amphitrite die Gemahlin des Poseidon, dem sie den Triton (Brauser), die Rhode oder Rhodos (die Rauschende, von ῥοθέω) und die Benthesikyme (die Wogerin der Tiefe) gebiert. Als Poseidon um sie warb, floh sie zum Atlas; der Delphin aber fand sie auf und überbrachte sie dem Poseidon, der ihn zum Dank unter die Sterne versetzte; oder Poseidon raubte die Göttin auf Naxos, während sie den Reigentanz aufführte. Die Skylla wurde von Amphitrite aus Eifersucht in ein Ungeheuer mit sechs Köpfen und zwölf Füssen verwandelt. Von den Dichtern wird Amphitrite geradezu zur Bezeichnung des Meeres gebraucht. Sie wurde von der Kunst als eine reizende Göttin dargestellt, ähnlich der Aphrodite; ein eigenthümliches Merkmal an ihr ist ein Haarnetz und Seekrebsscheeren an der Scheitel.

3. Triton (Τρίτων).

Triton ist der Sohn des Poseidon und der Amphitrite (oder der Kelaino, der Schwarzen), ein weitherrschender Gott, der in den Tiefen des Meeres bei Vater und Mutter in goldenem Hause wohnt (Hesiod Theog. 930 ff.). Ursprünglich ist er überhaupt ein Bild des laut-rauschenden Meeres, sein Name ist abzuleiten von τρίζω; in der Argonautensage aber erscheint er als der Gott des Sees Triton in Libyen (Herod. 4, 178 ff, 188. Ap. Rh. 4, 1551 ff.). Ferner gilt er für einen Dämon des Meeres. Auch dachte man sich die Tritonen in der Mehrzahl,. als dienende Wesen der anderen Seegottheiten beim Reiten und Fahren und als neckische Begleiter der Nereïden, mit denen sie ähnlich, wie in den Bakchoszügen· Satyrn und Pane und Nymphen, die schwärmende Umgebung der höheren Gottheiten des Meeres ausmachten. Sie hatten die Doppelgestalt ˙ von Mensch und Fisch, indem der untere Theil des Leibes in einen Delphinenschwanz auslief, und führten eine schneckenförmige Muscheltrompete, durch deren Ton sie auf Geheiss des Poseidon die Wellen bald erregten, bald besänftigten (Ovid. Met. 1, 333. Virg. Aen. 10, 209.). Wenn zu dem menschlichen Oberkörper und dem Fischschweif noch zwei Vorderfüsse eines Pferdes hinzukommen, so nennt man sie Kentaurotritonen oder Ichthyokentauren.

4. Okeanos (Ὠκεανός, Oceanus).

Okeanos ist der die Erde und das Meer umfliessende grosse Weltstrom, der Ursprung der Götter, der Wogen des Meeres, der Flüsse und Quellen, aus dem sich Sonne, Mond und Gestirne erheben und in den sie sich wieder niedersenken (ἀψόῤῥοος, der in sich zurückströmende, θεῶν γένεσις Il. 14, 201. 246. 21, 196. ἀκαλαῤῥείτης, sanftströmend, βαθύῤῥοος, tiefströmend, βαθυδίνης, tiefwirbelnd). Bei Homer ist er der Vater der Titanen und des Kronos; nachdem Kronos von Zeus gestürzt ist, geniesst er unter dem neuen Herrscher, dem auch er unterthänig ist, ein ruhiges geehrtes Alter; aber er bleibt den jetzt regierenden Göttern fern und kommt nicht zur Götterversammlung (Il. 20, 7.). Er steht an Rang keinem Gotte nach, ausser dem Zeus, vor dessen Blitz er sich fürchtet (Il. 14, 244. 21, 198.). Er ist der Allvater der Welt, wie seine Gemahlin Tethys die Allmutter ist; diese heisst daher auch vorzugsweise μήτηρ (Il. 14, 201.). Er hat

seinen Palast am Ende der Erde (Il. 14, 301.). Als Zeus
mit den Titanen kämpfte, brachte Rhea die Hera hierher zu den Grosseltern, von denen sie erzogen ward.
Homer nennt ferner die Töchter des Okeanos und der
Tethys Eurynome und Perse (Il. 14, 303. 18, 398. Od.
10. 139.). — Bei Hesiod (Theog. 133. 337 ff.) ist Okeanos
Sohn des Uranos und der Gaia, der älteste der Titanen; er erzeugt mit Tethys 3000 Ströme und 3000 Okeaninen; der Dichter nennt von ihnen 25 Ströme und
41 Okeaninen als die ältesten. Die geehrteste und wichtigste derselben ist Styx. In der späteren Zeit bedeutete der Name des Okeanos das äussere grosse Meer im
Gegensatz zum Mittelmeer.

5. Pontos (*Πόντος*) und sein Geschlecht.

Pontos, eine nicht weiter individualisirte Personification der Meerestiefe, gilt als der Stammvater einer
Reihe von Meeresgöttern. Er heisst Sohn der Gaia und
erzeugte mit dieser den Nereus, Thaumas, Phorkys, die
Keto und Eurybie (Hes. Th. 131. 233 ff.). Von diesen ist
der Name Eurybie ein Ausdruck der weiten Verbrei-
tung des mächtigen Elementes, Thaumas ($\vartheta\alpha\tilde{\nu}\mu\alpha$), der
Vater der Iris und der Harpyien, ein Bild der Wunder-
erscheinungen nicht blos des Meeres, sondern namentlich auch des Himmels; denn man glaubte, dass diese
aus dem Meere aufstiegen. Keto ($\varkappa\tilde{\eta}\tau o\varsigma$) und Phorkys
($\Phi\acute{o}\varrho\varkappa\upsilon\varsigma$, $\Phi\acute{o}\varrho\varkappa\upsilon\nu$, $\Phi\acute{o}\varrho\varkappa o\varsigma$, der Graue), ein Meergreis,
dem in Ithaka ein Hafen geweiht war (Od. 13, 96.), re-
präsentiren die ungeheuerliche und grausenhafte Seite
des Meeres und gelten als die Eltern vieler mythischen
Ungeheuer, wie der Graien, Gorgonen und des Drachen
Ladon, der die Aepfel der Hesperiden bewacht (Hes.
Th. 270. 333.); auch heisst Phorkys Vater der Nymphe

Thoosa (ϑοός), der stürmenden Meeresfluth, der Mutter des Kyklopen Polyphemos (Od. 1, 71.). Nereus endlich vertritt mit seinem Geschlechte die freundliche und wohlwollende Seite des Meeres.

6. Nereus (Νηρεύς) und die Nereiden (Νηρεῖδες).

Nereus, der Meergreis (γέρων ἅλιος Il. 18, 141.), der in den Tiefen des Meeres wohnt, war nach Hesiod (Theog. 233 ff.) der Sohn des Pontos und der Gaia, Gemahl der Doris, mit welcher er die Nereiden, die Nymphen des Meeres, erzeugt. Homer erwähnt seine Eltern nicht. Einige erklären den Nereus, als Nichtfliesser (νη-ῥέω, Nefluus), für den Gott des stets ruhigen, unwandelbaren Seegrundes. Er ist vorzugsweise der Gott des ägäischen Meeres, wo er seine Behausung hat, ein weissagender, untrüglicher, mildgesinnter Greis, der in der Heraklessage ungefähr dieselbe Rolle spielt, wie Proteus in der Odyssee und Glaukos in der Argonautensage. Diese Gottheiten haben, wie das Element des Wassers unstät und wandelbar ist, neben der Weissagung die Macht, sich in beliebige Gestalten zu verwandeln. Als Herakles ausgezogen war, um die Hesperidenäpfel zu holen, überraschte er, auf Anzeige der Nymphen des Zeus und der Themis, den Nereus im Schlafe und fesselte ihn. Nereus verwandelte sich in allerlei Gestalten; da ihn aber Herakles nicht los liess, so weissagte er ihm endlich, wie er zu den Hesperiden gelangen würde. Diese Sage ist der homerischen von Proteus nachgebildet. Bei den Darstellungen des Nereus sind wie bei ähnlichen Meergöttern an Augen, Kinn und Brust statt der Haare Blätter einer zackigen Seepflanze angedeutet.

Die Zahl der Nereiden, der schönen Töchter des

Nereus, wird von Hesiod auf 50 angegeben, Homer nennt
deren 34, setzt aber hinzu, dass ihrer noch. mehrere
seien (Il. 18, 37 ff.). Ihre Namen bezeichnen die verschiedenartigsten Eigenschaften des Meeres und Beziehungen des Seelebens. Sie sind die Nymphen des innern Meeres, während die Okeaninen die des äusseren
Meeres, des Okeanos sind; die Naiaden dagegen sind
die Nymphen der süssen Gewässer. Die Nereïden wohnen auf dem Grunde des Meeres bei dem greisen Vater
in silberglänzender Grotte, mit weiblichen Arbeiten, be-
sonders mit Spinnen beschäftigt ($\chi\varrho\upsilon\sigma\eta\lambda\alpha\varkappa\alpha\tau\upsilon\iota$, mit goldenen Spindeln, Pindar Nem. 5, 36. cf. Ovid. Met. 14,
264.). Sie stehen den Schiffern bei und werden daher
besonders an Hafenörtern verehrt. Sie wurden dargestellt als jugendlich schöne, nackte, schlanke Gestalten,
oft mit Tritonen und Seeungeheuern gruppirt.

Die vorzüglichsten der Nereïden sind Amphitrite,
die Gemahlin des Poseidon, und Thetis ($\Theta\acute{\epsilon}\tau\iota\varsigma$), die
Gemahlin des Peleus, Mutter des Achilleus (Il. 1, 538.
18, 35 ff.). Von diesen wird die erste durch ihre Verbindung mit dem Herrscher Poseidon die hohe Königin des
Meeres, die andere ist durch ihre Ehe mit einem sterblichen Manne in alle Leiden des menschlichen Lebens
hereingezogen. Sie kennt das ihrem Sohne Achilleus
bestimmte Geschick, sie weiss, dass er in der Blüthe
seiner Jahre fallen muss. Sie liebt ihn mit aller Zärt-
lichkeit einer Mutter, sie hört seine Klagen und trauert
mit ihm, und klagt um seinen frühen Tod. Von Hera
war sie auferzogen und wider ihren Willen von Zeus
und Hera mit Peleus vermählt worden (Il. 24, 60.). Nach
späteren Sagen warben Zeus und Poseidon um ihre
Hand; Themis aber weissagte, dass ihr Sohn grösser
werden würde als der Vater. Darum standen sie ab

von der Bewerbung, und Zeus verband sie einem Sterblichen. An ihrem Hochzeitsfeste nahmen alle Götter
Theil. Sie ist eine wohlwollende, hülfreiche Götttin
gleich ihren Schwestern, mit denen sie bei Nereus in
den Tiefen des Meeres wohnte. Sie nahm dort den vor
Lykurgos flüchtenden Dionysos auf (Il. 6, 135. Od. 24, 75.),
ebenso den Hephaistos, als er von Hera aus dem Himmel geworfen ward, und als Zeus von Poseidon, Athene
und Hera mit Fesselung bedroht wurde, rief sie den
Aigaion zu Hülfe (p. 39. 72.).

Spätere Dichter nehmen Thetis geradezu für das
Meer. Verehrung genoss sie an einigen Orten, wie in
Pharsalos, in Sparta.

7. Leukothea Ino (Λευκοθέα Ἰνώ).

Leukothea heisst eine Genossin der Nereïden.
Homer spricht von ihr Od. 5, 333 ff., wo sie dem schiffbrüchigen Odysseus erscheint und ihn rettet, indem sie
ihm ihren Schleier hingiebt. Sie scheint die nach dem
Sturme eintretende Ruhe des Meeres zu bezeichnen, wodurch die Schiffbrüchigen wieder das Land gewinnen
können. Homer nennt sie Ino Leukothea, die Tochter des Kadmos (cf. Hes. Theog. 975.), welche früher
eine Sterbliche war, nun aber in den Tiefen des Meeres
göttliche Ehre erlangt hat. Es ist dies eine Stelle des
Homer, wo man deutlich sieht, dass er eine reichere
Sage gekannt hat, ohne sie weitläuftig erzählen zu wollen. Die einfachste Sage, die dem Homer zu Grunde
liegen mag, ist wohl diese: Ino, die Tochter des thebanischen Kadmos, war die Gemahlin des Athamas,
des Königs in Orchomenos, dem sie den Learchos
und den Melikertes gebar. Sie erhielt den Sohn ihrer
Schwester Semele, den Dionysos, zur Erziehung; dar-

über erzürnte Hera und machte den Athamas rasend. In
der Raserei tödtete er Learchos und verfolgte Ino nebst
Melikertes. Sie stürzte sich mit dem Sohne in das Meer,
und beide wurden zum Lohne für die Erziehung des
Dionysos zu Meergöttern erhoben, Ino als Leukothea,
Melikertes unter dem Namen Palaimon. Nun bringen
sie den Schiffern Hülfe in der Noth (Ino σώτειρα, Od.
l. l.). Ino wurde an mehreren Orten Griechenlands verehrt, so zu Megara, in Chäronea, auf Kreta, auf dem
Isthmos bei Korinth neben Poseidon und Palaimon. —
Die Römer identificirten sie theils mit *Albunea*, theils
mit der altitalischen *Mater Matuta*, der gnädigen Göttin
der dem Schiffer günstigen Tageshelle.

Palaimon oder Melikertes, der Sohn der Ino,
wurde besonders zu Korinth verehrt; ihm zu Ehren waren zuerst die isthmischen Spiele gefeiert worden. Die
Korinthier erzählen, die Fluthen hätten seinen Leichnam
an den Isthmos in den Hafen Schönus gebracht; dort
habe ihn Sisyphos, der Herrscher von Korinth und
Bruder des Athamas, gefunden und ihm zu Ehren auf
Befehl der Nereïden die isthmischen Spiele eingesetzt.
So lange die Spiele dem Palaimon geweiht waren, erhielt der Sieger einen Eppichkranz; als man sie aber
dem Poseidon zu feiern anfing, wurde statt des Eppichs
die Fichte eingeführt. — Die Kunst stellte den Palaimon
als einen Knaben dar, der von Seegöttern oder Del-
phinen getragen wird. Die Römer identificirten ihn mit
dem Hafengott *Portunus* oder *Portumnus*, den man
zu einem Sohne der *Mater Matuta* machte.

8. Proteus (Πρωτεύς).

Proteus ist ein dem Poseidon untergebener weissa-
gerischer Meergreis, der die Robben Amphitrites weidet

und sich auf der Insel Pharos, eine Tagereise weit
von der Mündung des Nil (des Stromes Aigyptos), auf-
hält. Des Mittags treibt er seine Heerde aus der Fluth
ans Ufer und ruht mit ihr im Schatten der Felsen. Als
Menelaos auf der Rückfahrt von Troja an diese Insel
kam und dort längere Zeit durch ungünstige Winde von
der Fahrt zurückgehalten wurde, überfiel er, auf den
Rath der Eidothea*), der Tochter des Proteus, den
schlummernden Alten, um ihn zur Weissagung zu zwingen, auf welche Weise er zur Heimath gelangen könne.
Proteus verwandelte sich in allerlei Gestalten, einen
Löwen, Drachen, Panther, in Wasser und einen Baum;
allein als er sah, dass man ihn nicht lassen wollte, nahm
er seine gewöhnliche Gestalt wieder an und weissagte
nun dem Menelaos untrüglich. Er giebt ihm den Weg
der Rückkehr an, sagt ihm, was seinen Freunden und
seinem Hause Gutes und Böses während seiner Abwesenheit widerfahren ist, und verkündet ihm endlich, dass
er nicht sterben, sondern, als Eidam des Zeus, in das
elysische Gefild eingehen werde, wo der blonde Rhadamanthys wohnt. Darauf tauchte der Greis wieder in das
Meer (Od. 4, 351 — 570. cf. Virg. Georg. 4, 387 ff.). Durch
spätere mythologische Deuteleien wurde Proteus zu einem
König von Aegypten gemacht, der bei den Aegyptern
Ketes (von κῆτος, Seeungeheuer) geheissen habe. Seine
Gemahlin wird Psamathe (ψάμαθος, Sand) genannt.
Euripides in der Helena nimmt an, dass zu diesem
ägyptischen König Proteus Hermes die von Paris entführte Helena gebracht habe. Nach anderer Sage heisst
es, als Paris mit Helena hierher gekommen sei, habe

---

*) Eidothea (wissende Göttin) bezeichnet in dem Namen
der Tochter die Eigenschaft des weissagerischen Vaters.

Proteus diese bei sich behalten und statt ihrer dem Paris
ein Schattenbild mitgegeben; nach dem Falle Trojas
aber habe er dem rückkehrenden Menelaos die wahre
Helena wieder zugestellt.

9. Glaukos (Γλαῦκος).

Glaukos (der Grünlichblaue, von dem grünlich-
blauen Glanze des Meeresspiegels) war ursprünglich ein
Gott der Schiffer und der Fischer, der zu Anthēdon in
Böotien verehrt wurde. Von da ging er über in die miny-
eïsche Sage von den Argonauten. Er sollte die von ihm
erbaute Argo gesteuert haben; in der Seeschlacht der
Argonauten gegen die Tyrrhener blieb er allein unver-
wundet, wurde aber darauf nach dem Willen des Zeus
ein Gott des Meeres, der dem Iason erscheint. Die späteren Dichter, welche die Sage von den Argonauten
bearbeitet haben, machen ihn, gleich Proteus und Nereus, zu einem weissagerischen Meergott, dem Propheten
des Nereus, der aus den Fluthen tauchend freiwillig den
Argonauten weissagt. Die Einwohner von Anthedon erzählten, Glaukos sei ein Fischer gewesen, der durch
den Genuss eines Krautes getrieben ward in das Meer
zu springen, wo ihn Okeanos und Tethys zu einem Gotte
machten (Ov. Met. 13, 904 ff.). Man versetzte den Gott
auch nach Delos; hier sollte er mit den Nereïden geweissagt und den Apollon selbst seine Kunst gelehrt
haben. Als Weissagegott wurde er zum Vater der Sibylle Deïphobe gemacht (Virg. Aen. 6, 36.). — Seine
Abstammung wird verschieden angegeben; man nennt
Kopeus (das Ruderholz), Polybos (der Nährende),
Poseidon als seine Väter. Spätere vermengten ihn mit
Melikertes.

Zu dem Reiche des Poseidon gehören auch

10. Die Flüsse (Ποταμοί).

die Söhne des Okeanos, des grössten aller Flüsse, und
der Tethys, deren sämmtliche Namen zu nennen kein
Sterblicher vermag; aber in den einzelnen Ländern sind
sie bekannt und werden als mächtig wirkende Götter
verehrt. Bei Homer erscheinen sie einestheils, mit dem
Naturelement identificirt, als die mächtig daher rauschenden Flüsse, anderntheils aber als freie, selbständige
Gottheiten. Der Xanthos oder Skamander in Troas
hatte einen eigenen Priester (Il. 5, 78.); Peleus gelobte
dem Spercheios in seinem heiligen Haine (τέμενος)
auf dem Altare eine Hekatombe zu opfern und des
Achilleus Haare zu weihen, wenn dieser glücklich aus
dem Kampfe vor Troja zur Heimath kehrte (Il. 23, 140 ff.).
Die Haare der Jünglinge aber wurden den Flussgöttern
geweiht, weil sie der aufwachsenden Jugend des Landes gleichwie den Pflanzen Gedeihen gaben. Beim Schwur
ruft Agamemnon den Helios, der alles sieht und hört,
und die Flüsse und die Erde und die Unterirdischen
als Zeugen an (Il. 3, 276.); die Flüsse repräsentiren
hier neben den Göttern des Himmels und der Unterwelt
mit der Gaia das Gebiet der Erde. Dies bezeugt, dass
sie mächtige Götter sind, denen hohe Ehre zu Theil
wird; doch alle sind sie dem Zeus unterthan. Bei allgemeinen Götterversammlungen erscheinen sie auf dem
Olympos (Il. 20, 7.). In den einzelnen Ländern treten
sie oft als Väter der Stammheroen auf. — Homer nennt
ausser den oben erwähnten als die bedeutendsten Ache-
loYos, Axios, Alpheios, Enipeus, Simoeis (Il.
2, 849. 5, 545. 21, 194. 307.). Die trojanischen Flüsse
nehmen thätigen Antheil an dem Kampfe für das Vaterland. Als Achilleus in der wüthenden Feldschlacht die

Fluthen des Xanthos mit Leichen der Troer anfüllte, da liess der erzürnte Gott seine Wellen anschwellen und drohte den Feind zu ertränken; aber auf der Hera Befehl griff Hephaistos mit seinem Feuer den Flussgott an und verbrannte ihn schrecklich (Il. 21, 136 ff.).

Der vornehmste aller griechischen Flüsse ist

Acheloïos, Acheloos (Ἀχελώϊος, Ἀχελῷος).

Dieser Fluss (jetzt Aspro-potamo) entspringt auf dem Pindos und fliesst durch Dolopia, auf der Grenze von Akarnanien und Aetolien, dem ionischen Meere zu; er mündet den echinadischen Inseln gegenüber. Er ist der grösste der griechischen Flüsse und kam schon in den ältesten Zeiten Griechenlands zu hohem Ansehen, weil er in der Nähe von Dodona floss. Daher heisst er auch der älteste der Flüsse, und Homer nennt ihn den Herrscher (Il. 21, 194. κρείων). Das dodonäische Orakel soll immer am Ende seiner Sprüche befohlen haben dem Acheloos zu opfern. Man dachte sich ihn auch in Gestalt eines Stieres mit Stierhörnern; denn der Stier ist ein Symbol der Befruchtung und des Wachsthums; zugleich aber ist mit dem Stierkopf der Begriff stets vorstrebender Gewalt verbunden. Er warb um Deïaneira, die Tochter des ätolischen Königs Oineus; als aber Herakles in derselben Absicht erschien, musste er mit diesem um die Braut kämpfen. Er verwandelte sich in eine Schlange, in einen Stier u. s. w.; aber endlich erlag er dem gewaltigen Gegner (Soph. Trachin. 9 ff.). Die Sage fügt hinzu, Herakles habe ihm im Kampfe ein Horn ausgebrochen, welches die Naiaden mit Früchten füllten und zum Segenshorne machten, gleich dem Horne der Amaltheia (Ovid. Met. 9, 1 ff.), Herakles aber seinem Vater Zeus übergab. Ueber die Entstehung der echina-

dischen Inseln, welche sich von Acheloos herschreibt,
siehe Ovid. Met. 8, 576—588. Bei Dichtern und in Ora-
kelsprüchen wurde Acheloos zum Appellativum und bedeutet schlechthin das Wasser.

An die Flussgötter schliessen sich die Quellnymphen an, von denen unten, wo wir von den Nymphen
überhaupt handeln, die Rede sein wird.

III. Die Gottheiten der Erde und der Unterwelt.

1. Gaia, Ge (*Γαῖα, Γῆ, Tellus*).

Gaia, die Erde, welche das Leben aus ihrem Schoose
gebiert und alles 'Lebendige an ihrer Brust (*εὐρύστερνος*,
mit der breiten Brust) trägt, wurde von Alters her als
eine göttliche Macht angesehen und verehrt; sie war die
allerzeugende und allnährende Mutter. Diesem weiblichen Wesen wurde als männliches der Himmel entge-
gengestellt, der mit seinem befruchtenden Regen die
Erzeugnisse der Erde hervorruft. Daher ward in dem
alten Liede der dodonäischen Priesterinnen Gaia mit
Zeus, dem Gotte des Himmels, gemeinschaftlich angerufen:

„Zeus war, Zeus ist und Zeus wird sein. O grössester Gott Zeus!
Früchte spendet die Ge; drum nennet Mutter die Gaia!"

Demeter, die göttliche Mutter Erde, bezeichnete
ursprünglich dasselbe Wesen. Da die Verehrung dieser
Gottheit bei den Griechen eine allgemeine Verbreitung
fand, so musste Gaia in den Hintergrund treten: doch
erhielt sich noch hier und da ein Cultus derselben.

Bei Homer ist Gaia eine ehrwürdige, glorreiche (*ἐρι-
κυδής*) Gottheit, die man bei Eiden und Schwüren neben

Zeus, Helios, Himmel und Unterwelt anrief (Il. 3, 277 ff.
15, 36. 19, 258.). Man opferte ihr ein schwarzes Lamm,
während dem Helios ein weisses dargebracht ward (Il. 3,
104.). Als die Gottheit von starker Zeugungskraft gebiert
sie gewaltige Riesen, wie den Tityos auf Euböa. Ferner heisst sie Mutter schrecklicher Ungeheuer, wie des
Drachen Python zu Delphi, des Typhaon, alles
Furchtbare und Grausenhafte kommt aus ihrer dunklen
Tiefe. Als der Titane Kronos den Vater Uranos verstümmelte, da fing sie die fallenden Blutstropfen auf
und gebar die furchtbaren Erinyen, die riesigen Giganten und die melischen Nymphen (Gottheiten
des mordenden Kampfes, denn aus der Esche, μελία,
ward der Schaft der Lanze gemacht, Theog. 183 ff.) Dem
Pontos gebar sie den Nereus, Thaumas, Phorkys
die Keto und Eurybie (232 ff.). Siehe noch p. 11.

Die Autochthonen, die Eingebornen des Landes, wie
der attische Erechtheus, heissen Kinder der Gaia (Il. 2,
548., an dieser Stelle wird das Wort Ἄρουρα statt Γαῖα
gebraucht). Die Allnährerin und Spenderin aller Gaben
(ζείδωρος, πανδώρα, ἀνησιδώρα, παμμήτειρα, mater alma)
nimmt sich auch der aufwachsenden Jugend des Landes
an; sie wurde deshalb als κουροτρόφος, Ernährerin der
Kinder, verehrt. Als solche hatte sie zu Athen auf der
Burg ein Heiligthum. Weil aus der Tiefe der Erde die
begeisternden Dämpfe der Weissagung aufsteigen, so
gehört Gaia auch zu den weissagenden Gottheiten. Sie
war die erste Beisitzerin des delphischen Orakels; dem
Kronos offenbarte sie, dass er von einem seiner Söhne
der Herrschaft würde beraubt werden; durch ihre Künste
unterstützt, zwang Zeus den Kronos die verschlungenen
Kinder wieder auszuspeien, und auf ihren Rath löste Zeus
im Titanenkampf die Hekatoncheiren und Kyklopen.

9*

Stätten ihrer Verehrung waren ausser Athen zu Sparta, zu Delphi, zu Olympia, in Tegea und an andern Orten. Es werden zwar von den Alten Bildsäulen der Gaia erwähnt, doch hat sich keine derselben erhalten. Sie trug einen Schlüssel in der Hand; denn sie schliesst die Tiefen der Erde auf und lässt alles Lebende heraufsteigen.

2. Nymphen (Νύμφαι, Nymphae).

Die Nymphen, d. h. Mädchen, waren Göttinnen niederen Ranges, welche auf der Erde wohnten, in Hainen und auf Bergen, an Quellen, Flüssen und Strömen, in Thälern und Grotten. Sie verdanken ihre Entstehung dem religiösen Sinn, welcher in allen Kreisen der Natur das Weben und Walten göttlicher Mächte sieht und die Kräfte der Natur personificirt. Bei Homer muss man Nymphen im weiteren und engeren Sinne unterscheiden. Kalypso, die Tochter des Atlas (Od. 1, 14.), Phaëthusa und Lampetie, die Töchter des Helios und Hüterinnen seiner Heerden (Od. 12, 132.), heissen auch Nymphen; allein sie sind verschieden von den Nymphen im engeren Sinne, den Töchtern des Zeus (κοῦραι Διός), welche Berge, Haine, Quellen und Wiesen zum Wohnorte haben (Il. 6, 420. 20, 8. Od. 6, 123. 17, 240.) und die wohlthätigen Geister dieser Oertlichkeiten sind. Bei Homer sind sie im Allgemeinen keineswegs mit den Naturgegenständen eng verknüpft; denn dieser Dichter sucht stets seine Gottheiten, von den Banden der Natur gelöst, selbständig und frei hinzustellen. Sie sind wohl die Bewohnerinnen der genannten Oertlichkeiten, aber ihr Thun bezieht sich nicht auf ein stilles Walten im Innern der Natur. Sie tanzen fröhliche Reigen und sitzen in purpurnen Gewändern in kühlen Grotten, mit

Weben beschäftigt. Häufig sind sie in dem Gefolge und
der Umgebung höherer Gottheiten, mit Artemis schweifen
sie jagend durch Berge und Wälder, sie bedienen die
Kirke u. s. w. (Od. 6, 105. 9, 154. 10, 348. 12, 318. 13, 107.
17, 240. Il. 6, 420. 24, 616.). Wenn eine allgemeine Götterversammlung gehalten wird, so kommen auch sie zum
Olymp (Il. 20, 8.). Mit den Sterblichen verkehren sie
gerne, sie sind ihnen meist gütig und hülfreich, sie nähren ihnen anvertraute Kinder; dem Jäger scheuchen sie
das Wild auf, sie pflanzen Bäume und nähren das
Wachsthum derselben. Aber sie können dem Menschen
auch verderblich werden, sie rauben schöne Jünglinge
(Hylas), veranlassen frühen Tod und versetzen, namentlich die Quellnymphen, in Sinnesverwirrung. Die Menschen lassen ihnen göttliche Verehrung zu Theil werden;
Odysseus opfert ihnen Hekatomben und betet zu ihnen
(Od. 13, 350 ff.). Auf Ithaka hatten sie in der Nähe der
Stadt an einer Quelle, wo man das Wasser holte, einen
heiligen Altar (Od. 17, 210.).

An einer Stelle des Homer (Od. 10, 350.), welche
aber wahrscheinlich jüngeren Ursprungs ist, heisst es
von den Nymphen, dass sie aus Quellen und Hainen
und heiligen Flüssen entstehen. Hiernach ist also ihre
Existenz an die Naturgegenstände selbst gebunden, sie
walten in ihnen und beleben sie, und eine natürliche
Folge ist, dass ihr Leben auch zugleich mit dem Gegen-
stande untergehen muss. Diese Vorstellung ist die in
der späteren Zeit herrschende.

Nach den verschiedenen Naturgegenständen, an
welche sie geknüpft sind, haben die Nymphen verschiedene Namen; so unterscheiden wir:

Nymphen der Gewässer. Wir können zu die-
sen auch „das heilige Geschlecht des Okeanos" rechnen,

die Okeaninen oder Okeaniden ('Ωκεανῖναι, 'Ωκεα-
νίδες), sowie die Nereïden (Νηρεΐδες), die Göttinnen·
des innern Meeres (Soph. Phil. 1470. Νύμφαι ἅλιαι). Die
Nymphen der Landgewässer überhaupt heissen Naiaden
(Νηΐδες) und zerfallen wieder in die Flussnymphen
(Ποταμηΐδες), welche ihre einzelnen Namen von den
einzelnen ihnen zugetheilten Flüssen empfangen haben
(Acheloïdes, Ismenides u. s. w.), Quellnymphen (Κρη-
ναῖαι, Πηγαῖαι), Nymphen der stehenden Gewässer ('Ελειονόμοι, Λιμνακίδες, Λιμνάδες). Weil die Quellen eine begeisternde Kraft haben sollten, so schrieb
man den Wassernymphen die Kunst der Weissagung zu
und brachte sie in Beziehung zu Gesang und Dichtkunst.
Daher sollten sie auch den Apollon erzogen haben, und
wahrscheinlich waren die Musen ursprünglich nichts anderes, als begeisternde Quellnymphen. Begeisterte Seher
und Priester hiessen Söhne von Nymphen, von Wahnsinn Ergriffene, verzückte Weissager nannte man νυμ-
φόληπτοι. Quellen haben heilende Kraft, darum gehören die Nymphen auch in den Kreis der Heilgottheiten;
und weil sie durch ihre Feuchtigkeit Blumen und Kräuter nähren, so sind sie auch die segensreichen Nähre-
rinnen der Thiere und der Menschen (κουροτρόφοι, καρ-
ποτρόφοι, νόμιαι) und werden die Erzieherinnen des Zeus
und des Dionysos. Als solche nährende Gottheiten treten sie häufig in Verbindung mit dem heerdensegnenden
Hermes ; mit Dionysos·und seinen Genossen, Silen,
Pan und den Satyrn, schweifen sie auf den Bergen umher und führen muntere Tänze auf.

Die Nymphen der Berge, die Oreaden ('Ορει-
άδες, 'Ορεστιάδες, 'Ορεδεμνιάδες, Oreädes), erhalten auch
ihre Einzelnamen ·von den Bergen, denen sie zugetheilt
sind, wie die Peliaden, Kithäroniden, die dik-

täischen u. s. w. nach dem Pelion in Tessalien, dem
Kithäron in Böotien, dem Dikte auf Kreta. Ihre Wirksamkeit erstreckte sich jedesmal auf den ihnen zuge-
wiesenen Bezirk. — Zu den Oreaden gehört Echo ('Hχώ),
der Wiederhall, eine Nymphe, welche, von Hera bestraft, weder zuerst zu reden, noch, wenn ein Anderer
redet, zu schweigen vermag. In die einsamen Wälder
verstossen, liebte sie den spröden, selbstgefälligen Narkissos (*Narcissus*) und verschmachtete aus Gram, dass
endlich ihr Gebein zu einem Felsen ward und nur noch
die Stimme von ihr übrig blieb. Narkissos aber wurde
nun verdammt sein eignes Bild zu lieben; er sitzt an
der Quelle und beschaut sein Bildniss, bis er sich in
unbefriedigter Selbstliebe verzehrt hat. Seine Leiche
ward zur Blume gleiches Namens (Ovid. Met. 3, 341 —
510.). — Aehnliche Wesen wie die Oreaden sind die
Napäen (Ναπαῖαι), welche in Thälern und Schluchten,
die Alseïden ('Αλσηΐδες), die in Hainen und Wäldern
sich aufhalten und zuweilen den Wanderer schrecken.
Eine verwandte Klasse sind

Die Nymphen der Bäume, die Dryaden, Ha-
madryaden (Δρυάδες, Ἁμαδρυάδες), deren Leben an
einzelne Bäume geknüpft war und die nach den verschiedenen Arten der Bäume wieder verschiedene Namen hatten. Homer kennt diese Klasse von Nymphen
nicht; Hesiod nennt die melischen Nymphen, die
Eschennymphen (siehe Gaia). Nach dem hom. Hymnus
in Vener. 259 ff. wohnen die Dryaden im waldigen Gebirge, wo sie mit den Unsterblichen herrliche Reigen
tanzen und in anmuthigen Grotten mit Hermes und Silenen in Liebesverein leben; zugleich mit ihrer Geburt
sprossen hochwipflige Eichen und Tannen auf, doch
wenn nach langer Zeit die Stunde ihres Todes naht,

dann welken auch die herrlichen Bäume hin und zugleich mit ihnen verlässt die Seele der Göttinnen das Tageslicht.

Ausserdem finden sich noch bestimmte Ortsnymphen, welche ohne allgemeinen Namen nach den verschiedenen Orten, wo sie wohnen und wirken, genannt werden, wie die Nymphen von Nysa, Dodona, Lemnos u. s. w.

Die Nymphen hatten an vielen Orten Heiligthümer an Quellen und Flüssen, in Hainen und Grotten. Sie wurden dargestellt als schöne, blühende Jungfrauen.

3. Rhea, Kybele ('Ρεία, 'Ρέα, Κυβέλη, Cybele).

Rhea, ursprünglich, wie es scheint, eine besondere Form der Erdgöttin als einer Göttin strömender (ῥέω) Segensfülle, die Schwester und Gemahlin des Kronos, Mutter des Zeus und der übrigen Kroniden, wird bei Homer nur an einer Stelle (Il. 15, 187.) erwähnt, und in der Theogonie des Hesiod ist sie auch nur in sofern von Bedeutung, als sie die Mutter der Kroniden ist (siehe oben Zeus und die Göttergeschlechter). Auch fand sie in Griechenland nur hier und da eine untergeordnete Verehrung, stets in Verbindung mit ihren Kindern. Die Sage von der Geburt des Zeus hat sich besonders auf der Insel Kreta entwickelt; hier aber hatte sich schon früh asiatischer Cult mit griechischem verbunden. So kam es, dass Rhea mit der verwandten phrygischen Kybele oder Kybebe zusammenfloss und ganz in dieser Vorstellung aufging.

Kybele, die grosse Mutter, die Bergmutter, ward von Alters her unter verschiedenen Namen an vielen Stellen Kleinasiens vorzugsweise auf Gebirgen

in orgiastischer Weise verehrt als eine mächtige, leben-
verbreitende Göttin der Erde. Namentlich war sie als
solche auch eine Göttin des Wein- und Ackerbaus und
der darauf beruhenden Cultur, also auch eine Grün-
derin der Städte und Burgen, und zum Zeichen dessen
trug sie auf dem Haupte die Mauerkrone. In den wilden Gebirgen schweifte sie umher, umgeben von Löwen
und Pardeln und umbraust von der lärmenden Musik
ihr dienender dämonischer Wesen. So standen in Phrygien ihr die Korybanten als Diener zur Seite; in
Troas, wo sie als die idäische Mutter am Berge
Ida verehrt ward, umgaben sie die idäischen Dak-
tylen, künstliche Arbeiter in Erz. Ihr ältestes Heiligthum hatte die Göttin unter dem Namen Agdistis
(von dem Berggipfel Agdos) in Galatien zu Pessinus am Berge Dindymon, daher auch Dindymene genannt; in einem höhlenartigen Heiligthume, τὰ Κύβελα,
befand sich ihr ältestes Bild, ein roher Stein (Meteorstein?), der später nach Rom gebracht wurde. Ihre
Priester sind dort die Galli, welche eine gewisse priesterliche Herrschaft über das Land ausübten. Ueber
das Einzelne der Verehrung dieser grossen Göttin ist
wenig bekannt; im Allgemeinen war es ein wilder Dienst
mit rauschender Musik, wobei das Tympanum, eine
Handpauke, eine besondere Rolle spielte, und blutigen
Verstümmelungen. Der Geliebte und Priester der Kybele war der schöne Jüngling Atys (Attis, Attes); er
kam auf eine grausame Weise um und man betrauerte
in wildem Schmerz seinen Tod. Dieses Wesen deutet
(ähnlich dem Adonis) auf das Leben in der Natur, welches blühend auflebt und wieder erstirbt. Anderwärts
vertritt seine Stelle Sabazios, der mit Dionysos
identificirt ward.

Dieser asiatische Dienst der Kybele verbreitete sich allmählich über ganz Griechenland und nun ward sie, wie schon früher mit Rhea, auch mit anderen griechischen Gottheiten, mit Gaia (Soph. Phil. 391.), Demeter (Eurip. Helen. 1301 ff.), vermengt, so dass eine allgemeine Verwirrung der Begriffe eintrat, die noch grösser ward, als auch die ägyptische Göttin Isis noch herbeigezogen wurde*).

4. Dionysos (Διόνυσος, Διώνυσος, Βάκχος, *Bacchus*, *Liber*).

Dionysos, der Gott des Weines, wird bei Homer nur selten genannt. Der Dichter kennt ihn als den Sohn des Zeus und der Thebanerin Semele (Il. 14, 325. cf. Hes. Theog. 940.)**) und erwähnt von ihm zwei Mythen, den über Ariadne (Od. 11, 321 ff.) und den über Lykurgos (Il. 6, 130 ff.). Von Ariadne, der Tochter des Minos, erzählt er, dass Theseus sie von Kreta aus nach Athen habe führen wollen; unterwegs aber ward sie auf der Insel Dia (Naxos) durch die Geschosse der Artemis getödtet***). Lykurgos, der Sohn des Dryas (des Walddickichts), König der Edoner in Thrakien, verscheuchte die Ammen des trunkenen (μαινόμενος = βάκ-

---

*) Man nennt eine solche Vermischung verschiedener, ursprünglich von einander getrennter Gottheiten Synkretismus.

**) Bei späteren Schriftstellern heisst er auch Sohn des Zeus und der Demeter.

***) Diese Stelle des Homer ist verderbt, indem hier zwei Textesrecensionen ganz verschiedenen Inhalts zusammen verschmolzen sind. Nach der einen Recension ward Ariadne auf Naxos von Artemis getödtet; nach der andern wurde sie daselbst durch Artemis mit Hülfe des Dionysos (Διονύσου μαρτυρίῃσιν) zurückgehalten, damit sie dessen Gemahlin werde.

FIG. XIX.

Indischer Dionysos.

χεος) Dionysos von dem nyseïschen Gefilde*), dass
sie die heiligen Geräthe auf die Erde fallen liessen, ge-
schlagen von dem mordenden Lykurgos; Dionysos selbst
sprang erschreckt in die Wellen des Meeres, wo Thetis
ihn in ihrem Schoosse aufnahm. Den frevelnden König
aber hassten alle Götter, Zeus blendete ihn und kürzte
sein Leben. An dieser Stelle des Homer wird Dionysos
auch zu den himmlischen Göttern gerechnet, wiewohl
er, gleich Demeter, nicht unter die Götter des Olympos
eingereiht ist. Denn die Wirksamkeit dieser beiden
Gottheiten erstreckt sich wesentlich auf das friedliche
Leben auf Erden. Daher kommt es auch, dass Dionysos
sowohl, als Demeter in den Gedichten des Homer so
selten genannt werden; diese friedlichen, den Acker-
und Weinbau pflegenden Gottheiten standen fern von
dem wilden Treiben des Kriegs und dem bewegten Leben
der Meerfahrt.

Homer nennt den Dionysos die Freude der Menschen
(Il. 14, 325.) und spricht von den Mainaden, den trunkenen Begleiterinnen des Dionysos, und den Thyrsusstäben
als von bekannten Dingen. Die Vorstellung des Dionysos
als eines Gottes, der durch die Gabe des Weins des
Menschen Herz erfreut und Sorgen und Traurigkeit verschwinden macht, musste also schon im Allgemeinen ausgebildet sein und seine Verehrung schon, zum Theil in
begeisterter, orgiastischer Weise, eine weite Verbreitung
erhalten haben.

---

*) Der Berg Nysa, wo Dionysos verehrt ward, wo er ge-
boren, erzogen worden sein soll, wurde in verschiedene Länder
verlegt, nach Thrakien, Arabien, Indien, Aegypten. Städte dieses Namens werden erwähnt in Thrakien, Böotien, auf Euböa
und Naxos, in Asien und Afrika. Der Gott hatte hiervon den
Beinamen Νυσήιος.

Der Ursprung des Dionysosdienstes ist wahrscheinlich bei dem Stamme der Thraker zu suchen, der aus
Nordgriechenland nach Böotien gewandert war. So
wurde Theben die Geburtsstadt des Gottes*). Die Sage
erzählt, dass Semele, die von Zeus geliebte Tochter
des Kadmos, von der eifersüchtigen Hera überredet,
sich von Zeus, der ihr jeden Wunsch zu gewähren versprochen hatte, erbeten habe, er möge ihr in seiner ganzen Herrlichkeit, wie er der Hera zu nahen pflege, mit
Blitz und Donner erscheinen. Dies geschah; die Flamme
ergriff Semele und das Haus; sie gebar sterbend ein
unreifes Kind, welches Zeus sich in seine Hüfte**) nähen
liess und zeitigte. Hermes brachte später auf seinen
Befehl das Kind zu Ino und Athamas nach Orchomenos. Hera aber versetzte diesen in Raserei, und
nun brachte Hermes das verfolgte Kind zu den Nymphen auf Nysa, welche es in einer Höhle verborgen
hielten und mit süsser Nahrung aufzogen.

Von Böotien aus hat sich der Dienst des Dionysos
nach anderen Orten Griechenlands verbreitet, nach den
Gegenden des Parnassus, nach Athen, Sikyon, Korinth,
Argos und nach den griechischen Inseln, wie Naxos,
Lesbos u. s. w. In Naxos erscheint der Gott mit der
Tochter des kretischen Minos, Ariadne (der sehr Ge-
fallenden, ἀρι — ἀνδάνω), in Verbindung. Dionysos
nahm dem Theseus die aus Kreta entführte Ariadne
gewaltsam ab und machte sie zu seiner Gemahlin, oder
er fand sie auf der Insel, von Theseus verlassen, im

---

*) Auch andere Orte, wo Dionysos verehrt ward, nahmen
die Ehre Vaterland des Dionysos zu sein für sich in Anspruch,
wie Naxos, Elis, Eleutherae, Teos, Kreta.

**) Μηρός, die Hüfte; daraus bildete man später einen Berg
Meros in Indien, auf welchem Dionysos geboren sein sollte.

FIG. XVI. XVII.

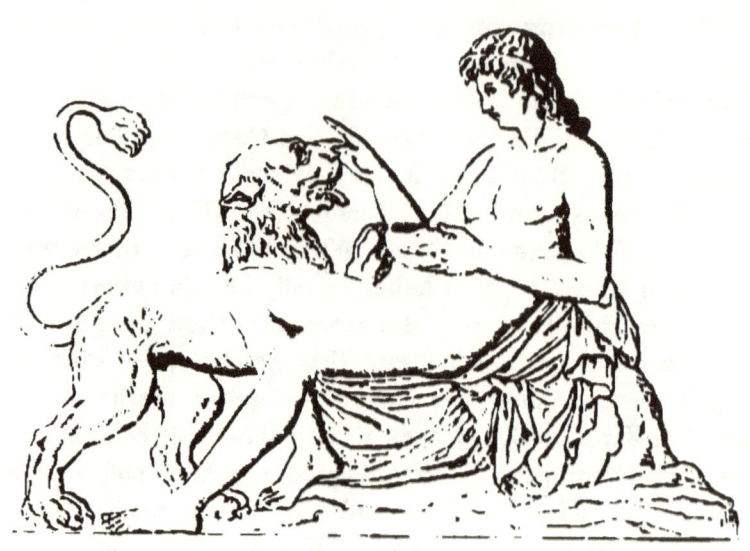

Dionysos.

Schlafende Ariadne.

Schlummer liegen, Zeus aber gab ihr die Unsterblichkeit (cf. Hes. Theog. 947 ff.). 'Die Kinder des Dionysos und der Ariadne sind Oinopion (der Weintrinker),
Euanthes (der Blühende) und Staphylos (Trauben-
mann).

Die Verbreitnng des begeisternden, aufregenden Dionysoscultus fand an vielen Orten Widerstand; aber der
mächtige Gott verschaffte sich überall Eingang. Hierauf beziehen sich viele Sagen, zu denen auch die schon
oben erwähnte Sage von Lykurgos gehört. Die spätere Zeit erzählt diese abweichend von Homer. Nach
der Frevelthat des Lykurgos wurde das Land von Unfruchtbarkeit heimgesucht, und er selbst verfiel in Raserei, in der er seinen Sohn Dryas für eine Weinrebe
ansah und tödtete. Hierauf verging der Wahnsinn; aber
da die Unfruchtbarkeit des Landes fortdauerte, so führte
ihn das Volk auf Befehl des Dionysos auf den Berg
Pangäon, wo ihn der Gott von Pferden zerreissen liess.
— Ein ähnliches Schicksal hatte der Herrscher von Theben, Pentheus, der Sohn des Echion und der
Agaue, einer Tochter des Kadmos. Er wollte den
Frauen des Landes die Verehrung des Dionysos ver-
bieten und suchte die Bakchantinnen in dem Gebirge
auf. Seine Mutter aber, die sich unter den Bakchantinnen befand, sah ihn in ihrer Raserei für einen Löwen
oder einen Eber an und zerriss ihn (Eurip. Bacch. 1142.
Ovid. Met. 3, 513 ff.). — In Argos versetzte Dionysos die
Weiber, weil sie ihm die Verehrung versagt hatten, in
Raserei, dass sie ihre eigenen Kinder tödteten und verzehrten. — Tyrrhenische Seeräuber hatten einst den
Gott, den sie für einen Königssohn hielten, vom Ufer
geraubt und mit sich fortgeführt. Man band ihm Hände
und Füsse, aber die Bande fielen ab. Der Steuermann

rieth, ihn ans Ufer zu setzen, da er jedenfalls irgend ein Gott sei; aber der Führer des Schiffes gehorchte nicht. Da umschlangen plötzlich Rebengewinde das ganze Schiff, der Gott verwandelte sich selbst in einen Löwen, und die Räuber sprangen erschreckt ins Meer und wurden Delphine. Nur der Steuermann blieb verschont; ihm gab sich Dionysos zu erkennen und machte ihn glücklich (Hom. Hymn. 7. *in Dionys.* cf. Ovid. Met. 3, 603 ff.).

So schaffte sich der Gott überall Anerkennung. Umgeben von einem Heere von Weibern, den Mainaden oder Bakchantinnen, die als Waffe den mit Weinreben und Epheu umwundenen Thyrsusstab trugen, von Silenen und Satyrn, zog er von Lande zu Land, um seinen Dienst zu lehren und den Menschen seinen Frieden zu bringen. Als Alexander der Grosse nach Asien zog, verbreitete sich auch Dionysoscult nach dem Oriente bis nach Indien hin, und man dichtete nun, Dionysos sei bis nach Indien gezogen, habe bis dorthin sich die Völker unterworfen und seine Altäre aufgerichtet. Nachdem er nun den Menschen seine Göttlichkeit offenbart und überall seinen Dienst eingeführt hatte, holte er seine Mutter Semele aus der Unterwelt und führte sie unter dem Namen Thyone (Θυώνη, die Rasende) mit sich in den Olympos*). .

Der tägliche Genuss des Weines erzeugt bei einem Volke einen heiteren, milden und sinnlich gemüthlichen Sinn, er bändigt die wilde Kraft und führt zu einem fröhlichen, geselligen Leben. So hat der Cultus des Dionysos etwas Weiches und Mildes, und der Gott selbst wurde angesehen als der Verbreiter einer milderen Ge-

---

*) Hes. Theog 942. *νῦν δ' ἀμφότεροι θεοί εἰσιν.* Dionysos selbst heisst Θυωνίδης, *Thyoneus.*

sittung. Zugleich aber zieht der Cultus des Weingottes aus einem ernsten und strengen Leben wieder zu dem üppigen Genuss sinnlicher Lebensfülle herab, zu geistumnebelndem Rausche, zu einem Zustande des Lebens, welcher dem strengen und klaren althellenischen Leben völlig entgegengesetzt war. Daher kam es, dass der Cultus des Dionysos, welcher später als der der olympischen Götter seine Verbreitung fand, an vielen Orten als der bestehenden Sitteneinfalt gefährlich zurückgewiesen wurde. Besonders war der Dienst des strengen und ernsten Gottes Apollon, welcher schon vor Dionysos unter den Hellenen allgemeine Anerkennung genoss, von dem dionysischen verschieden; aber auch Apollon war gezwungen, den jungen Gott, der seine Macht immer weiter ausbreitete, an seine Seite treten zu lassen. In Delos soll der Dienst des Apollon schon durch Theseus gemildert worden sein, indem dieser bei demselben dionysische Reigentänze einführte; in Delphi erhielt Dionysos Theil an dem apollinischen Orakel, und auf den Gipfeln des Parnass brannten ihm wie dem Apollon zu Ehren heilige Feuer. (Euripid. Phoeniss. 234. Sophocl. Antig. 1107 ff.).

Der Grund, warum man den Naturgott Dionysos dem strengen Apollon nähern konnte, lag in der begeisternden Natur des Dionysos, vermöge welcher er auch zur Weissagung befähigt war. Er hatte an manchen Orten Orakel, unter anderm gab er zu Amphikleia in Phokis den Kranken im Traume die Heilmittel an. Er ist also wie Apollon ein ἰατρόμαντις, ein Arzt durch Weissagung. Seine Gabe, der Wein, bringt den Menschen Gesundheit und Kraft; wie der Gott die Sorgen der Seele verscheucht (Λυαῖος, der Sorgenlöser), so vertreibt er auch das Siechthum des Körpers; er ist ein

Retter (σωτήρ) in geistiger und leiblicher Hinsicht. Bei Sophokles (Oed. T. 205.) ruft ihn der Chor als den Retter in den verheerenden Seuchen an, und bei Gastmählern weihte man einen Becher Weines dem Retter Zeus und einen zweiten dem Dionysos Agathodaimon, dem guten Geiste. Wie Dionysos, der Begeisternde, mit Apollon verbunden ward, so stellte man ihn auch auf der andern Seite als den wohlwollenden erfreuenden Gott der heiteren Geselligkeit mit den Chariten, den Musen, mit Eros und Aphrodite zusammen. Er förderte Gesang (Μελπόμενος) und heitere Kunst; an seine Feste schliesst sich die Ausbildung des Dramas, sowie auch einer besonderen Gattung der lyrischen Dicht-kunst, des Dithyrambus, an. Auch die Entwiklung des Sinnes für bildliche Darstellung durch die plastische Kunst wurzelt wesentlich in der Fülle und Frische des Lebens, welche den Dionysoscultus charakterisirt, die Gabe des Dionysos steigert die Phantasie und die sinn-liche Anschauungskraft.

Der Gott des Weines und des Weinbaues erhielt in Bezug auf die Natur noch eine weitere Bedeutung; wie er die Rebe wachsen lässt und pflegt, so giebt er auch den Pflanzen überhaupt Wachsthum und üppiges Ge-deihen. Er belaubt den Baum, ruft die Blüthen hervor und zeitigt das Obst (Δενδρίτης, Ἀνθεύς, Φλοιός, von φλοίω, floreo, ich blühe). Daher heisst er auch Hyes (Ὕης), der durch Feuchtigkeit befruchtende, er wird erzogen von den Hyaden und begleitet von den Nym-phen (Soph. Oed. Tyr. 1075.). Er reiht sich daher in die-ser Beziehung an Demeter und Persephone an. Wie Demeter liebt er den Frieden und die Gesetzmässigkeit (Θεσμοφόρος) und mildert die Sitten der Menschen.

Anfangs hielt sich der Cultus des Gottes noch der

Natur des griechischen Volkes entsprechend in den
Schranken der Mässigung. Der wohlwollende, freundliche Gott (*Εὐβουλεύς*), der das gesellige und häusliche
Leben verschönt, wurde in fröhlicher Heiterkeit, doch
ohne Ausgelassenheit und Sinnentaumel verehrt. Plu-
tarch sagt: „Vor alter Zeit feierte man das Bakchos-
fest ganz einfach, aber doch fröhlich genug. Voran im
Zuge wurde ein Krug mit Wein und Reben getragen,
dann kam ein Bock, und dann noch Einer, der einen
Korb mit Feigen trug." Allmählich aber fielen die
Schranken der Ordnung, der Gott erfreute sich an rau-
schendem Lärm, man gab sich trunkener Begeisterung
und zügellosem, ausschweifendem Rausche der Sinne
hin, und gerade dieses Aufgeben eines klaren sittlichen
Lebens und das Versenken in die üppige Lebensfülle
brachte dem griechischen Volke den Untergang. Der
rauschende Dienst des Dionysos, des Bakchos, des
Lärmenden (dieser Name findet sich erst nach Herodot),
kam wahrscheinlich aus Thrakien und verbreitete sich
allmählich über ganz Griechenland und die Kolonien.
Der Gott versetzte seine Diener in Raserei, man lief in
ungebändigter Wildheit unter dem Ausruf *εὐοῖ* (Evoe)
umher und überliess sich den schrecklichsten Ausschweifungen, zerriss Thiere und ass das blutige Fleisch.
(Die Beinamen, welche sich hierauf beziehen, sind *Εὔιος*,
Βάκχος und *Βακχεῖος*, *Βρόμιος* u. a.) Dieser Dienst des
Bakchos hat etwas Asiatisches, ähnlich dem Dienste der
Kybele, des Atys und Sabazios; daher kam es, dass
man mit der Zeit beide Culte mit einander verband und
den Dionysos mit Sabazios identificirte. Man erkannte
nun in Dionysos das blühende Leben der ganzen Natur, das nach kurzem Dasein dem Tode verfällt.

Diese Idee griffen besonders die Orphiker auf und

'deuteten sie nach ihrer Weise und zu ihren Zwecken aus. Sie erzählten von dem Dionysos - Zagreus, dem Zerrissenen, dem Sohne des Zeus und der Persephone, der von Zeus auf den Thron des Himmels gesetzt, aber von den Titanen zerrissen ward. Athene rettet das zuckende Herz und bringt es dem Zeus; dieser verschlingt es und erzeugt nun den Dionysos aufs neue. Man führte diese Vorstellung des Dionysos-Zagreus in die Mysterien der Demeter und Persephone ein und stellte den Gott mit Hades zusammen; seine Verehrung bestand nicht allein in rauschender Freude, wie in den gewöhnlichen Culten des Volkes, sondern auf Lust und Entzücken folgte Schmerz und tiefe Trauer. In dem Schicksal des Zagreus erkannte man das Loos der Menschen, die nach kurzer Lebensdauer gleich den Pflanzen der Erde vom Tode ergriffen werden; aber wie Dionysos, nachdem er von den Titanen zerrissen war, wieder zu neuem, schönerem Leben hervortrat, so ist auch dem Menschen nach dem Tode ein neues Erwachen beschieden.

Unter den Festen des Dionysos sind die älteren, ländlichen Winterfeste von denen zu unterscheiden, welche später in frechen Ausschweifungen mit allerlei nächtlichen mystischen Gebräuchen gefeiert wurden. Unter den zu Athen, dem Dionysos gefeierten Festen erwähnen wir die Lenäen (Λήναια, Dionysos hiess Ληναῖος), das Kelterfest, im Monat Gamelion (letzte Hälfte des Januar und erste des Februar), an welchem dramatische Wettkämpfe aufgeführt wurden; ferner die Anthesterien (Ἀνθεστήρια) im Monat Anthesterion (Februar — März). Am ersten Tage der Anthesterien feierte man das Anzapfen des gegohrenen Weines (πιϑοίγια), den man am zweiten Tage, dem Kannenfeste

(οἱ χόες), trank; am dritten Tage, dem Topffeste (χύτροι),
stellte man Töpfe mit gekochten Hülsenfrüchten aus,
zur Sühne des mit Dionysos vermengten chthonischen
Hermes. Auf die Anthesterien folgten die grossen oder
städtischen Dionysien im Elaphebolion (März —
April), unterschieden von den ländlichen kleinen
Dionysien im Poseideon (December — Januar). Man
hielt dabei festliche Aufzüge, in welchen Jungfrauen
Körbe mit heiligen Geräthschaften auf den Köpfen und
Schnüren mit Feigen trugen, und Silene, Satyrn, Pane
und Bakchantinnen auftraten. In älterer Zeit waren
dies einfache Züge gewesen, wobei man sich in allerlei
Vermummungen lustigen Spässen überliess und Dithy-
ramben, die Festgesänge des Dionysos, absang; später
aber zeigte man dabei eine ungeheure Pracht. — Die
nächtlichen von bakchantischen Weibern unter lärmen-
der Musik von Flöten, Becken und Pauken gefeierten
Feste hiessen Nyktelien (Νυκτέλια, Dionysos selbst
heisst Νυκτέλιος).

Die rasenden Weiber, die man sich in der Begleitung des Dionysos dachte und welche an seinen Festen
umherschwärmten, hiessen Bakchantinnen, Mäna-
den, Thyiaden, Mimallonen, Bassariden. Dazu
kamen noch die Satyrn, Pane, Silene, Kentauren, auch Musen und Nymphen. Die Kunst gefiel
sich in Darstellungen solcher Bakchoszüge (θίασος), in
welchen gewöhnlich die Bakchantinnen im Ausdruck der
grössten Begeisterung mit zurückgeworfenem Haupte und
fliegenden Haaren, in langen fliegenden Gewändern,
den Thyrsusstab, Schwerter, Pauken u. s. w. in den
Händen, auftreten. Von einem solchen Getümmel um-
rauscht, hält sich Dionysos selbst in süsser, trunkener
Ruhe, oft in Verbindung mit der holden Braut Ariadne.

10*

In den Darstellungen des Dionysos ist die ältere Form, die majestätische Gestalt des alten Dionysos mit reichem Haupt- und Barthaar, in fast weiblicher, asiatischer Kleidung (der indische Dionysos genannt), von der späteren des jugendlichen Dionysos zu unterscheiden. Dieser hat eine weiche, ineinanderfliessende Muskulatur; im Gesichte spricht sich ein eigenthümliches Gemisch von seliger Berauschung und unbestimmter, dunkeler Sehnsucht aus. Um das Haupt trägt er eine Mitra und einen Kranz von Weinlaub und Epheu, die Haare fliessen weich und in langen Locken auf die Schultern herab. „Das Bildniss des Bakchos ist ein schöner Knabe, welcher die Grenzen des Lebens und der Jünglingsschaft betritt, bei welchem die Regung der Wollust wie die zarte Spitze einer Pflanze zu keimen anfängt, und welcher wie zwischen Schlummer und Wachen in einem entzückenden Traume halb versenkt, die Bilder desselben zu sammeln und wahr zu machen anfängt. Diese Züge sind voller Süssigkeit, aber die fröhliche Seele tritt nicht ganz ins Gesicht." · (Winkelmann.) — Heilig sind dem Dionysos besonders die Rebe und der Epheu, unter den Thieren der Panther, Luchs und Tiger, der Esel, der Delphin, der Bock. (Fig. 18. Statue des Dionysos im Museum des Louvre. — Fig. 16. Dionysos, einen Löwen tränkend. — Fig. 19. der indische Dionysos. — Fig. 17. schlafende Ariadne.)

5. Die Satyrn (Σάτυροι, Satyri*).

Die Satyrn, welche von Homer nicht erwähnt werden, sind Begleiter des Dionysos, „ein nichtsnutziges,

---

*) Man erklärt σάτυρος für gleichbedeutend mit τίτυρος, Bock.

FIG. XVIII.

Dionysos.

FIG. XX.

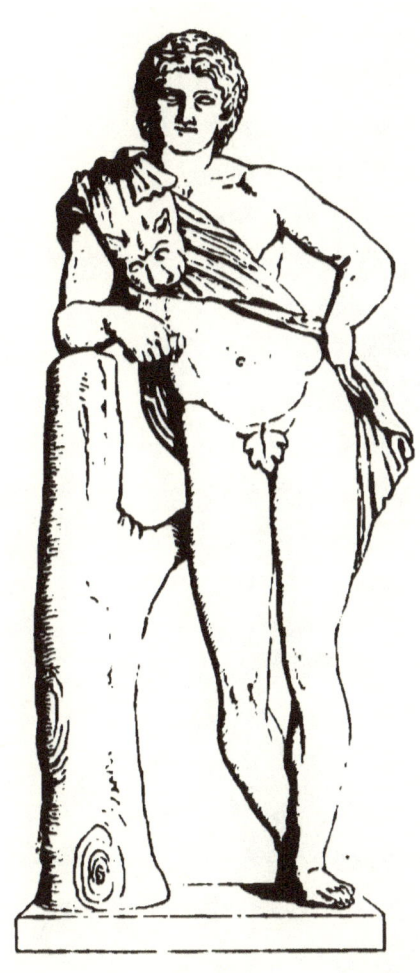

Satyr.

leichtfertiges Geschlecht" (γένος οὐτιδανῶν Σατύρων καὶ ἀμηχανοεργῶν. Hesiod.). Sie repräsentiren das Naturleben, dessen reinste Blüthe wir in Dionysos gewahren, in niederer, reinsinnlicher Gestalt. In ihnen ist die Thiergestalt, die eines Bockes, zur menschlichen erhoben; sie haben struppiges Haar, stumpfe aufgeworfene Nasen, zugespitzte, ziegenartige Ohren, mitunter auch Knollen (φῆρεα) am Halse und ein Ziegenschwänzchen oder einen Pferdeschweif. In ihren Zügen liegt eine muthwillige Rohheit. Sie sind träg und zu keiner Arbeit anstellig; Tanz und Musik, Liebe und Wein sind ihre Freude. Ihre gewöhnlichen Attribute sind ausser dem Thyrsusstabe Flöten, Syringe, Weinschläuche und Trinkgefässe. — Sie heissen Söhne des Hermes, als des ländlichen Heerdengottes, oder des Seilenos; Hesiod nennt sie Brüder der Kureten, der Freunde von Tanz und Spiel, und der Nymphen der Gebirge, mit denen sie gern den lustigen Reigen aufführen und die sie mit ihrer zudringlichen Liebe verfolgen. (Fig. 20. Ausruhender Satyr, Statue des Capitols).

6. Seilenos (Σειληνός, Σιληνός, Silenus).

Seilenos oder Silenos ist die besondere Gestalt Eines älteren Satyrs, der, fett und rund wie ein Weinschlauch, stets trunken und berauscht ist. Daher kann er selten seinen Füssen trauen und bedarf stets einer Stütze oder einer Lehne. Er reitet deswegen gewöhnlich auf einem Esel, oder wird von geschäftigen jüngern Satyrn geführt und gestützt. Man stellte ihn dar als einen heiteren, gemüthlich trunkenen Alten mit einer Glatze und stumpfer Nase, der sich von dem Weinschlauch nicht gut trennen kann. Er ist der stete Begleiter des Dionysos und gilt für dessen Erzieher und

Lehrer. Die Kunst liebt den Moment darzustellen, wo
Seilenos das ihm zur Pflege übergebene Bakchoskind im
Arme hält und den künftigen Begründer eines höheren
Culturzustandes mit freudigem Ahnen betrachtet. (Fig. 21.)
— Die Orphiker legten dem Seilenos eine tiefere Bedeutung unter; nach ihrer Vorstellung ist er ein weiser,
über das gewöhnliche Treiben der Welt erhabener Alter,
der, die Güter des irdischen Lebens verachtend, in seiner Weisheit sein Genüge findet, ein begeisterter Seher,
vor dessen Auge Zukunft und Vergangenheit offen liegt.

Die Abkunft des Silenos wird verschieden angegeben,
er heisst Sohn einer Nymphe von Hermes, dem ländlichen Gotte, oder von Pan. Als man sich die Silene
in der Mehrzahl gedichtet hatte, nahm man einen alten
Silenos als deren Vater an unter dem Namen Pappo-
seilenos.

Ein phrygischer Seilenos im Dienste der Kybele
und des Bakchos ist

7. Marsyas (Μαρσύας).

Dieser, ein Sohn des Olympos*) oder des Hya-
gnis oder des Oiagros, fand die Flöte, welche Athena
weggeworfen hatte, weil das Blasen derselben ihr Gesicht entstellte, und liess sich in einen musischen Wettstreit mit Apollon ein, unter der Bedingung, dass sich
der Besiegte ganz in die Gewalt des Siegers geben
sollte. Apollon siegte mit seinem Kitharspiel über die
Flöte des Marsyas und zog ihm die Haut ab, nachdem
er ihn an eine Fichte aufgehängt hatte. Die Haut des
Marsyas wurde bei Kelänä in Phrygien in einer Höhle,

---

*) Olympos heisst auch ein Schüler des Marsyas und wird
mit diesem der Erfinder der Flöte genannt.

FIG. XXI.

Seilenos mit dem Bakchoskinde.

in welcher der Fluss Marsyas entsprang, gezeigt (Xenoph. An. 1, 2, 8.), und man erzählte, dass sie sich freu-
dig bewege, wenn man auf der Flöte in phrygischer
Tonart spiele, bei apollinischer Musik aber bleibe sie
ruhig. Die ganze Sage beruht auf dem Unterschiede
dionysischer und apollinischer Musik, von denen jene
einen rauschenden und leidenschaftlichen, diese einen
ernsten und ruhigen Charakter hatte.

Ein ähnliches Wesen wie Marsyas ist

8. Midas (Μίδας).

Auch dieser war ursprünglich ein phrygischer Silenos; aber die Sage machte ihn später zu einem reichen,
weiblichen, dem Dionysos befreundeten Könige in Phrygien, einem Sohne des Gordios und der Kybele.
Doch erhielten sich auch in dieser Sage noch Spuren
seines ursprünglichen Wesens; denn man sagte, der König habe Satyrohren oder Eselsohren gehabt. Er sollte
die Eselsohren durch Apollon erhalten haben, als er
einst nach einem musischen Wettstreit zwischen Pan
und Apollon das Urtheil, welches dem Apollon den
Preis zuerkannte, tadelte. (Ovid. Met. 11, 146 ff. Vorher geht eine andere Geschichte über Midas, v. 90—145.)

0. Pan (Πάν)*).

Pan, der Sohn des Hermes und der Tochter des
Dryops**), war ein arkadischer Gott der Heerden
und des Waldes, der, gehörnt und geisfüssig, mit den
Nymphen durch die Wälder und Berge und auf den

---

*) Der Name kommt wahrscheinlich von πάω, ich weide.
**) Des Waldmannes. Er heisst auch Sohn des Zeus und
der arkadischen Nymphe Kallisto, oder des Hermes und der
Penelope.

Triften umherzieht. Er schirmt die Heerden auf der Weide von den Höhen der Berge aus und mehrt ihre Fruchtbarkeit (*Νόμιος*, der Weidende), oder er jagt durch die Wälder (*Ἀγρεύς*, der Jäger), und wenn er ermüdet von der Jagd kehrt, dann bläst er auf der Flöte liebliche Weisen. Die Nymphen schaaren sich um ihn und tanzen den Reigen oder singen mit ihm wonnige Lieder. Gleich bei seiner Geburt war der Gott in seiner eigenthümlichen Gestalt ausgebildet, gehörnt, bärtig, krummnasig, behaart, mit Schwanz und Ziegenfuss, so dass die Mutter erschreckt entfloh; Hermes aber nahm den Sohn in den Arm und trug ihn erfreut in den Olympos, um ihn den Göttern zu zeigen. Alle freuten sich über den seltsamen Gott, besonders aber Dionysos; „und sie benannten ihn Pan*), da er all' in dem Herzen erfreuet." (Hom. Hymn. 19, 47.)

Der Hirtengott Pan hat die Hirtenflöte, die Syrinx, erfunden; daher machte man die **Syrinx** zu einer von ihm geliebten Nymphe (Ovid. Met. 1, 691 ff.); auch die Nymphe **Echo** war eine Geliebte von ihm. In wilder Waldeinsamkeit, wo den Menschen geheime Lust und dunkles Grauen ergreift, ist sein eigenster Aufenthalt; dort erschreckt er den einsamen Wanderer durch seine furchtbare Stimme (panischer Schrecken). Er ist durch diese schreckeneinjagende Stimme ein siegreicher Bezwinger der Feinde. Als zur Zeit der marathonischen Schlacht der Athener Pheidippides durch Arkadien nach Lakedämon eilte, um die Spartaner um Hülfe gegen die Perser zu bitten, rief ihn Pan von dem Gebirge Parthenion aus an, dass er die Perser in Schrecken setzen wolle, wenn ihn die Athener, denen er schon so

---

*) Irrige Ableitung des Namens von *πᾶς*, *πᾶν*, all.

viel Gutes erwiesen, dafür ehrten. Von der Zeit an
war dem Pan in Athen die Pansgrotte unterhalb der
Burg als Heiligthum geweiht, und man versöhnte ihn
alljährlich durch Opfer und Fackellauf (Herodot. 6, 105.).
Durch Fackellauf feierte man ihn, weil er als Bewohner der Bergesgipfel, welche das Sonnenlicht zumeist
trifft, zum Lichte in einer gewissen Beziehung steht.
Auch ist er ein Gott der natürlichen Begeisterung und
Wahrsagung; er soll den Apollon in der Weissagekunst
unterwiesen haben. Erst in später Zeit machte man
den alten Weidegott Pan aus Missverstand des Namens
zu einem Symbol des Weltalls und deutete den Ton
seiner Syrinx als die Harmonie der Sphären. Daher
kommt auch seine Abstammung von Aether und einer
Nereïs, oder von Uranos und Ge.

Wegen seiner Aehnlichkeit mit den Satyrn und als
ein lärmliebender Gott der Natur wurde Pan auch in
das Gefolge des Dionysos aufgenommen. In diesem
Kreise ist er ein munterer, possierlicher Springer und
Tänzer, ein zudringlicher Liebhaber der Nymphen. Nun
bildete man auch die Pane, gleich den Satyrn und
Silenen, in der Mehrzahl und vermischte allmählich Satyrn und Satyrisken (Σατυρίσκοι, jüngere Satyrn),
Pane und Panisken (Πανίσκοι, jüngere Pane), Silen
und Silene und die altitalischen Waldgötter *Faunus*
und *Fauni*, *Silvanus* und *Silvani* so miteinander, dass
fast aller charakteristische Unterschied schwand. Auch
mit der grossen Bergmutter Kybele wurde dieser Berg-
gott in Verbindung gebracht.

10. Priäpos (Πρίαπος, *Priäpus*).

Priapos, der Sohn des Dionysos und der
Aphrodite oder einer Nymphe, war ein Gott der

Fruchtbarkeit des Feldes und der Heerden, und man stellte deshalb sein Bildniss besonders in Gärten und Weinbergen auf. Er wurde zu Lampsakos am Hellespont verehrt und kam erst spät in dem übrigen Griechenland zur Anerkennung. Homer, Hesiod und die übrigen älteren Dichter wissen nichts von ihm. Priape wurden auch in der Mehrzahl gedacht, wie Pane, Satyrn u. s. w. Man identificirte den Priapos mit dem italischen *Mutunus* oder *Mutunus*.

Wir ziehen hierher noch

11. Die Kentauren (Κένταυροι, *Centauri*)[*]),

welche als Dämonen des Waldes und der Berge und als eine Mischgestalt von Mensch und Ross mit den Satyrn eine gewisse Verwandtschaft haben und durch diese Verwandtschaft, sowie wegen ihrer thierischen Wildheit und Genusssucht in das dionysische Gefolge aufgenommen wurden. Bei Homer (Il. 1, 268. 2, 743. Od. 21, 295 ff.) und nach der ältesten Vorstellung sind es zottige, rauhhaarige, gewaltige Menschengestalten, roh und voll Begier nach Wein und Frauen. Sie wohnten in Thessalien in den Wäldern des Oeta und Pelion, wurden aber von hier, nachdem sie auf der Hochzeit des Lapithen Peirithoos mit Hippodameia weinberauscht die Frauen zu rauben versucht hatten und ihre rohe Kraft in einem gewaltigen Kampfe von Peirithoos und seinen Freunden, den Vertretern des civilisirten Heldenthums, besiegt worden war, durch die Lapithen vertrieben und zogen sich an den Pindus und an die Gren-

---

[*]) Man glaubt das Wort entstanden aus κεντεῖν, stechen, und ταῦρος, Stier, indem man den Ursprung der Vorstellung in der in Thessalien üblichen Stierjagd zu Pferde sucht, — oder aus κέντορες ἵππων.

zen von Epirus zurück. Auch nach Arkadien und Malea
wurden sie versetzt (s. Herakles c, 3.). Die Verbindung
der menschlichen Gestalt mit der des Rosses fällt wahrscheinlich erst in die Zeit des Pindar (um 500 v. Chr.).
Anfangs stellte sie die Kunst vorn ganz als Männer
dar, an die sich nach hinten der Leib eines Rosses an-
schloss; später aber, ungefähr von der Zeit des Phidias
an (um 450 vor Chr.), setzte man auf den Leib und die
Brust des Rosses einen menschlichen Oberleib. Die
Gesichtsbildung, die spitzen Ohren und das borstige
Haar erinnern an die Satyrn.

Seit die Kentauren in den Kreis der dionysischen
Wesen aufgenommen waren, milderte sich ihre natürliche
Rohheit und Wildheit: sie mussten sich unter die allbe-
zähmende Macht des Dionysos beugen und zur Verherr-
lichung desselben dienen. Nun schreiten sie zahm, auf
dem Horn oder der Lyra spielend, vor dem Wagen des
Dionysos einher. — Nach der gewöhnlichen Sage stammen die Kentauren von Ixion und Nephĕle (Wolke);
Cheiron (Χείρων, Chiron) aber, der weiseste und ge-
rechteste unter denselben, auch vorzugsweise der Ken-
tauros genannt, ist ein Sohn des Kronos und der
Okeanine Philŷra. Er ist der Jugendlehrer vieler
griechischen Helden, wie des Achilleus (Il. 11, 831.), des
Iason und seines Sohnes Medeios (Hes. Theog. 1001.),
des Peleus, des Telamon, Kastor und Polydeukes, Amphiaraos, Machaon (Il. 4, 219.) und A., welche auf dem
Pelion bei ihm die Heilkunde, die Musik, die Gymnastik und Weissagung lernen. So ist er ein edles Wesen,
welches aus dem Zustande roher Natürlichkeit, der den
Kentauren eigen ist, heraustretend, durch Weisheit und
höhere Erkenntniss sich verklärt hat. Eine Tochter des
Cheiron war Endeïs, die Mutter des Peleus, Gross-

mutter des Achilleus. Die Lanze, welche dieser vor
Troja führte, hatte Cheiron seinem Vater Peleus bei
seiner Vermählung mit Thetis geschenkt (Il. 16, 143. 19,
390.). Herakles wird von Cheiron freundschaftlich aufgenommen und bewirthet; als dieser aber die mit dem
Gifte der lernäischen Schlange bestrichenen Pfeile des
Herakles betrachtet, fällt ihm einer derselben auf den
Fuss und schlägt ihm eine unheilbare Wunde, so dass
er freiwillig der Unsterblichkeit entsagt und für Prometheus in die Unterwelt geht (siehe Prometheus).

12. Demeter (Δημήτηρ, Ceres)*).

Demeter, die Tochter des Kronos und der Rheia,
Schwester des Zeus (Hes. Theog. 454.), ist ursprünglich
die göttliche Mutter Erde, welche den Segen der Gewächse hervorschickt; auch als sie mehr die Naturseite
abgestreift hat und als eine freie individuelle Gottheit
auftritt, bleibt sie in der engsten Beziehung zu der Pflanzenwelt. Sie lässt Kräuter und Blumen sprossen und
giebt den Menschen ihre Nahrung, das Getreide des Feldes. Bei Homer wird die Göttin, wie auch Dionysos,
selten erwähnt (siehe Dionysos); sie ist nicht unter dem
Rathe der Götter, sondern als eine milde, den Menschen
freundliche Göttin weilt sie segenbringend auf der Erde.
Das Brod (Δημήτερος ἀχτή) wird als eine Gabe der Demeter öfter genannt, „sie sondert die Frucht und die
Spreu im Hauche der Winde" (Il. 5, 500.); die Göttin,
welche dem Menschen die unentbehrlichste Nahrung giebt,
muss also unter den Menschen eine nicht geringe Verehrung genossen haben, wenn sie auch in den Gedichten
des Homer, welche von Kampf und Schlachten und von

*) Δη-μήτηρ, die Mutter Erde.

FIG. XXII.

Demeter.

weiten Meerfahrten singen, eine untergeordnete Stellung
einnimmt. Ein Heiligthum der Demeter im thessalischen
Pyrasos (der Waizenstadt) wird erwähnt Il. 2, 696. Mit
Iasion buhlt sie auf dem dreimal gepflügten Saatland
(in dem fruchtbaren Kreta, und erzeugt mit ihm den
Plutos, den Reichthum, Hesiod. Theog. 969 ff.); als es
aber Zeus erfährt, so erschlägt er ihn mit dem Blitze
(Od. 5, 125 ff.). Dass Homer auch die Abkunft der Persephone von Zeus und Demeter (Hes. Theog. 912.) gekannt habe, lässt sich erschliessen aus Il. 14, 326. und
Od. 11, 217.

Das Verhältniss der Demeter zu ihrer Tochter Persephone oder Kora, worüber sich bei Homer nichts
findet, ist der Mittelpunkt ihres Mythus und Cultus. Die
Tochter wurde der Mutter von Hades geraubt; hierüber
erzählt der homerische Hymnus auf Demeter (Hymn. 4.)
folgendermassen. Als einst Persephone, von der Mutter
entfernt, auf der nysischen Flur*) mit ihren Gespielinnen
Blumen pflückte, da öffnete sich plötzlich die Erde und
heraus stürzte Hades mit seinen unsterblichen Rossen und
riss, mit dem Willen des Zeus, die Jammernde mit sich
hinab in die Unterwelt, dass sie seine Gattin werde.
Nur der allsehende Helios hatte den Raub gesehen.
Demeter hatte den Hülferuf der Tochter gehört, ohne
zu wissen, was ihr geschehe; von Schmerz ergriffen
(Ἀχαιά, die Schmerzenreiche), eilt sie über die Erde
hin, das geliebte Kind zu suchen, bis am zehnten Tage
(9 Tage dauern die Eleusinien) Hekate, welche auch

---

*) Welches Nysa gemeint war, bleibt unbestimmt; vielleicht
war es ursprünglich Megara, wo Demeter von Alters her verehrt ward. Andre Sagen verlegen den Raub nach Sicilien in die
Gegend von Enna, oder nach Eleusis, nach Hermione in Argolis,
nach Pheneos in Arkadien, nach Kreta.

den Schrei der Persephone gehört, den Räuber aber nicht
gesehen hatte, sie an Helios verweist, der ihr verkündet,
dass Hades die ihm von Zeus zugestandene Tochter auf
seinem Wagen entführt habe. Dem Zeus zürnend und
den Olympos meidend, wanderte Demeter nun ungekannt
unter den Menschen umher, bis sie nach Eleusis kam
in das Haus des Keleos. Sie wurde als altes Weib
unter dem Namen Deo*) von des Keleos Gemahlin,
Metaneira, aufgenommen, welche ihr die Erziehung ihres
kleinen Sohnes Demophoon anvertraute. Die Göttin
pflegte das Kind, und um es unsterblich zu machen, rieb
sie es mit Ambrosia und hauchte es an mit ihrem göttlichen Munde; des Nachts steckte sie es heimlich wie
einen Holzbrand in das Feuer. Da aber lauerte ihr einst
Metaneira während der Nacht auf, und als sie das Kind
in den Flammen sah, schrie sie laut auf vor Schreck
und wehklagte. So störte sie das Werk der Demeter
und Demophoon behielt seine sterbliche Natur; weil er
aber auf den Knieen und in den Armen der Göttin ge-
ruht, wurde ihm doch ewige Ehre zu Theil. Demeter
gab sich nun als Göttin zu erkennen und befahl, ihr
einen Tempel zu bauen an dem Quell Kallichoros. Dort
wohnte sie und lehrte die Menschen ihren Dienst; von
der Gesellschaft der Götter hielt sie sich fern, und in
ihrem Gram und Zorn**) sandte sie Misswachs über die
Erde, dass Zeus, um sie zu besänftigen, den Hermes in

*) Δηώ, die Suchende, hiess Demeter zu Eleusis.
**) Diese trauernde und zürnende Demeter hiess Μέλαινα
(wegen des schwarzen Gewandes, das sie in der Trauer getragen
haben sollte) und Ἐρινύς, eine Seite ihres Wesens, die mehrfach
in Localculten hervortritt; Misswachs sowie die Unfruchtbarkeit
und Oede des Winters haben ursprünglich diese Vorstellung
erzeugt. S. Erinyen.

die Unterwelt schicken musste, um Persephone herauf zur Mutter zu holen. Hades aber gab der Persephone, als er sie entliess, einen Granatkern zu kosten*), damit sie nicht ewig bei der Mutter weilen dürfte, sondern wieder zu dem Gatten zurückkehrte. So kam es, dass nach dem Schlusse des Zeus Persephone abwechselnd zwei Theile des Jahres auf der Oberwelt bei der Mutter, den dritten Theil aber bei Hades in der Unterwelt verlebte. (Ovid. Fast. 4, 419—620. Met. 5, 385—572. Eurip. Helen. 1301 ff.)

Persephone bezeichnet in diesem Mythus ursprünglich die Pflanzenwelt, deren Mutter die nahrungsprossende Erde, Demeter ist; zwei Theile des Jahres, während des Sommers, grünt und blüht die Pflanze in frischem Leben, im Winter aber, dem dritten Theile des Jahres, ist sie dem Tode geweiht, das blühende Leben wird hinabgezogen in die dunkele Behausung des Hades. Dieser Mythus aber, der sich ursprünglich auf das Leben der Natur bezieht, wurde in ganz menschlicher Weise aufgefasst und ausgebildet; Demeter ist allen Schmerzen und Freuden eines fühlenden Mutterherzens unterworfen.

Der homerische Hymnus, aus welchem obiger Mythus in kurzer Zusammenfassung erzählt ist, bezieht sich besonders auf Eleusis bei Athen, wo Demeter von Alters her ein Heiligthum hatte, und enthält eine Menge kleiner Züge, welche auf Gebräuche des ihr dort gefeierten Festes, der Eleusinien, hindeuten. Eine Hauptsache in dem Hymnus ist die Ankunft der Demeter in Eleusis, die Gründung des Ackerbaus und des Cultus der Göttin. Gegen das Ende hin heisst es, Demeter habe die Herrscher in Eleusis, Triptolemos, Diokles, Eumolpos und

---

*) Der Granatapfel ist das Symbol der Ehe und Liebe.

Keleos, den Gebrauch der heiligen Opfer und die Orgien, die eleusinischen Weihen, gelehrt und sei alsdann mit ihrer Tochter nach dem Olympos zur Versammlung der Götter zurückgekehrt.

Auf dem rharischen Felde bei Eleusis soll das erste Getreide gesäet worden sein; dort war die sogenannte Tenne des Triptolemos und ein Altar desselben, und jährlich wurde das Feld feierlich gepflügt. An den Namen des Triptolemos*) schliesst sich besonders die Verbreitung des Getreidebaues an. Dieser soll, von Demeter beauftragt, auf einem Drachenwagen auf der Erde umhergezogen sein und die Menschen das Pflügen, Säen und Ernten gelehrt haben. Er kam unter andern nach Achaia zu dem Könige Eumelos (dem Schafhirten); sie bauen nach Einführung des Ackerbaus die Stadt Aroë (ἀρόω, ackern). An den Ackerbau schliesst sich nothwendig die Gründung fester Wohnsitze, die Erbauung der Städte, Einführung bürgerlicher Ordnung, der Ehe und eines friedlichen Lebens. Dies ist die grosse Wohlthat, die Demeter den Menschen mit dem Ackerbau brachte und die besonders in ihren Festen gefeiert wurde. Sie hat daher den Beinamen Θεσμοφόρος, die Gesetzgeberin. — Wie Triptolemos den Getreidebau verbreitet haben soll, so wird auch von Demeter selbst gesagt, dass sie auf ihren Wanderungen über die Erde, während sie ihre Tochter sucht, an verschiedenen Orten denen, welche sie freundlich aufnahmen, das Saatkorn gegeben und sie die Bebauung des Ackers und zugleich ihre Verehrung gelehrt habe. Die aber, welche sich der Aufnahme des Ackerbaus widersetzten oder die Heilig-

---

*) Triptolemos (der dreimal Pflügende, cf. Od. 5, 125. νειῷ ἔνι τριπόλῳ) ist Sohn des Eleusis; er wird auch ein Sohn des Keleos genannt und an die Stelle des Demophoon gesetzt.

thümer der Göttin entehrten, wurden von ihr bestraft. Erysichthon, der Sohn des Triopas in Thessalien, fiel mit seinen Sclaven in den Hain der Demeter ein und hieb die Bäume nieder; dafür wurde er durch die Göttin mit entsetzlichem Hunger heimgesucht. Ov. Met. 8, 740 ff.

Da Demeter ursprünglich die Mutter Erde bezeichnete, welche aus dunkeler Tiefe die Pflanzenwelt heraufsendet ('Ἀνησιδώρα, die Heraufsenderin der Gaben), so trat sie mit den unterirdischen Gottheiten in Verbindung und hiess selbst eine Unterirdische (Χθονία). Als diese alte, pelasgische (Πελασγίς) Naturgottheit ward sie auch oft mit Poseidon, dem Gotte alles in der Erde verbreiteten Wassers, zusammengestellt; Poseidon verfolgt sie mit seiner Liebe.

Demeter wurde schon in pelasgischer Zeit durch ganz Griechenland hin verehrt, ausser Attika z. B. in Megara, Böotien, im ganzen Peloponnes, an der Westküste Kleinasiens, auf Delos und Kreta. Von Megara und Korinth aus kam ihr Dienst schon früh nach Sicilien. Diese fruchtbare Insel wurde als ein Lieblingsaufenthalt der Demeter angesehen, und es bildete sich sogar die Sage, dass dort Persephone von Hades geraubt worden sei. Seit der dorischen Wanderung ward der Cult der Demeter in einem grossen Theile des Peloponneses, wo die dorischen Stämme zur Herrschaft kamen, verdrängt (Herod. 2, 171.). Denn die Dorier waren keine Freunde der friedlichen Göttin des Ackerbaus; sie waren ein. kriegerischer Heldenstamm, dessen Hauptgott Apollon war. Durch den überwiegenden Einfluss der Dorier war das delphische Orakel des Apollon in ganz Griechenland zu seiner hohen Bedeutung gelangt, und vornehmlich durch dieses wurde der Cult der olympischen Götter zu

allgemeiner Anerkennung gebracht. Demeter gehörte
ursprünglich nicht zu diesen olympischen Gottheiten und
ihr Dienst hat sich auch nie vollkommen mit dem der
Olympier verbunden, wie der Geist des altpelasgischen,
auf Ackerbau gegründeten patriarchalischen Lebens, der
sich zum Theil in dem Stamme der Achäer und Ioner
erhielt, sich nie ganz mit dem kriegerischen Helden-
sinne der Dorier ausglich. Als man sich daher friedlich
eingewohnt hatte und des bisherigen, durch die dorischen
Volksstämme hervorgerufenen bewegten Kriegerlebens
müde ward, da wendete sich auch der religiöse Sinn
wieder mehr den friedlichen Mächten zu, und der Dienst
der Demeter, der milden Göttin des Ackerbaus und der
bürgerlichen Ordnung, blühte in Griechenland wieder
neu auf. Von Attika aus fand der Demetercult wieder
in neuer Form Eingang im Peloponnes; das eleusinische
Heiligthum der Demeter wurde allmählich statt des apollinischen Orakels zu Delphi der religiöse Mittelpunkt
der Griechen.

Die Mysterien waren altpelasgische Culte, welche
während der dorischen Zeit in den Hintergrund gedrängt
worden waren und dadurch die Form von Geheimculten
angenommen hatten. So hatte in alter Zeit die Verehrung der Demeter zu Eleusis wohl nur in einfachen
ländlichen Festen bestanden, die sich auf die Saat des
Getreides, auf die Ernte u. s. w. bezogen; in der Folge
aber verwandelte sich dieser altpelasgische Cult in einen
Geheimdienst, in Mysterien, in welche sich die Einzelnen besonders einweihen lassen mussten. Die Orphiker, von denen schon mehrmals die Rede gewesen,
verschafften sich Eingang in die Mysterien und machten
hier ihren Einfluss geltend; und grade durch diesen
Einfluss kamen die Mysterien zu ihrer hohen Geltung.

Man blieb nicht bei den alten Vorstellungen stehen, sondern benutzte die alten Gebräuche und Symbole, um in sie neu entstandene Vorstellungen über das menschliche Leben, über das Schicksal der Seele nach dem Tode und dergleichen hineinzutragen. Die Vorstellungen von dem Ersterben und Erwachen der Natur oder specieller des Samenkorns, welche in dem Demetercuite lagen und durch den Mythus von dem Raube der Persephone ausgedrückt wurden, waren ganz dazu geeignet, die Ideen von der Unsterblichkeit der Seele daran zu knüpfen.

Wir haben zwar von den Mysterien der Demeter nur geringe Kunde; allein das steht fest, dass jene Ideen den Mittelpunct des ganzen Cultus ausmachten. Neben Demeter war daher Persephone die Hauptgottheit der eleusinischen und der von diesen ausgegangenen Mysterien. Man gesellte aber dazu noch später, gewiss durch Einwirkung der Orphiker, den phrygischen Bakchos unter dem Namen Iakchos (Ἴακχος) und machte ihn zum Sohne der Demeter und des Zeus, zum Bruder und Bräutigam der Persephone. Dieser Iakchos, als Kind vorgestellt, hatte eine ähnliche Bedeutung wie Persephone, er trat als Κόρος (Knabe) an die Seite der Κόρη.

Eleusis war von alten Zeiten her mit Athen verbunden. Die Athener feierten jährlich im Spätjahre, zwischen der Ernte- und Saatzeit, im Monat Boëdromion (September — October) neun Tage lang die grossen Eleusinien. An den ersten Tagen fanden allerlei Vorbereitungen zu den eigentlichen Festlichkeiten statt, Opfer, Reinigungen und Waschungen (eine Procession nach dem Meere), Fasten und dergleichen. Das Merkwürdigste war der grosse Zug von Athen nach Eleusis auf

11*

der „heiligen Strasse," der wahrscheinlich am 6. Tage
des Festes in der zweiten Hälfte des Tages unternommen
wurde, so dass man nach einem Wege von zwei Meilen
mit der einbrechenden Nacht zu Eleusis ankam. Die
Schaar der Priester und Eingeweihten war mit Epheu
und Myrten umkränzt und trug Aehren, Ackergeräthe
und Fackeln in den Händen. Während der folgenden
Nächte drehten sich die Feierlichkeiten vornehmlich um
das trauernde Suchen der verschwundenen Persephone,
worauf dann endlich ein freudiges Wiederfinden folgte.
In dem grossen Tempel der Demeter zu Eleusis wurde
das „heilige Drama" gefeiert, bei welchem den Ge-
weihten mit grosser Pracht die Geschichte der Demeter,
der Persephone und des Iakchos, durch Vorzeigen verschiedener Symbole unter Ausrufungen und Gesängen
dargestellt wurde. Die unter allerlei geheimnissvollen
Gebräuchen Eingeweihten hiessen Mysten (μύσται), unter
welchen die völlig Eingeweihten, die Epopten (ἐπόπται,
die Schauenden), eine besondere Klasse ausmachten;
das Verrathen der Geheimnisse wurde schwer bestraft.
— Die kleinen Eleusinien wurden zu Athen gegen
Anfang des Frühlings im Monat Anthesterion (Februar
— März) gefeiert. — Ausserdem beging man zu Athen
der Demeter das Fest der Thesmophorien (Θεσμο-
φόρια, Fest der Satzungen), ungefähr einen Monat nach
den grossen Eleusinien; die Feier dieses nur von ver-
heiratheten Frauen gefeierten Festes, das auch sonstwo,
namentlich bei dem ionischen Stamme, weite Verbreitung hatte, bezog sich besonders auf Gründung des
Ackerbaus, der Ehe und der dadurch hervorgerufenen
bürgerlichen Ordnung.

Die Kunstdarstellungen der Demeter gleichen denen
der Hera, nur erscheint sie mütterlicher, weicher und

milder, als diese. Man erkennt sie leicht an dem Aehren-
kranz, der Fackel, Aehren und Mohn in den Händen,
dem Fruchtkorb. Auch sieht man das Schwein, das Zeichen der Fruchtbarkeit, öfter neben ihr. (Fig 22, Demeter. Pompejanisches Wandgemälde.)

Man vermischte Demeter in der späteren Zeit mit
Gaia und Rhea-Kybele.

13. Die Kabeiren (Κάβειροι, Cabiri).

Ueber das Wesen der Kabeiren kann man nur
sehr wenig Genaueres sagen, da die Nachrichten über
dieselben grösstentheils aus späterer Zeit stammen, wo
die ohnehin wegen ihrer mystischen Natur dunkelen
Gottheiten mit verschiedenen anderen Göttern verbunden
und vermischt waren. ·Wahrscheinlich waren es uralte
Gottheiten der Fruchtbarkeit der Erde untergeordneter
Art. In Böotien, wo sie, wie es scheint, zuerst verehrt
wurden, kommen sie mit Demeter verbunden vor. Von
da verbreitete sich wahrscheinlich ihr Dienst nach Lemnos, Imbros, Samothrake u. s. w. Auf Lemnos verbanden
sich die Kabeiren mit Hephaistos, der wohl hier in
seiner ursprünglichen Gestalt als der Gott des Natur-
feuers, unterirdisch wirkenden Feuers, aufzufassen ist.
Solchen Naturgottheiten, wie Demeter und Hephaistos,
schlossen sich die Kabeiren als dienende Dämonen an,
wohlwollende, gabenspendende Wesen der Natur; da
aber Hephaistos mit der Zeit vorzugsweise der Gott
künstlerischer Werkmeisterei ward, so ging auch diese
Eigenschaft auf die Kabeiren über, sie wurden die Gehülfen des Hephaistos bei seiner Bearbeitung der Metalle. Ferner wurden die Kabeiren auf den genannten
Inseln wegen der Nähe des Meeres rettende Gottheiten

in Sturmesnoth, und insofern wurden sie mit den Dioskuren vermengt*).

In Böotien soll der Dienst der Kabeiren schon in ältester Zeit bestanden haben; nach der Einnahme Thebens durch die Epigonen wurden sie in den Hintergrund gedrängt, später aber blühte ihr Cult wieder in Form von Mysterien neu auf. Am berühmtesten wurden die Mysterien der Kabeiren auf Samothrake; als ihre Namen werden von einem späten Schriftsteller angegeben A x i e - ros, A x i o k e r s a und A x i o k e r s o s. K a m i l l o s (Kad-

---

*) **K a s t o r** und **P o l y d e n k e s** (*Pollux*), die Söhne des **Z e u s** (**D i o s k u r e n**) oder des **T y n d a r e o s** (**T y n d a r i d e n**) und der **L e d a**, Brüder der **H e l e n a**, zu Amyklä geboren, waren rüstige Heldenjünglinge des dorischen Stammes, jener ein Rossebändiger, dieser ein Faustkämpfer. Sie wurden zu Sparta als Schirmer des Staates und vornehmlich als die Vorsteher der Gymnastik verehrt; später vermengte man sie mit anderen Schirmgöttern, und so auch besonders mit den samothrakischen Kabeiren. Sie wurden Lenker des Kriegs, Schützer der Gastfreundschaft, Geleiter der Reisenden, besonders der Schiffer. Als Zeichen ihrer Nähe galten dem Seefahrer die St. Elmsfeuer. Homer sagt von ihnen, dass sie schon vor dem trojanischen Kriege von der Erde verschwunden seien, doch auch „unter der Erde von Zeus mit Ehre begabet, leben sie jetzt um den anderen Tag und jetzo von neuem sterben sie hin; doch Ehre geniessen sie gleich den Göttern". (Il. 3, 236 ff. Od. 11, 298 ff.) Sie führen also wechselnd ein sterblich-unsterbliches Leben. Man suchte dies durch die Annahme zu erklären, dass Polydeukes der unsterbliche Sohn des Zeus, Kastor aber der sterbliche Sohn des Tyndareos war. Als nun Kastor in dem Kampfe mit den Söhnen des Aphareus, Idas und Lynkeus, fiel, da bat Polydenkes aus Liebe zu dem Bruder den Zeus, dass er auch ihn sterben lassen möge. Zeus liess ihm die Wahl, ob er mit ihm selbst ewig in dem glänzenden Olympos wohnen, oder mit dem Bruder zugleich einen Tag im Olympos leben und dann wieder den folgenden Tag todt im Hades weilen wolle. Polydenkes wählte das Letztere.

milos, Kadmos, der Ordner), den man für Hermes aus-
gab, heisst ein Diener derselben.

14. Persephone, Kora (Περσεφόνη, Περσεφόνεια, Περσέφασσα. Proserpina. Κόρη).

Persephone, die Tochter des Zeus und der Demeter (Hom. Il. 14, 326. Od. 11, 217.), ist zwar bei Homer die Gemahlin des Hades; allein von der Entführ-
rung durch Hades finden wir bei diesem Dichter nirgends
eine Andeutung; zuerst erwähnt derselben Hesiod (Theog.
912 ff.). Bei Homer ist sie die schreckliche Herrscherin
der Schatten, die erhabene, ehrwürdige Gemahlin des
Hades, ein weibliches Gegenbild ihres finstren Gatten.
Wie Zeus und Hera auf den Herrscherstühlen des Olympos sitzen, so thronen Hades und Persephone in der
Unterwelt. Persephone theilt mit ihrem Gemahle die
Herrschaft über die Todten, ja es scheint fast, als ob
sie vornehmlich unter den Todten selbst herrsche, während Hades seine Gewalt besonders über die Lebendigen
übt, die er unerbittlich in die Schattenwelt hinabzieht.
Dem Odysseus sendet Persephone, als er in das Reich
der Todten gekommen, die Schatten und zerstreut sie
wieder (Od. 11, 213 ff. 226. 385.), am Ende fürchtet er sogar, dass sie ihm das schreckliche Gorgonenhaupt aus
der Tiefe des Hades hervorschicken möchte (Od. 11, 633.);
dem Teiresias hat sie allein unter allen Todten Besinnung und Bewusstsein gelassen (Od. 10, 490 ff.). Sie und
Hades, der unterirdische Zeus, hören die Verwünschungen
der Menschen und führen sie aus (Il. 9, 457. 569.).

Die mildere Vorstellung der Persephone oder Kore
und die enge Beziehung der Tochter zu der Mutter
Demeter hat sich erst nach Homer ausgebildet. In

diesem Verhältniss zu Demeter ist sie eine zarte liebliche Jungfrau, die in unschuldigem Spiele mit den
Nymphen und ihren Schwestern Athene, Artemis, Aphrodite auf der Frühlingsau an Blumen und Kränzen sich
erfreut, bis sie von dem finstern König der Schatten
hinabgeraubt wird; sie bezeichnet die blühende Vegeta-
tion der Natur in ihrem Werden und Vergehen, oder
auch in engerer Auffassung das in die Erde gesenkte
und aufsprossende Samenkorn (s. p. 163.). Sie wurde
mit Demeter in späterer Zeit besonders als eine mystische Gottheit verehrt und mit verschiedenen andern
mystischen Göttinnen, wie Hekate, Gaia, Rheia,
der ägyptischen Isis, vermengt; als solche soll sie mit
Zeus den mystischen Dionysos-Iakchos oder Zagreus erzeugt haben, oder sie ist die Braut des Iakchos (siehe Demeter).

In der Kunst wurde Persephone verschieden dargestellt, entweder als die strenge Gemahlin des Hades, ähnlich der Hera, oder als die jugendlich zarte Tochter
der Demeter, oder als die mystische Braut des Dionysos-Iakchos mit einem Kranze von Epheu, mit Fackeln
in der Hand u. s. w.

15. Hades (Άιδης, Άΐδης, Άϊδωνεύς, Πλούτων,
Pluto, Dis)*).

Hades, der Sohn des Kronos und der Rhea (Hes.
Theog. 453.), Bruder des Zeus und Gemahl der Perse-

---

*) Epische Formen sind Άΐδης und Άϊδωνεύς, im gewöhn-
lichen Leben und in den Mysterien war der Name Πλούτων ge-
bräuchlich; eine dichterische spätere Form ist ferner Πλουτεύς.
s. p. 19, Anm.

phone, ist der Herrscher der Schattenwelt, der unterirdische Zeus (Ζεὺς καταχϑόνιος, ἄναξ ἐνέρων, Il. 15,
188. 9, 457.). Als er nach der Besiegung des Kronos
mit seinen Brüdern Zeus und Poseidon die Welt theilte,
erhielt er die .Unterwelt, das nächtliche Dunkel (ζόφος
ἠερόεις, Il. 15, 187 ff.); dort herrscht er mit Persephone,
wie in dem Olympos Zeus und Hera, aber auch er ist,
obgleich ein gewaltiger Gott, wie sein Bruder Poseidon dem älteren und stärkeren und weiseren Bruder
Zeus unterthan. Als ihn Herakles in Pylos verwundet
hatte, musste er in den Olympos kommen und sich dort
von dem Götterarzte Paieon heilen lassen (Il. 5, 395 ff.).
Gewöhnlich aber weilt er in seinem Reiche, in der Unterwelt, sitzend auf dem Herrscherthrone. Als sich die
Götter in den Kampf vor Troja mischten, Zeus von der
Höhe laut donnerte und Poseidon mit seinem Dreizack
die Erde erschütterte, da erschrack Aïdoneus und sprang
schreiend vom Throne auf; denn er fürchtete, dass seine
fürchterliche Behausung, vor der selbst die Götter erschrecken, den Menschen und Göttern sichtbar würde
(Il. 20, 54 ff.).

Der verborgene und verborgen wirkende Herrscher
in dem Reiche der Schatten hat einen Helm, der ihn
unsichtbar macht (Il. 5, 845.); seine furchtbare Macht
ruft die Sterblichen hinab in das Dunkel, streng und
unerbittlich, er ist den Menschen der verhassteste unter
den Göttern (Il. 9, 158.). Alle Menschen kommen in das
Reich des Hades; daher heisst er selbst auch Poly-
degmon und Polydektes (Πολυδέγμων, Πολυδέκτης,
der Vielaufnehmende, Hom. Hymn. 4. in Cererem 9—31.).
Die Thore der Unterwelt hält er fest verschlossen, damit keiner mehr zum Lichte zurückkehren kann (πυλάρ-
της Il. 8, 367.). — Hades hat bei Homer den Beinamen

κλυτόπωλος, der Rosseberühmte (Il. 5, 654.), der Gott mit
dem herrlichen Rossegespann. Es ist sehr zweifelhaft,
dass dieses Beiwort sich auf den Rauh der Persephone
bezieht, da bei Homer nirgends etwas davon erwähnt
wird; wahrscheinlich liegt ihm die Vorstellung zu Grunde,
dass der Gott die Seelen aus der Oberwelt auf einem
Wagen hinabholt. Dieses Amt der Seelenführung wurde
mit der Zeit vornehmlich dem Hermes (ψυχοπομπός)
zugeschrieben, der mit goldenem Stabe die Seelen hin-
abführt; aber noch Pindar spricht von dem Stabe des
Hades, mit dem dieser die Schatten in sein Reich treibt.
Weil er die Menschen zur Ruhe bringt, so heisst er
παγκοίτης (der Allberuhiger, Soph. Antig. 802.).

Der in der Tiefe der Erde waltende Gott hat auch
wie Persephone eine milde freundliche Seite; er galt
auch als ein wohlthätiger Spender des reichen Gewächse-
segens (Hes. Opp. 465.) und als Besitzer und Geber des
Reichthums der in der Erde liegenden Metalle und erhielt deswegen den Beinamen Pluton und Pluteus.
Man findet ihn daher auf Bildwerken bisweilen mit
dem Füllhorn und mit Aehrenbüscheln dargestellt. Diese
mildere Seite erhielt in der nachhomerischen Zeit namentlich durch Einwirkung der Mysterien eine weitere
Ausdehnung, indem man der Vorstellung des Todes
einen Theil ihrer Fruchtbarkeit abzustreifen suchte, ein
Streben, das sich auch in manchen Beinamen des Got
tes kund giebt: Κλύμενος, der Erlauchte, Εὔβουλος und
Εὐβουλεύς, der Wohlwollende. So wurden auch die Erinyen zu Eumeniden.

Auf der im Westen gelegenen Insel Erytheia und in
der Unterwelt hat Hades Heerden von Rindern, welche
von dem Hirten Menoitios geweidet werden. Unter den
Heerden des Hades verstand man wohl ursprünglich die

Schaaren der Todten; auch dachte man sich ihn selbst als' einen seine Schaaren weidenden Völkerhirten.

Ausser dem Raube der Persephone kennt man von Hades wenig Mythen. Homer erwähnt eine Verwundung desselben durch Herakles in Pylos (Il. 5, 395. s. Herakles c.). Es scheint dies eine uralte Sage von einer gewaltigen Götterschlacht gewesen zu sein, von der auch Pindar Ol. 9, 30. spricht; dem Herakles, der gegen die Pylier heranzog, standen ausser dem bei diesen verehrten Hades auch Poseidon, Ares, Apollon, Hera entgegen, ihm zur Seite aber standen im Kampfe Zeus und Athene.

Wenn man den Hades anrief, so schlug man mit den Händen auf die Erde (Il. 9, 568.). Man opferte ihm und der Persephone, als den Göttern der dunkelen Tiefe, schwarze Schafe; dabei wendete der Opfernde das Antlitz ab (Od. 10, 527.). Geweiht waren ihm die Kypresse und der Narkissus. Besondere Verehrung genoss Hades zu Hermione neben Persephone und Demeter und in Elis. An dem Berge Minthe bei dem triphylischen Pylos hatte er einen heiligen Bezirk; nördlich von Pylos war der Todtenfluss Acheron und daselbst Tempel des Hades, der Persephone und der Demeter. Heiligen Bezirk und Tempel hatte er auch in dem andern elischen Pylos. Vielleicht fanden sich an diesen Orten Erdschlünde wie zu Hermione, die als Eingänge, Thore zur Unterwelt angesehen wurden.

Die Kunst hat den Hades seinen Brüdern Zeus und Poseidon ähnlich dargestellt; nur unterscheidet er sich von ihnen durch sein düsteres Aussehen und durch die in die Stirne hereinhängenden Haare. Gewöhnlich hat er ein weites Gewand. Seine Attribute sind der Schlüssel der Unterwelt und Kerberos. Man findet nur noch

wenige Statuen und Büsten von ihm, welche meist mit
dem ägyptischen Serapis vermengt sind*).

Ueber die Vorstellung von der Unterwelt siehe oben
p. 18 ff.

16. Thanatos (Θάνατος) und Hypnos (Ὕπνος, Somnus).

Thanatos ist die Personification des Todes im Allgemeinen, unterschieden von den Keren, den besonderen Todesarten, Hypnos Personification des Schlafes.
Bei Homer treten sie nur selten als Personificationen
auf (Il. 14, 231. 16, 672.). In der letzten Stelle trägt
Zeus dem Apollon auf, seinen gefallenen Sohn Sarpedon dem Schlaf und dem Tode, den Zwillingen, zu
übergeben, dass sie ihn schnell nach Lykien tragen, wo
seine Verwandten dem Leichnam die gebührende Ehre
zollen werden. Beide Zwillingsbrüder sind Söhne der
Nacht (Nyx) und wohnen in der Unterwelt (Hes. Theog.
211. 758.). Bei Sophokles O. C. 1574. ist Thanatos, der
Gott des ewigen Schlummers (αἴνυπνος), ein Sohn der
Ge und des Tartaros. Der Schlaf geht auf der Erde
und dem weiten Meere umher, ruhig und freundlich den
Menschen; dem Tode dagegen starret erbarmungslos das
eherne Herz in der Brust, und wen er erhascht, den
hält er fest, ein Entsetzen sogar den unsterblichen Göttern (Hes. Theog. 762.). Der lebenvernichtende, lang-
hinstreckende nachtumhüllte Thanatos bringt schweren

---

*) Dieser Serapis, bei den Griechen Sarapis, war ein ägyp-
tischer Gott der abgeschiedenen Seelen, dessen Dienst erst in
ptolemäischer Zeit in Aegypten eingeführt worden sein soll (Tacit.
hist. 4, 83.), wiewohl er schon in älterer Zeit den Aegyptern
nicht fremd gewesen zu sein scheint. Sein Dienst kam auch
nach Griechenland und Rom und gewann im römischen Reiche
trotz dem Einschreiten des Staates eine weite Verbreitung.

Todesschlummer; süsse Ruhe verleiht der liebliche, ambrosische Hypnos, der Beherrscher der Götter und Menschen (πανδαμάτωρ). Selbst den Zeus schläferte er einst
auf Bitten der Hera ein, als diese den ihr verhassten
Herakles auf dem Meere verderben wollte. Als Zeus
aber erwachte, zürnte er dem Hypnos und hätte ihn
sicher ins Meer gestürzt, wenn nicht die ehrwürdige
Mutter Nacht, die uralte Tochter des Chaos (Her. Th.
123.), ihn geschützt hätte. Dennoch wagte er es später
abermals auf Bitten der Hera, den König der Götter
auf dem Ida in Schlaf zu bringen, damit Poseidon un-
gehindert den Achäern vor Troja beistehen könne; aber
Hera musste ihm zum Lohne die Charis Pasithea versprechen (Il. 14, 231 ff.). — Ovid (Met. 11, 592 ff.) verlegt den Aufenthaltsort des Schlafs zu den im äussersten
Norden wohnenden Kimmeriern; dort schlummert er in
einer dunkelen Höhle, umgeben von dem Heere der
Träume.

Thanatos und Hypnos wurden häufig zusammen abgebildet. An dem Kasten des Kypselos (einer mit Figuren gezierten hölzernen Lade, welche von den Ky-
pseliden, den Tyrannen in Korinth, nach Olympia geweiht worden war) war die Nacht dargestellt, einen
schwarzen und einen weissen schlummernden Knaben in
beiden Armen haltend, mit der Unterschrift: Thanatos
und Hypnos. Gewöhnlich bildete die Kunst den Thanatos als schönen Knaben oder Jüngling, meist schlum-
mernd und mit gelöschter oder mit noch brennender aber
umgekehrter Fackel. Der Schlaf erscheint in sehr verschiedener Auffassung, bald als Kind, bald als Jüngling
oder als Greis, mit und ohne Flügel; er trägt einen
Stab, mit dem er einschläfernd die Schläfe der Menschen berührt, oder einen Mohnzweig oder ein Schlum-

merhorn, aus dem er den Schlaf auf die Menschen niederträufelt.

Hesiod (Theog. 212.) nennt neben Hypnos und Thanatos noch die Träume (Ὄνειροι) Söhne der Nacht; bei Andern heissen diese Kinder des Schlafs oder der Erde. Homer kennt keinen Oneiros als Gott und Beherrscher der Träume; Il. 2, 6. ist ὄνειρος, wie auch sonst, nur ein wesenloses Traumbild.

17. Ker (Κήρ, Κῆρες).

Ker ist die weibliche Personification des Todesverhängnisses, des Todeslooses (κήρ und κῆρες θανάτοιο), der besonderen Todesarten, daher häufig in der Mehrzahl Keren (Κῆρες). Das Wort schwankt bei den Dichtern zwischen Personification und Appellativum; bei Homer erscheint Κήρ oder Κῆρες nur selten als eigentliche Personification. Es sind dunkele, arge und verderbliche Göttinnen, unentfliehbar und von allen gehasst; mit Eris und Kydoimós (Streit und Getümmel) wandelt Ker in der Schlacht umher in blutigem Gewande, bald einen Frischverwundeten, der noch lebt, bald einen Unverwundeten ergreifend, bald wieder einen Todten an den Füssen schleppend; sie kämpfen mit einander um die Leichname wie sterbliche Menschen (Il. 18, 535 ff.). In ähnlicher Furchtbarkeit erscheinen die Keren bei Hesiod im Scutum Herc. 249 ff., schwarz, bluttriefend mit schrecklichem Blick; sie knirschen mit den weissen Zähnen und streiten um die Gefallenen, um ihnen das Blut auszusaugen. In der Teogonie (211.) heissen sie Töchter der Nyx, Schwestern der Moiren, νηλεόποινοι, unbarmherzig strafend; sie haben also hier schon eine den Erinyen verwandte Bedeutung, die später noch weiter ausgebildet wird. Die Keren bekamen

auch ähnlich wie die Erinyen die allgemeine Bedeutung
von Unglücksgöttinnen; verheerende Seuchen, abzeh-
rende Sorgen, gramvolles Alter heissen Keren.   ·

18. Die Erinyen (Ἐρινύς, ύες, Εὐμενίδες, Furiae,
Eumenides).

Die Erinyen, Töchter der Gaia, aus dem Blute
des von seinem Sohne Kronos verstümmelten Uranos
entsprossen (Hes. Theog. 185.), uralte, furchtbare Gott
heiten, die im Erebos wohnen, sind die Göttinnen des
zürnenden Fluchs und der rächenden Strafe. Sie bedeuten das Gefühl tiefer Kränkung und schmerzlichen
Unwillens, wenn heilige Rechte im Menschenleben fre-
ventlich verletzt werden. So spricht Homer von · Erinyen der Eltern, denen von ihren Kindern, ferner von
Erinyen des älteren Bruders, dem von jüngeren Geschwistern die gebührende Ehre versagt und Schmach
angethan wird; die Erinys oder die Erinyen erheben
sich also überhaupt und versehen ihr strafendes Amt,
wenn heilige Familienrechte gekränkt worden, sind (Il. 21,
412. 9, 571. Od. 11, 279.). Uebrigens auch die Bettler,
die Schutzflehenden, die Gastfreunde, welche Anspruch
auf Erbarmen haben und auf schützende Aufnahme,
haben ihre Erinyen, wenn sie übermüthig behandelt werden (Od. 17, 475.). In dem Fluche (ἀρά) bricht der
Schmerz und Unwille über die erlittene Kränkung hervor; daher heissen die Erinyen bei Aeschylus auch Ἀραί.

Die Vorstellung der Erinyen hat indess bei Homer ·
und Hesiod eine noch weitere Ausdehnung; sie verfolgen jeden Frevler, den Mörder, den Meineidigen u. s. w.
An jedem fünften Tage des Monats, der für einen schlimmen Tag galt, kommen sie auf die Oberwelt, um den
Meineidigen zu strafen (Hes. Opp. 803. cf. Il. 19, 259.).

In grauenvollem Dunkel wandeln sie umher und er-
eilen mit ihrer furchtbaren Macht den Sünder, sie verfolgen ihn auf Erden und strafen ihn nach dem Tode
noch in der Unterwelt. So bringen sie das Verderben
nach jeder ruchlosen That, die der Mensch begangen
hat (*Ποιναί*, die Strafenden, bei Aeschylus); aber sie
verblenden auch selbst den Sinn des Menschen und
führen ihn zur Uebelthat und stürzen ihn dadurch ins
Unglück. Die strafenden Gottheiten werden so auch
unglückbringende Schicksalsgöttinnen, gleich den Moiren. Agamemnon, der den Achilleus in seiner Ehre
gekränkt und dadurch Verderben über sich und die
Achäer gebracht hatte, sagt sich entschuldigend: nicht
ich bin schuld, sondern Zeus und die Moira und die im
Dunkel wandelnde Erinys haben mich bethört (Il. 19,
87. cf. Od. 15, 234.).

Homer spricht bald von einer Erinys, bald von
mehreren, eine bestimmte Zahl derselben und bestimmte
Namen giebt er jedoch nicht an; ebensowenig findet
sich bei ihm etwas über ihre Abstammung. Hesiod lässt
sie, wie schon oben gesagt, aus den auf die Erde gefallenen Blutstropfen des verstümmelten Uranos entstehen; Zahl und Namen aber bleiben auch bei ihm
unbestimmt. Aeschylus nennt sie alte Gottheiten, Töchter der Nyx, Sophokles Töchter des Skotos (Finsterniss) und der Ge (Aeschyl. Eumen. 321. Soph. Oed.
Col. 40. 106.), ebenfalls ohne eine bestimmte Zahl anzugeben. Die Dreizahl der Erinyen findet sich bei
keinem Dichter vor Euripides, und die Namen Alekto
(*Ἀληκτώ*, die nie Rastende), Tisiphone (*Τισιφόνη*,
die Rächerin des Mords) und Megaira (*Μέγαιρα*, die
Feindliche) nicht vor den alexandrinischen Dichtern.

Auch bei den Tragikern treten die Erinyen oft ziem-

lich allgemein als strafende und verderbende Wesen
auf, die den Sünder auf alle Weise heimsuchen durch
Ausstossung aus der menschlichen Gesellschaft, durch
die Qualen des Gewissens und durch Marter in der Unterwelt, ja die Vorstellung von denselben als Unheil-
stifterinnen wird soweit ausgedehnt, dass selbst verder-
benbringende Menschen, wie Helena und Medeia,
den Namen Erinys erhalten (Aesch. Ag. 729. Soph. Elect.
1080. Eurip. Orest. 1386.) Vornehmlich aber sind die
Erinyen bei den Tragikern die Rächerinnen der Blutschuld, des blutigen Frevels an den durch die Natur
geheiligten Rechten der Familie; wie nach einem noth-
wendigen Naturgesetze treffen sie den, der in dieser
Hinsicht gefrevelt hat, ohne Rücksicht auf die besonderen Umstände der That, ohne Ansehen der Person
und der Verhältnisse. Die Repräsentanten solcher Opfer
der Erinyen sind bei den Tragikern Orestes und Oidipus. Orestes hat nach dem Auftrag des Apollon
an der eigenen Mutter Klytaimnestra, die ihm den Vater
Agamemnon gemordet hat, die Blutrache ausgeübt, hat
die eigene Mutter erschlagen. Dafür wird er von den
von seiner Mutter heraufgeschickten Erinyen wie ein
gehetztes Wild umhergetrieben und kommt schutzsuchend nach Delphi in das Heiligthum des Apollon.
Dieser heisst ihn, nachdem er sich zuvor mancherlei
Sühngebräuchen unterworfen habe, nach Athen gehen,
damit dort unter Leitung der Athene über ihn entschieden werde. Die furchtbaren Rachegöttinnen folgen ihm
auch dorthin; sie umringen ihn blutfordernd vor dem
Tempel der Athene und singen ihm den schauerlichen
Erinyengesang, ein Lied, das den Geist mit Wahn und
Verwirrung erfüllt und fesselnde Bande um den Sünder
schlingt: „Die Zwanggewalt Moira hat uns für ewige

Zeit dies Erbtheil bestimmt, rächend nachzugehen den
Spuren des Frevlers, bis er zum Abgrund sinkt; und
auch unten wird geringe Freiheit ihm. Häuser stürzen
wir ein, da, wo der Streit, heimisch gehegt, den Freund
gefällt. Solchem jagen wir nach, wir vertilgen ihn blu-
tig, wie er in Kraft auch blüht. Hebt·auch Hochmuth
menschlichen Wahns sich zum Himmel, brechen doch
wir ihn; er sinkt geschändet zu Boden, wenn wir uns
nahen in schwarzem Gewand und zum Unheilsreigen un-
ser Fuss sich schwingt. Denn mit der Kraft hastigen
Sprungs setz' ich den Fuss lastend auf ihn; läuft er
auch schnell, gleitet sein Schritt doch in schweres Verderben. Doch er selbst merkt thöricht verblendet den
Sturz nicht, also umnebelt die Schuld ihm das Auge;
aber Jammergestöhne der Menge verkündet, dass Nacht-
graun düster ob dem Hause schwebt." Athene, die dem
Orestes zu Hülfe kommt, setzt nun auf dem Areopag
ein Gericht nieder, vor welchem Apollon seinen Schützling gegen die Erinyen vertheidigt. Die Richter geben
ihre Stimmen ab; zuletzt wirft Athene einen weissen,
lossprechenden Stein in die Urne, und als man die Stimmen zählt, ist die Zahl der schwarzen und weissen
Stimmsteine gleich und damit Orestes freigesprochen.
Die Sterblichen vermögen nicht von dem Muttermorde
freizusprechen, nur die Gnade der Götter vermag es.
Die Erinyen, die alten Gottheiten, in dem Rechtsstreite
von den jungen Göttern besiegt, drohen Athen schweres Verderben, Misswachs und Siechthum; aber Athene
besänftigt sie und verspricht ihnen in ihrer Stadt hohe
Verehrung. Die Erinyen, die Zürnenden, werden somit
für die Stadt wohlwollende, segnende Göttinnen, Eumeniden (Εὐμενίδες); sie geloben Fruchtbarkeit dem
Erdreich und den Thieren, Segen den Menschen, und

werden feierlich in die Grotte des Areopags geleitet. (Inhalt der Eumeniden des Aeschylus.)

Das andere den Erinyen geweihte Haupt ist Oidipus, der unglückliche König von Theben, der seinen Vater Laïos erschlagen und seine Mutter Iokaste geheirathet hatte. Obgleich er ohne Wissen und Willen gesündigt, musste er doch nach dem Glauben der Alten vollkommen für seine That einstehen und verfiel der Macht der rächenden Erinyen, die schon lange in seinem Hause gewüthet hatten. Der durch sein Unglück gebeugte blinde Greis kommt, aus dem Vaterlande verstossen und nur von seiner Tochter Antigone begleitet, zu dem heiligen Haine der Erinyen auf dem Hügel Kolōnos in der Nähe von Athen, um dort nach einem Orakelspruch sich mit den Erinyen auszusöhnen und die endliche Ruhe zu finden. Er steigt durch einen Erdschlund (χάλκεος οὐδός, Soph. O. C. 1572.) in die Tiefe, zu dem Sitze der Erinyen, hinab, um nicht mehr wiederzukehren, und von nun an ist der mit den Göttinnen Versöhnte, durch das Unglück Geläuterte und Geheiligte ein schützender Hort für das attische Land. (Inhalt von Sophokles' Oedipus Coloneus.)

Die Sagen von Orestes und Oidipus und ihrem Verhältniss zu den Erinyen sind nicht blosse Erfindungen der Dichter, sie wurzeln vielmehr in dem Glauben und dem Cultus des Volkes. Die Idee der Erinyen hat sich entwickelt aus der Vorstellung einer Demeter-Erinys, einer zürnenden*), unterirdischen Demeter, die in Arkadien und Böotien verehrt ward und in der thebanischen Königsfamilie, dem Geschlechte der Labdakiden, furchtbar waltete durch Vater- und Brudermord

---

*) ἐρινύειν soll bei den Arkadern zürnen heissen.

und Blutschande. Allmählich lösten sich die Erinyen
als selbständige Wesen von Demeter-Erinys ab, und in
der thebanischen Sage wurde nun Oidipus der Mann,
dessen ganzes Leben den Erinyen geweiht war. Schon
gleich nach seiner Geburt wird er auf dem Kithairon,
dem den Erinyen heiligen Berge, ausgesetzt, durch Verblendung stürzt er in Frevel und Unglück und erst mit
dem Tode erhält er die Versöhnung. Sein Grab, das
nach thebanischer Sage sich in Böotien, zu Eteonos im
Heiligthum der Demeter befand, wurde ein Ort des Heils
und des Segens. Von Böotien aus wurde wahrscheinlich der Cultus der Erinyen nach Attika gebracht, auf
den Hügel Kolonos und auf den Areshügel oder Areio-
pagos in der Stadt Athen selbst. In Attika hiessen
die Erinyen Semnai (Σεμναὶ θεαὶ, die Ehrwürdigen),
der Name Eumeniden (Εὐμενίδες) ist heimisch in Sikyon. Auch im Peloponnes findet sich uralte Verehrung
der Erinyen; hier hat sich besonders die Sage von
Orestes ausgebildet. Er sollte die Zeit seiner Flucht
und Verbannung in Parrhasien, einer Landschaft Arka-
diens, zugebracht haben; man zeigte hier noch in später Zeit ein Heiligthum der Manien, der rasenden und
rasend machenden Göttinnen (Μανίαι), die den Orestes in Wahnsinn versetzten, dass er sich einen Finger
abbiss. Nicht weit davon lag der Ort Ἄκη (die Hei-
lung), wo die Gottheiten ein Heiligthum als Eumeniden
hatten und dem Orestes weiss erschienen sein sollen.
Den schwarzen Erinyen, den verfolgenden, brachte er
Todtenopfer (ἐναγίσματα), den weissen, den versöhn-
ten, göttliche Opfer (θυσίαν) dar. Ausserdem soll noch
an mehreren andern Orten des Peloponnes die Ver-
wandlung der Erinyen in Eumeniden stattgefunden
haben; immer aber knüpfen sich dabei die Sagen an

den Namen des Orestes an. Diese peloponnesischen
Sagen haben dem Aeschylus bei der Dichtung seiner
Eumeniden vorgelegen; um aber seine Vaterstadt zu
verherrlichen und besonders um das Ehrwürdige des
Areopags, des alten Blutgerichts von Athen, hervorzu-
heben, verlegte er die Lossprechung des Orestes und
die an den Mythus des Orestes geknüpfte Versöhnung
der Erinyen nach Athen.

Die furchtbaren Göttinnen, die, geschieden von den
olympischen Göttern und gehasst von Sterblichen und
Unsterblichen, in der Tiefe des Tartaros wohnen, müssen ein grauenerregendes Aeussere haben. Vor Aeschylus war die Gestalt und das Aussehen derselben noch
nicht festgestellt; dieser Dichter brachte sie zuerst auf
die Bühne und war daher gezwungen, sie in bestimmter
Form vorzuführen. Als Vorbild hatte er hierbei die
Gorgonen und Harpyien vor Augen. Sie treten auf in
langen schwarzen Gewändern mit blutrothem Gürtel,
als alte scheuselige Weibergestalten mit Schlangenhaaren, blutigen Augen, heraushängender Zunge und ge-
fletschten Zähnen. Wie Jagdhunde verfolgen sie ihr
Opfer auf blutiger Fährte, sie bellen im Schlafe, lecken
Blut aus den Leichnamen u. s. w. Daher heissen sie
bei Aeschylus und auch bei Sophokles geradezu Hün-
dinnen. Verschieden hiervon ist die Vorstellung bei
Euripides; hier sind sie schnelle, geflügelte, jungfräuliche Jägerinnen, welche Fackeln und Schlangen in den
Händen tragen. Die letzte Vorstellung liegt auch der
bildenden Kunst zu Grunde, welche, da sie bleibende
Bilder darstellt, sich hüten musste, durch Schreckgestalten, wie sie Aeschylus malt, Augen und Sinn zu verletzen.

Man opferte den Erinyen schwarze und auch träch-

tige Schafe und brachte ihnen weinlose Spenden dar,
Honig mit Wasser gemischt.

19. Hekäte ('Εκάτη, *Hecate*).

. **Hekate**, die Fernhinwirkende, ist in der Zeit, wo
sie zu besonderer Bedeutung gelangt ist, entschieden
eine unterirdische Göttin, die auch den Erinyen öfter
beigesellt wird. Bei Homer finden wir nichts über diese
Göttin; dagegen sagt Hesiod (Theog. 411—452.), dass
Zeus sie, eine **Tochter des Perses und der Asterie**,
vor allen andern Titanen geehrt und ihr die hohe Würde
geschenkt habe, im Himmel, auf Erden und im Meere
zu walten, Glück und Sieg, Weisheit in der Versammlung und den Gerichten, glückliche Schifffahrt und Jagd,
Gedeihen der Jugend und Wachsthum der Heerden zu
verleihen. Diese ausführliche und reichhaltige Stelle
des Hesiod ist übrigens sehr verdächtig, wahrscheinlich
ist sie ein Einschiebsel späterer Zeit, wo die Orphiker
ihren Einfluss geltend machten. Denn von diesen wurde
Hekate, eine alte aber bisher zurückgedrängte und wenig
bekannte Gottheit, wieder hervorgezogen und zu besonders hoher Ehre gebracht. Sie haben manches Fremd-
ländische beigemischt und sie zu einer mystischen Gottheit gemacht, die als eine im Himmel, auf Erden und
im Meere waltende Herrscherin der Natur mit manchen
andern mystischen Gottheiten, wie **Demeter**, **Persephone**, **Rhea-Kybele**, vermengt wurde. Als Schützerin des Wildes und der Jugend (κουροτρόφος) ward
sie mit **Artemis** zusammengestellt, aus deren Wesen
sich vielleicht ihre Vorstellung als einer besonderen Gottheit herausgebildet hat; denn ἑκάτη ist ein gewöhnliches
Attribut der Artemis. Wie diese ward nun auch Hekate zu einer Mondgöttin umgeformt.

Durch ihre Beziehungen zu Demeter und Persephone,
die schon in dem homerischen Hymnus auf Demeter
hervortreten (v. 25..52. 438.), und ihre schon bei den Tragikern vorkommende Vermengung mit Persephone wird
Hekate vorzugsweise eine chthonische oder unterirdische
Göttin, eine furchtbare, gewaltige Herrscherin unter den
Schatten. Ihr ganzes Wesen hat etwas Dämonisches,
Gespenstisches und Grauenhaftes, so dass sie die Trä-
gerin vielfachen wüsten Aberglaubens wird; sie sendet
nächtliche Schreckgestalten, wie die Empusa, aus der
Unterwelt herauf und schwärmt mit den Seelen der
Verstorbenen in der Nacht auf Dreiwegen (εἰνοδία, τριο-
δῖτις, *Trivia*) und an Gräbern (τυμβιδία) umher; ihre
Nähe verkünden die Hunde durch Heulen und Winseln,
auch ist sie selbst von stygischen Hunden begleitet.
Sie beschützt und belehrt die Zauberinnen, welche während der Nacht die durch ihr Mondlicht gekräftigten
Zauberkräuter aufsuchen und bei nächtlichem Dunkel
ihre unheimlichen und verderbenden Beschwörungen vor-
nehmen.

Man verehrte Hekate besonders zu Samothrake, zu
Lemnos, in Argos, Athen, Aegina und an anderen Orten theils in öffentlichem, theils in Geheimcult. Vor
und in den Häusern und auf Dreiwegen stellte man ihr
Säulen (Ἑκάταια, Hekatesäulen, wie Ἑρμαῖ Hermessäulen) auf, damit sie das Haus und den Wanderer vor
Unglück beschütze, und an dem Schlusse jedes Monats
wurden ihr, sowie andern Unglück zu- und abwenden-
den Göttern, an Dreiwegen Speisen ausgestellt, welche
von den Armen verzehrt wurden. Man opferte ihr
Hunde und wie den Erinyen und andern chthonischen
Gottheiten Honig und schwarze (weibliche) Lämmer.

Von der Kunst ist Hekate theils eingestaltig, theils

dreigestaltig und dreiköpfig gebildet, weil ihre Bildnisse
häufig auf Dreiwegen aufgestellt wurden. Auch Dichter
beschreiben sie als eine dreiköpfige Göttin, mit einem
Pferdekopf, einem Hundekopf und einem Löwenkopf.
Ihre hierher gehörigen Beiwörter sind τρισσοχίφαλος,
τρίμορφος, triceps, triformis, tergemina u. a.

B. Die Heroen (Ἥρωες. Heroes).

Dieselbe Phantasie, welche dem griechischen Volke
seine freien, persönlichen Götter bildete, erschuf auch
die Gestalten der Heroen. Die Sagen von den Geschich-
ten der Götter, in welchen diese ihr Wesen und Wirken offenbarten, enthielten auch zugleich die Geschichte
der Väter des Volkes, bei welchen die Götter einge-
kehrt, ihre Heiligthümer gegründet und ihre Culte eingesetzt hatten. Die Götter mussten einen Grund und
Boden haben, wo sie erscheinen und wirken konnten,
ein Menschengeschlecht, in dessen Geschicke sie thätig
eingriffen. Das Volk dachte sich seine früheren Hel-
dengeschlechter, seine Stammväter unter dem besonderen günstigen oder ungünstigen Einflusse der Götter;
unter ihrer Leitung führten sie glückliche Unternehmungen und herrliche Thaten aus, durch ihre strafende
Hand wurden sie in schweres Unheil gestürzt. Die Sagen von diesen Helden der Vorzeit sind an allen Orten
Griechenlands unter dem Volke selbst aufgewachsen,
nicht von einzelnen Dichtern erfunden; als aber die
epische Dichtkunst entstand, da griff sie vornehmlich
nach diesen Stoffen, behandelte nach den Gesetzen der

Kunst einen grossen Theil derselben und bildete sie mit
besonderer Vorliebe aus. Daher heisst auch die epische
Dichtkunst die heroïsche.

Bei Homer wird zwar jeder ehrenhafte, freie Mann
ein Heros genannt (Il. 2, 110. 13, 629. Od. 2, 15.); vorzugsweise aber führen diesen Ehrennamen die Fürsten,
wie die Atriden, Laërtes u. A., die edlen Geschlechter,
welche ihren Ursprung von irgend einem Gotte oder
einer Göttin ableiteten (die διογενεῖς, entgegengesetzt
den ἀνέρες δήμου). Sie sind von den gewöhnlichen
Menschen nicht wesentlich verschieden, nur zeichnen sie
sich aus durch eine grössere körperliche Kraft, den Tod
erleiden sie wie die übrigen Sterblichen, und nur einzelne Lieblinge der Götter, wie Menelaos, werden diesem enthoben und erhalten eine leibliche Fortdauer in
Elysion.

Bei Hesiod heissen die Heroen zuerst Halbgötter (ἡμίθεοι), jenes Geschlecht der herrlichen Kämpfer,
die vor Theben und Troja stritten, ausgezeichnet durch
Gerechtigkeit, Heldenmuth und Kraft, und nach dem
Tode zu den Inseln der Seligen entrückt (Hes. Opp.
156 ff.). Pindar stellt die Heroen als übermenschliche
Wesen hin, welche in der Mitte stehen zwischen Göttern
und Menschen und Gegenstand religiöser Verehrung
sind. Mit der Zeit ist also entschieden ein religiöses
Element in den Glauben an die Heroen eingetreten;
es bildete sich ein besonderer Heroencult mit eigenthümlichen Opfern, gleich den Todtenopfern (ἐναγίσματα), welche von den den Göttern dargebrachten völlig
verschieden waren. Eine Hauptsache bei denselben waren die Spenden (χοαί) aus Honig, Wein, Wasser, auch
Oel und Milch; wurden den Heroen Thiere geopfert,
so richtete man beim Schlachten ihre Köpfe zur Erde

und liess das Blut in eine Grube fliessen, das Fleisch
aber ward nicht verzehrt, sondern ganz verbrannt. Diese
feierlichen Gebräuche wurden vornehmlich an den He-
roengräbern vorgenommen, aus deren Tiefe die Heroen
noch heraufwirkten und Glück und Segen brachten.

Die Heroen, wie sie im Allgemeinen im Glauben des
Volkes lebten, sind weder rein historisch als gewöhnliche Menschen, noch rein symbolisch als blosse Begriffe
aufzufassen; sie sind vielmehr i d e a l e Menschen, gewissermassen die Repräsentanten des Volkes aus uralter
Zeit, die aus der Zufälligkeit und Beschränktheit des
gewöhnlichen historischen Lebens herausgehoben und zu
schönen grossartigen Gestalten verklärt worden sind. Das
Volk sieht zu ihnen hinauf als zu Wohlthätern ihres
Geschlechtes, Gründern ihrer Städte und Staaten und
der gesetzlichen Ordnung, welche wegen ihrer Gross-
thaten oder auch wegen ihrer göttlichen Abstammung
von den Göttern nach dem Tode durch ein vor den
gewöhnlichen Sterblichen ausgezeichnetes Loos geehrt
worden sind. Die Heroen sind zum Theil blosse Gebilde
der Phantasie ohne historische Grundlage, wie Danaos,
Hellen, zum Theil haben sie als wirkliche Individuen
in alter Zeit gelebt, der sagenbildende Geist des Volkes
aber streifte von ihnen die Schranken des gewöhnlichen
Lebens ab und machte sie zu Idealmenschen, wie die
meisten Helden vor Troja; andere waren gewiss ursprünglich göttliche Wesen und sanken mit der Zeit zu
blossen Heroen herab, wie Perseus, Bellerophontes. In
späterer Zeit ertheilte man auch geschichtlichen Personen
die Ehre von Heroen, wie den Athenern Harmodios und
Aristogeiton; doch galt als die Grenze der eigentlichen
Heroenzeit im Allgemeinen die Rückkehr der Herakliden
in den Peloponnes.

Wir können in dem Folgenden nur auf die haupt-
sächlichsten Heroensagen, welche besonders von den
Dichtern behandelt und ausgebildet worden sind, Rücksicht nehmen.

1. Korinthische Sagen.

(Sisyphos. Bellerophontes.)

Sisyphos, der Sohn des Aiŏlos, war der Gründer
und Beherrscher von Korinth oder, wie es in alter Zeit
hiess, Ephyra. Er wird von Homer (Il. 6, 153.) der ge-
winnsüchtigste der Menschen genannt, was sich auf den
Handel und die Seefahrt der Stadt Ephyra bezieht.
Wegen seiner Schlechtigkeit wurde er in der Unterwelt
schwer gestraft (siehe p. 21.). Den Grund dieser Strafe
nennt Homer nicht; Spätere geben ihn verschieden an.
Apollodor erzählt, als Zeus die Tochter des Asopos,
Aigina, aus Phlius entführte, habe Sisyphos dies dem
suchenden Asopos verrathen; daher seine Strafe. Die
Schlauheit und trügerische Verschlagenheit seines Wesens
(Σίσυφος, von σοφός, bedeutet Schlaukopf) benutzten die
Alten um allerlei märchenhafte Erzählungen, woran der
äolische Stamm reich ist, von ihm zu erdichten. So wird
erzählt, Zeus habe zur Strafe für den obenerwähnten
Verrath dem Sisyphos den Tod zugeschickt; Sisyphos
aber fesselte diesen auf listige Weise, so dass nun kein
Mensch mehr starb, bis Ares ihn wieder aus seinen
Banden befreite. Oder vor seinem Tode gebietet Sisyphos seinem Weibe ihn nicht zu bestatten; er bittet nun
den Hades ihn auf kurze Zeit in die Oberwelt zurück-
zuschicken, damit er sein Weib für die Vernachlässigung
bestrafen könne. Als er aber auf der Oberwelt war,
hatte er keine Lust, seinem Versprechen gemäss wieder

hinabzusteigen, sondern musste von Hermes mit Gewalt geholt werden. Dies letzte wurde auch als Grund seiner Bestrafung in der Unterwelt angegeben. — Das Grab des S. war auf dem Isthmos. Sein Sohn ist Glaukos und dessen Sohn

Bellerophontes oder Bellerophon (Βελλεροφόν-της, Βελλεροφῶν), der untadelige, dem die Götter Schönheit und edle Mannhaftigkeit gaben *). Anteia (bei den Tragikern Sthenoboia), die Gemahlin des Proitos, Königs von Tiryns, dessen Herrschaft sich auch über Korinth erstreckte, liebte ihn; da sie aber vergeblich ihn zu gewinnen suchte, verläumdete sie ihn bei ihrem Gemahle. Proitos erzürnte, allein er wagte nicht den Bellerophon zu tödten, sondern sandte ihn mit einer zusammengelegten Tafel voll todbringender Runen (σή-ματα λυγρά) an seinen Schwiegervater (Iobates) in Lykien. Neun Tage lang bewirthete ihn der König, am zehnten aber begehrte er die Zeichen zu sehen, die sein Schwiegersohn ihm gesendet habe. Als er den Inhalt derselben erkannt, schickte er den Bellerophon aus, die Chimaira **) zu tödten, ein feueraushauchendes Ungeheuer göttlichen Geschlechtes, das vorn ein Löwe, hinten

---

*) Seine Mutter heisst Eurymede. Nach Andern ist er ein Sohn des Poseidon und der Eurynome; er heisst auch Leophontes (Λεωφόντης).

**) Nach Homer (Il. 16, 328.) ward die Chimaira von Amisodaros, dem Könige von Karien, auferzogen. Hesiod nennt sie eine Tochter des Typhaon und der Echidna, ein grosses, schnelles und gewaltiges, feuerschnaubendes Ungeheuer mit drei Köpfen, eines Löwen, einer Ziege und eines Drachen (Theog. 319 ff.). Die Vorstellungen des Homer und Hesiod werden von Späteren auf verschiedene Weise mit einander verbunden. Man versetzte sie nach Phrygien, Libyen, Aegypten, Indien und fasste sie später auf pragmatische Weise als feuerspeienden Berg.

ein Drache, in der Mitte eine wilde Bergziege war.
Von den Göttern unterstützt (θεῶν τεράεσσι πιθήσας), be-
zwang Bellerophon das Ungeheuer. Darauf kämpfte er
auf Befehl des Lykiers glücklich mit den Solymern,
Nationalfeinden der Lykïer in den benachbarten Gebirgen, und zum dritten mit den kriegerischen Amazonen*). Als er zurückkehrte, legte ihm der König einen
Hinterhalt aus den besten Männern von ganz Lykien,
damit sie ihn unterwegs erschlügen; aber Bellerophon
tödtete sie alle. Nun erkannte der König, dass sein
Gast von göttlichem Geschlechte sei, und behielt ihn bei
sich; er gab ihm seine Tochter zur Gemahlin und theilte
mit ihm die Herrschaft. Die Lykier aber gaben ihm ein
treffliches Stück fruchtbaren Landes als Eigenthum (Il.
6, 152—195.). Seine Enkel waren Glaukos und Sarpedon,
die Anführer der Lykier vor Troja. Nach Hesiod (Theog.
325.) tödtete Bellerophon die Chimaira durch Hülfe des
Pegasos, des aus dem Rumpfe der Gorgo Medusa ent-
sprungenen Flügelrosses (Theog. 278 ff.). Man erweiterte
später die homerischen Worte θεῶν τεράεσσι πιθήσας,
indem man dichtete, die Götter hätten ihm auf dem

---

*) Die Amazonen, kriegerische Frauen, das Ideal weiblicher
Kraft und Tapferkeit, wohnten der Sage nach an den östlichen
und südöstlichen Küsten des schwarzen Meeres in der Nähe des
Kaukasus und besonders an dem Flusse Thermodon. Ihre Haupt-
stadt hiess Themiskyra. Sie flohen den Umgang der Männer
und lebten nur dem Kriege. Das Alterthum berichtet von einer
Menge von Kriegszügen der Amazonen; so kamen sie nach Phrygien und Lykien, nach Lesbos und Samothrake, selbst nach
Attika und Böotien. Die Vorstellung von ihnen entstand wahrscheinlich aus dunkelen Sagen von bewaffneten skythischen
Frauen und alten Ueberlieferungen von Hierodulen (Tempel-
dienerinnen) streitbarer Göttinnen, wie der Enyo, Artemis,
Athene.

Wege zum Kampfe das Flügelpferd gesendet, Athena
habe das Pferd gezäumt und gezähmt u. s. w. (Pind. Ol.
13, 63 ff.), Aus seiner Vaterstadt Korinth war Bellerophon, wie Spätere erzählen, nach Argos oder Tiryns zu
Proitos geflohen, weil er seinen Bruder Deliades oder
einen angesehenen Korinthier Namens Belleros erschlagen hatte. Hiervon soll er auch seinen Namen
Bellerophontes erhalten haben, während er früher (mit
Bezug auf das Ross Pegasos) Hipponoos hiess. Homer
fügt seiner Erzählung hinzu, dass Bellerophon später
den Göttern verhasst geworden und einsam, die Spuren
der Menschen fliehend, auf dem aleïschen Felde (dem
Felde des Irrens, ἀλάομαι) umhergeschweift sei, sich in
Gram verzehrend. Der Grund des Götterhasses wird bei
Homer nicht angegeben. Spätere sagen, er sei bestraft
worden, weil er die von den Göttern geliebten Solymer
getödtet habe. Nach der Erzählung Pindars (Isthm. 6, 44.)
wollte Bell. auf dem Pegasos sich zum Himmel schwingen;
Zeus aber versetzte das Ross durch eine Bremse in
Wuth, dass es den Reiter abwarf, der nun lahm oder
blind ward. — In dem Cypressenhaine Krancion bei
Korinth hatte Bellerophon einen heiligen Bezirk; mit
Pegasos stand er zu Korinth in dem Tempel des Poseidon; auf dem Wege von Korinth nach dem Hafenplatze
Lechaion stand Pegasos (das Quellross, πηγή), wie er
mit dem Huf einen Quell hervorstampft. Bellerophon
und Pegasos treten in enge Beziehung zu dem Wasser-
und Meergott Poseidon; Glaukos, der Vater des Bellerophon, ist zugleich ein Meergott, und Poseidon selbst
heisst Vater des Bellerophon oder Hipponoos. Wahrscheinlich ist dieser nur eine besondere Seite des Poseidon selbst, die des Poseidon ἵππιος.

2. Argivische Sagen.

Der älteste Herrscher in Argos war Inachos, eigentlich der Gott des argivischen Flusses gleiches Namens, ein Sohn des Okeanos und der Tethys. Er ward ein Eingeborner des Landes genannt, der nach der deukalionischen Fluth die Argiver von den Bergen in die argivische Ebene herabgeführt und diese wohnlich gemacht haben soll, indem er das Gewässer in den nach ihm benamten Fluss zusammenleitete. Spätere gaben ihn für einen Aegypter aus, nachdem die Sucht bei den Griechen eingerissen war, Alles aus dem Oriente und Aegypten abzuleiten. Als Poseidon und Hera um den Besitz von Argos stritten, sprach Inachos das Land der Hera zu und opferte ihr. Nach anderer Sage ist es Phoroneus (Φορωνεύς, von φέρω), der Sohn des Inachos, der den Dienst der Hera zuerst in Argos einführte, der die zerstreuten Menschen in gemeinschaftlichen Wohnorten vereinigte und ihnen die erste Cultur beibrachte, indem er den Menschen das Feuer gab. Für diese Wohlthaten wurde er in Argos als Landesheros verehrt.

Die Argiver erzählten, dass des Inachos Tochter Io (p. 49.) nach langem Umherirren in Aegypten den Epaphos geboren habe, und dieser König von Aegypten geworden sei. Nachkommen des Epaphos waren Danaos und Aigyptos, Söhne des Belos und der Anchirrhoë. Danaos hatte 50 Töchter, Aigyptos 50 Söhne; aus Furcht vor diesen floh Danaos mit seinen Töchtern, den Danaïden, auf einem Fünfzigruderer nach Argos. Hier machte er auf die Herrschaft Anspruch, welche

der Inachide Gelanor besass, und die Argiver sprachen
ihm dieselbe zu. Er baute nun die Burg von Argos und
lehrt das Graben der Brunnen. Die Söhne des Aigyptos
aber waren ihm nachgefolgt und baten um die Ehe seiner
Töchter. Danaos vermählte sie; da er aber noch immer
seine Neffen fürchtete und sich wegen der Flucht aus
Aegypten rächen wollte, so befahl er seinen Töchtern,
ihre Vettern und Gemahle während der Nacht im Schlummer zu ermorden. Dies thaten sämmtliche Danaïden und
begruben die Leichname, nur Hypermnestra rettete
ihren Gemahl Lynkeus. Für diesen Mord wurden die
Danaïden in der Unterwelt bestraft, indem sie ewig
Wasser in ein durchlöchertes Fass schöpfen müssen
(Ovid. Met. 4, 462. hier werden sie nach ihrem Grossvater
Belos *Belides* genannt).

Die Sage, welche den Danaos aus Aegypten nach
Argos kommen lässt, ist jüngeren Ursprungs; Danaos,
in dessen Zeit, wie die Alten behaupten, die Argiver
Pelasgioten zu sein aufhörten und forthin Danaer
genannt wurden, ist der Repräsentant des achäischen
Stammes der Danaer, die mit den Aegyptern nicht die
geringste Gemeinschaft hatten. Die Danaïden, seine
Töchter, welche ohne Unterlass Wasser in ein durchlöchertes Fass tragen, erklärt man, indem man sie von
der ursprünglichen Naturseite auffasst, als die Flüsse
und Quellen des trocknen argivischen Landes, welche
jährlich im Sommer versiechen. Sie wurden zu Argos
verehrt, weil sie das Land mit Brunnen versehen hätten,
und vier Brunnen waren ihnen geheiligt. Eine derselben,
Amymone, war die Geliebte des Poseidon, der ihr zu
Liebe einen Quell gleiches Namens entspringen liess.
Fasst man den Kern der ganzen Sage von den Danaïden von der ethischen Seite auf, so findet man darin

das zwecklose, unselige Leben, zu dem jedes Weib
verurtheilt ist, das die Bestimmung, Gattin und Mutter
des Hauses zu sein, von sich weist. — Das Grabmal
des Danaos befand sich in Argos mitten auf dem Markte;
in Delphi hatte er mit Hypermnestra und Lynkeus Standbilder.

Enkel des Lynkeus und der Hypermnestra waren
die feindlichen Brüder **Akrisios** und **Proitos**, von
denen jener König von Argos, dieser von Tiryns ward.
Des Proitos Töchter, von dem zürnenden Dionysos wegen
Vernachlässigung seiner Weihen mit hässlicher Krankheit und Raserei bestraft, wurden von dem Seher und
Weihepriester **Melampus**, einem Sohne des Amythaon
aus Messene, Enkel des Kretheus (p. 34.), geheilt, wofür
Proitos seine beiden Töchter ihm und seinem Bruder
Bias vermählte und ihnen zwei Theile seines Reiches
abtrat. So kam das äolische Geschlecht der **Amythao-
niden**, zu dem Adrastos gehörte, nach Argolis. Od. 15,
224 ff.*). — Die Tochter des Akrisios war **Danaë**. Da
er von dem Orakel den Spruch erhalten hatte, dass er
durch einen Sohn der Danaë würde getödtet werden,
so verbarg er seine Tochter in einem unterirdischen
Gemache; Zeus aber, von Liebe zu Danaë erfüllt, drang
in Gestalt eines goldenen Regens in das Gemach und
zeugte mit ihr den **Perseus** (Soph. Antig. 931 ff.), den
ausgezeichnetsten unter allen Männern ($\pi\acute{\alpha}\nu\tau\omega\nu$ $\grave{\alpha}\varrho\iota\delta\epsilon\acute{\iota}$-
$\varkappa\epsilon\tau o\nu$ $\grave{\alpha}\nu\delta\varrho\tilde{\omega}\nu$ Il. 14, 320.). Akrisios setzte Mutter und

---

*) Früher hatte Melampus seinem Bruder Bias in Messene
die Hand der Pero, der schönen Tochter des Neleus, verschafft,
indem er für ihn aus Thessalien die Rinder des Phylakos holte;
denn Neleus wollte seine Tochter nur dem zum Weibe geben,
der ihm diese streng bewachten Rinder als Brautgabe über-
brächte. Od. 11, 281 ff.

Stoll, Myth. 4. Aufl.

Kind in einem Kasten ins Meer aus; dieser aber wurde
an die Insel Scriphos, eine der Kykladen, angetrieben,
wo ihn Diktys in einem Netze ans Land zog und beide
seinem Bruder Polydektes, dem Herrscher der Insel,
übergab. Später wünschte Polydektes sich mit Danaë
zu verbinden; da ihm aber Perseus, der unterdessen
herangewachsen war, hinderlich war, so suchte er diesen
aus dem Wege zu schaffen, indem er ihm befahl, zu den
Gorgonen zu ziehen und das Haupt der Gorgo Medusa*) zu holen. Bei diesem Abenteuer standen ihm
Hermes und Athena, mit welcher Medusa in der Schönheit zu wetteifern gewagt hatte, bei und geleiteten ihn
zuerst zu den Schwestern der Gorgonen, den Graien
Enyo, Pephrēdo und Deino, welche, von Geburt
an alt, zusammen nur ein Auge und einen Zahn hatten,
deren sie sich abwechselnd bedienten**). Perseus nahm

---

*) Homer kennt die Gorgonen nicht, er nennt nur das
Haupt der Gorgo (Γοργείη κεφαλή), ein Schreckbild des
Hades mit furchtbarem Auge (Od. 11, 634.); nach Il. 5, 738.
befindet es sich in der Aigis des Zeus. Bei Hesiod (Theog. 270 ff.)
sind die Gorgonen Stheino, Euryale und die sterbliche Medusa
Töchter des Phorkys (Phorcydes, Phorcides) und der Keto;
Poseidon verbindet sich mit Medusa und erzeugt mit ihr den
Chrysaor und das Pferd Pegasos, welche bei ihrer Ermordung hervorsprangen. Sie wohnen am dunkelen Westrande der
Erde, in der Nähe der Hesperiden. Früher wurden sie als geflügelte Wesen, furchtbar, mit Schlangenhaaren und mit Schlangen gegürtet, dargestellt, später von der Kunst als schöne Jungfrauen gebildet. Wahrscheinlich repräsentiren sie die furchtbare
Seite der Athene, welche selbst bisweilen Gorgo genannt wird.
**) Γραῖαι, Greisinnen, sind eine Personification des Alters,
ihre Einzelnamen aber bedeuten Angst und Schrecken (Pephredo
hängt zusammen mit φρίσσω). Hesiod nennt nur Pephredo
und Enyo, schönwanglg, graubaarig von Geburt, mit schönem
safranfarbigen Gewande (Theog. 270 ff.). Bei Aeschylus wohnen

FIG. XXIII.

Perseus and Andromeda.

ihnen Zahn und Auge ab und gab sie ihnen nicht eher
zurück, als sie ihm den Weg zu den Nymphen gezeigt
hatten. Von diesen erhielt er Flügelschuhe, eine Tasche
und den unsichtbar machenden Helm des Hades; Hermes
gab ihm eine Sichel, Athena einen Spiegel. Mit dieser
Rüstung kam er zu den Gorgonen Stheno, Euryale
und Medusa, welche bei Tartesos am Okeanos wohnten.
Er traf sie schlafend; weil ihr Anblick aber versteinerte,
so trat er mit abgewandtem Gesichte hinzu und schnitt
der Medusa, welche allein sterblich war, den Kopf ab,
indem er ihr Bild in dem von der Athena geschenkten
Spiegel anblickte. Aus dem Rumpfe der Medusa sprang
das geflügelte Pferd Pegasos hervor. Nachdem Perseus den Kopf der Medusa in seine Tasche gesteckt
hatte, begab er sich auf den Rückweg, auf welchem ihn
der Helm des Hades vor den verfolgenden Gorgonen
schützte. Als er nach Aethiopien kam, sah er Andromeda, die Tochter des Königs Kepheus und der Kas-
siepeia oder Kassiopeia, einem Meerungeheuer ausgesetzt, rettete und heirathete sie. Mit ihr kam er nach
Seriphos zurück und versteinerte durch das Medusenhaupt den Polydektes, der eben seine Mutter Danaë
durch Gewalt zur Ehe zwingen wollte. Darauf setzte
er den Diktys zum König der Insel ein, schickte Tasche,
Flügelschuhe und Helm durch Hermes an die Nymphen
zurück und gab das Medusenhaupt der Athena, welche
es mitten auf ihren Schild setzte (s. p. 56.). Nun kehrte
er mit Danaë und Andromeda nach Argos zurück; Akrisios aber floh vor ihm nach Larissa, wo er später durch

die Graien in den gorgoneïschen Gefilden von Kisthene, schwa-
nengestaltig, weder von der Sonne noch von dem Monde be-
schienen. Gewöhnlich werden sie in die Nähe der Gorgonen
versetzt, als deren Wächterinnen sie gelten.

einen Zufall von Perseus getödtet ward. Dieser scheute
sich das Erbe des von ihm getödteten Grossvaters anzu-
treten und gab daher die Herrschaft von Argos an Me-
gapenthes, den Sohn des Proitos, ab, wogegen er von
diesem die Herrschaft von Tiryns erhielt. Darauf gründete er noch die Städte Midea und Mykenä. Mit Andromeda zeugte er, ehe er nach Griechenland kam, den
Perses, in Mykenä den Alkaios, Sthenelos, Elektryon, die Gorgophone u. A.

Perseus hatte ein Heroon zwischen Argos und Mykenä, zu Scriphos, zu Athen. Die ägyptischen Priester
zu Chemmis erzählten dem Herodot, dass Perseus auf
seiner Fahrt nach Libyen hierher gekommen sei und
hier eine Feier von Kampfspielen angeordnet habe, weil
dies der Sitz seines Ahnen Danaos gewesen sei. Auch
zeigten sie ein Heiligthum des Perseus mit seinem Bilde
und seinem Riesenschuh, dessen Erscheinung dem Nil-
thale ein fruchtbares Jahr bedeutete. Offenbar aber
sind dies nur Erdichtungen und Uebertragungen der
ägyptischen Priester, welche dem leichtgläubigen Herodot eine uralte Verbindung zwischen Aegypten und
Griechenland zu beweisen suchten. Bei den Römern
galt die Sage, dass Danaë und Perseus in dem Kasten
an die italische Küste getrieben worden seien, wo der
König Pilumnus sich mit Danaë vermählte und die Stadt
Ardea gründete. Darnach ward denn die Abstammung
des Rutulerfürsten Turnus von Akrisios abgeleitet (Virg.
Aen. 7, 410. 371.).

Homer erwähnt nur einmal des Perseus als eines
ausgezeichneten Helden, von den Thaten desselben aber
lesen wir nichts bei ihm; doch ist daraus nicht zu fol-
gern, dass er keine Mythen von Perseus gekannt habe,
im Gegentheil, das Beiwort πάντων ἀριδείκετος ἀνδρῶν

FIG. XXIV.

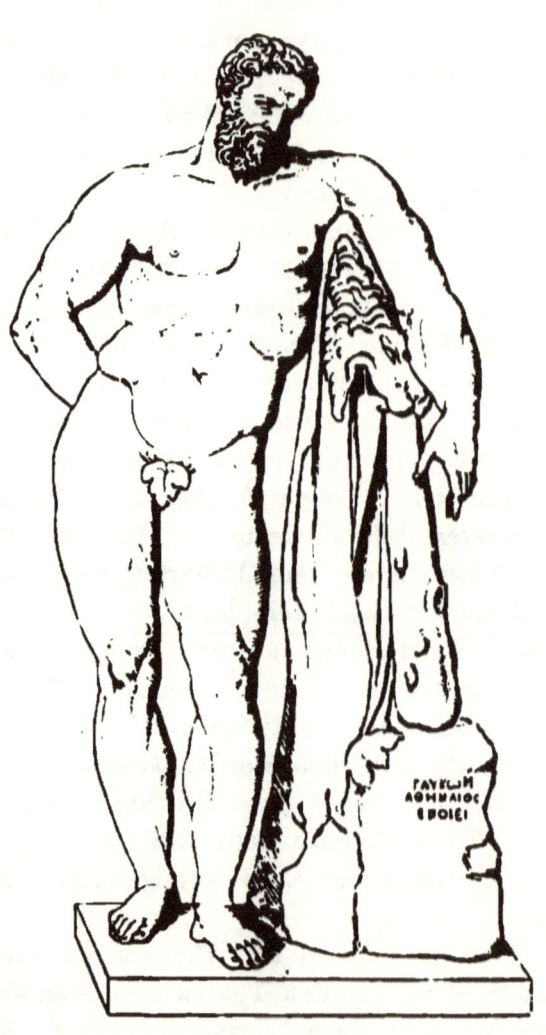

Herakles.

gibt zu erkennen, dass die Sagen von den Thaten des Perseus schon vor Homer allgemein verbreitet und bekannt gewesen sein müssen. Hesiod erwähnt die Ermordung der Medusa durch Perseus und die Verfolgung desselben durch deren Schwestern ('Theog. 280. Scut. Herc. 216 ff.). Der Kern der Sage muss sich in uralter Zeit in Argos gebildet haben und wurde wahrscheinlich in alten epischen Liedern behandelt, aus denen Pindaros (Pyth. 12, 11 ff.) und der Logograph Pherekydes die Hauptsache geschöpft haben mögen. (Fig. 23. Perseus und Andromeda.)

3. Herakles ('Ηρακλῆς, Hercules).

Aus dem Geschlechte des Perseus stammte der grösste und vollendetste Held des griechischen Volkes, Herakles. Er ist der Nationalheros der Griechen geworden, das Bild eines Mannes, der, stets dem Willen des Zeus sich fügend, durch seine Kraft und Aufopferung die Menschen von Noth und Uebeln befreit (ἀλεξίκακος) und durch Mühsale und Kämpfe im Erdenleben sich die Unsterblichkeit erringt. Es ist hier nicht nöthig zu fragen, ob einmal ein Herakles wirklich gelebt habe, die Hauptsache ist, dass das griechische Volk sich ein solches Ideal der Heldentugend gebildet hat, mag nun ein historischer Herakles zu Grunde gelegen haben, oder nicht. Schon vor Homer wurden in epischen Gedichten, Herakleen, die Thaten des Herakles besungen; doch bleibt für uns Homer die älteste Quelle. In Ilias und Odyssee sind schon die Hauptzüge der Heraklessage, wenn auch zerstreut, doch ziemlich vollständig enthalten; Herakles ist hier, wie auch bei Hesiod, ein vollkommen griechischer Held in griechischer Heldenbewaffnung, Lanze, Pfeil und Bogen, Schild, Panzer und Helm, und

in dem vollen Gepräge eines griechischen Charakters.
Später jedoch wich man hiervon ab; Pisander, ein Dichter um das Jahr 650 v. Chr., gab ihm in seiner Heraklee
statt der gewöhnlichen Heldenwaffen eine Keule und
die Löwenhaut als Kopf- und Körperbedeckung; der
Schauplatz seiner Thaten dehnte sich immer weiter aus,
auch weit über die Grenzen von Griechenland, fremde
Einflüsse machten sich geltend, Fremdes wurde mit
Griechischem verbunden, die Sagen vermehrten und er-
weiterten sich und erhielten eine Bedeutung, die dem
griechischen Geiste ursprünglich fern lag. Man nahm
besonders ägyptische und phönikische Elemente auf und
brachte die Thaten und Züge des Herakles nach diesen
orientalischen Anschauungen in Beziehung zu dem Laufe
der Sonne. Durch alles dieses hat sich in dem Sagenkreis des Herakles eine solche Masse des Stoffes ange-
häuft, dass es schwierig ist, Ordnung und Licht in
dieselbe zu bringen. Wir wollen das Ganze nach den
Hauptlebensabschnitten des Helden behandeln.

a) Abkunft und Geburt des Herakles. Herakles heisst bei Homer der Sohn des Zeus und der Alkmene, oder auch nach seinem Stiefvater Sohn des Amphitryon, zu Theben geboren (Il. 14, 323. Od. 11, 266 ff.
u. 620. Ἀμφιτρυωνιάδης, Θηβαγενής, Hes. Theog. 530.).
Er gehörte zu dem Stamme des argivischen Perseus,
von dessen beiden Söhnen Alkaios der Vater des
Amphitryon, Elektryon aber Vater der Alkmene war.
Amphitryon hatte den Elektryon, seinen Schwiegervater, erschlagen und musste nun mit seinem Weibe Alkmene vor den Verfolgungen des Sthenelos, eines
Bruders des Erschlagenen, nach Theben flüchten. Ueber
die Geburt des Herakles in Theben erzählt Homer (Il.
19, 95 ff.): An dem Tage, wo Alkmene gebären sollte,

rühmte sich Zeus in der Versammlung der Götter, heute
werde im Hause der Perseïden ein Mann geboren, der
über alle Umwohnenden herrschen würde, über die Männer des Geschlechtes, das von ihm stamme (die Perseïden). Hierdurch gereizt, liess sich Hera von Zeus die
gesprochenen Worte durch einen Eid bekräftigen und
veranstaltete nun als Geburtsgöttin, dass an diesem Tage
Alkmene noch nicht gebar, sondern das Weib des Sthenelos, des Perseïden in Argos, von einem Sohne, Eurystheus, entbunden wurde. Dadurch kam Herakles,
der Gewaltige, unter die Herrschaft des schwachen und
feigen Eurystheus. Diese Sage wird von Späteren noch
erweitert und ausgeschmückt; dem Herakles wird als
Zwillingsbruder, Sohn des Amphitryon, Iphikles bei-
gegeben. (Hes. Scut. Herc. — Pindar. Nem. 10, 19 ff.
Isthm. 7, 5 ff. — Euripid. Hercul. furens 1—3. 149. 339 u.
a. St. Heraclid. 37. 210. Alcest. 508. 512. 842. Euripides
nimmt im *Hercules furens* an, dass Herakles in Argos
geboren sei, aber in Theben wohne.)

Herakles war ursprünglich der Stammvater der dorischen Herakliden, welche, vor Alters in Thessalien
ansässig, sich zur Zeit der dorischen Wanderung der
Herrschaft des Peloponneses bemächtigten. Hierdurch
wurden die Sagen von Herakles nach Argolis verpflanzt
und der Held selbst mit dem Stamme der dort früher
herrschenden Perseïden in verwandtschaftliche Verbindung gebracht. Die Herakliden machten Argolis zur
Heimath ihres Ahnen, um dadurch ihre Ansprüche auf
den Besitz dieses Landes zu begründen. Nach Theben
kam Herakles theils durch dorische Herakliden, theils
von Delphi aus mit dem Cultus des' Apollon, mit dem
er durch die Dorier zusammengebracht worden war;
daher steht er mit den einheimischen uralten Sagen der

Thebaner und der Böoter überhaupt in sehr loser Verbindung.

b) **Kindheit und Jugend des H. bis zu seiner Dienstzeit.** Der grösste Theil der Sagen, welche in diese Zeit fallen, ist späteren Ursprungs; sie wurden erdichtet, um die Lücken zwischen der Geburt und dem thatenreichen Mannesalter auszufüllen, zu einer Zeit, wo man einzelne Züge der Sage mit einander zu verbinden und das Ganze in sich abzurunden suchte. Homer sagt nur im Allgemeinen von dieser Zeit, dass Herakles in aller Kraft aufwächst, dass er, geschützt von seinem Vater Zeus und Athena, den Verfolgungen der Hera trotzt und selbst die Unsterblichen, wie Ares und Hera, zu verwunden wagt (Il. 5, 392.). Ferner erwähnt er aus dieser Zeit die Heirath mit Megara, der Tochter des thebanischen Königs Kreon (Od. 11, 269.). Pindar erzählt zuerst die Sage von der Erdrückung der Schlangen (Nem. 1, 35 ff.). Sobald Herakles und Iphikles geboren waren, sandte Hera in ihrem Zorne zwei ungeheure Schlangen, um die Kinder zu verderben. Herakles ergriff beide mit den Händen und würgte sie zu Tode.

Ueber die Erziehung des Herakles findet man erst bei späten Dichtern und Sammlern ausführliche Nachrichten. Im Wagenlenken unterrichtete ihn Amphitryon selbst, Eurytos im Bogenschiessen, im Waffenkampf Kastor, im Ringen Autolykos, in der Musik Eumolpos oder Linos, den er wegen eines Tadels mit der Leier erschlug, in den Wissenschaften Cheiron oder Linos. Der Vater schickte ihn aus Furcht vor seiner unbändigen Kraft zu den Heerden auf den Kithäron, wo er bis zum achtzehnten Jahre geblieben sein soll. Während dieser Zeit erschlug er den kithäronischen Löwen, mit dessen Haut er sich umkleidete, so dass der Rachen ihm als Helm diente. Andere leiten diese Haut von dem nemeïschen Löwen her*). Als Herakles von den Heerden nach Theben zurückkehrte, begegnete er den Gesandten des Erginos, des Minyerkönigs in Orchomenos, welche von den Thebanern den jährlichen Tribut von 100 Ochsen holen wollten; er schnitt ihnen Nasen und Ohren ab und schickte sie mit auf den Rücken gebundenen Händen nach Hause zurück. In dem hieraus erfolgten Kriege zwang er die Orchomenier den von den Thebanern erhaltenen Tribut doppelt zurückzuzahlen und erwarb sich einen solchen Ruhm, dass ihm Kreon, der König von Theben, seine Tochter Megara zur Gemahlin gab und die Götter ihn mit herrlichen Waffen beschenkten.

Hierauf rief Eurystheus, König in Tiryns (oder Mykenä), seinen Verwandten zu sich, dass er ihm diene. Nach der Bestimmung des Zeus sollte dieser Dienst darin bestehen, dass Herakles zwölf Arbeiten verrichtete, welche ihm Eurystheus auferlegen würde, worauf ihm die Unsterblichkeit zu Theil werden sollte. Herakles fragte das Orakel zu Delphi um Rath, was er thun sollte, und erhielt die Antwort, er müsse sich in sein Schicksal fügen**). Hierüber gerieth er in Wahnsinn, in dem er seine drei Kinder von Megara und zwei Kinder des

---

*) In diese Zeit verlegte der Sophist Prodikos seine Dichtung von Herakles am Scheidewege, Xenoph. Mem. 2, 1, 21 ff. Cic. de off. 1, 32.

**) In diesem Orakelspruch soll der Held zuerst ʹ*Ηρακλῆς* genannt worden sein (ʹ*Ηρα—κλέος*, weil er durch Hera Ruhm erlangte; wahrscheinlicher bezeichnet das Wort ursprünglich den Ruhmvollsten aller Heroen). Früher soll er ʹ*Αλκαῖος* oder ʹ*Αλκείδης* geheissen haben, von *ἀλκή*, die Stärke, das auch in dem Namen ʹ*Αλκμήνη* zu erkennen ist. ʹ*Ιφικλῆς*, der Name des Bruders von Herakles, hängt zusammen mit *ἴς* gleich *vis.*

Iphikles tödtete. Als er wieder von seiner Raserei und dem Schwermuth geheilt war, begab er sich nach Tiryns zu Eurystheus. (So die Aufeinanderfolge der Ereignisse bei Apollodorus von Athen, Mythologische Bibliothek 2, 4, 8—12.)

c) Dienstbarkeit und Arbeiten des Herakles. Was über den Dienst und von den Thaten des Herakles bei Homer vorkommt, ist Folgendes. Herakles ist durch die List der Hera ein Dienstmann des Eurystheus, eines viel schlechteren Mannes, geworden, der ihm (durch Kopreus Il. 15, 639.) viele harte Arbeiten und Kämpfe auferlegt, in denen ihm übrigens auf Sendung des Zeus Athene beisteht. Unter diesen Arbeiten erwähnt Homer nur das Heraufholen des Kerberos aus der Unterwelt (Il. 8, 362 ff. Od. 11, 617 ff.); ausserdem führt der Dichter den Kampf mit dem Seeungeheuer vor Troja an (Il. 20, 145 ff.), den Zug gegen Troja, um die Herausgabe der ihm von Laomedon verweigerten Pferde zu erzwingen (Il. 5, 638 ff.); auf dem Rückweg wird er durch Veranstaltung der Hera nach Kos verschlagen, aber durch Zeus nach Argos zurückgeführt (Il. 14, 249 ff. 15, 18 ff.). Ferner griff Herakles die Pylier an und vernichtete das Herrschergeschlecht des Neleus mit Ausnahme des Nestor (Il. 11, 689 ff. s. p. 171.). Iphitos, den Sohn des Eurytos, erschlägt Herakles, das Gastrecht verletzend, in seinem eigenen Hause und behält dessen Pferde (Od. 21, 22 ff.). Bei Homer ist der Schauplatz für die Thaten des Herakles fast nur auf Griechenland beschränkt, das weiteste Ziel seiner Züge ist Troja. Von der Zwölfzahl der Arbeiten ist bei ihm ebensowenig die Rede, als bei Hesiod, der übrigens in der Theogonie den von Homer erwähnten Sagen noch mehrere andere zufügt (den Kampf mit dem ne-

meïschen Löwen, der lernäischen Schlange, mit Geryones, die Befreiung des Prometheus. 327—332. 313—318.
287—294. 979—983. 521—531.) und den Schauplatz der
Thaten weit ausdehnt. In dem dem Hesiod zugeschrie-
benen *Scutum Herculis* wird der Kampf mit Kyknos, dem
räuberischen Sohne des Ares, geschildert, in welchem
er, unterstützt durch Zeus, Athene und Poseidon, den
Kyknos erschlägt und den Ares überwältigt; ausserdem
wird hier noch der Zug gegen Pylos und die Verwundung des Ares erwähnt (359—367.). Bei den folgenden
Dichtern bis auf Pindar und die Tragiker kommen neben andern Thaten alle Arbeiten vor, welche zu den
zwölf von Eurystheus auferlegten gezählt werden; ein
bestimmt abgeschlossener Kreis der zwölf Arbeiten wurde
wahrscheinlich von Pisander aufgestellt. Die Aufeinanderfolge der einzelnen Thaten wird von Verschiedenen verschieden angegeben; wir folgen der Ordnung,
welche in einem Epigramme der Palatinischen Antholo-
gie (T. II, 651.) enthalten ist*).

1) **Kampf mit dem nemeïschen Löwen.** Eurystheus befahl dem Herakles, die Haut des unverwund-
baren, von Typhon und 'Echidna stammenden Löwen,

---

*) Πρῶτα μὲν ἐν Νεμέᾳ βριαρὸν κατέπεφνε λέοντα,
   Δεύτερον ἐν Λέρνῃ πολυαύχενον ἔκτανεν ὕδραν,
   Τὸ τρίτον αὖτ' ἐπὶ τοῖς Ἐρυμάνθιον ἔκτανε κάπρον,
   Χρυσόκερων ἔλαφον μετὰ ταῦτ' ἤγρευσε τέταρτον,
   Πέμπτον δ' ὄρνιθας Στυμφαλίδας ἐξεδίωξεν,
   Ἕκτον Ἀμαζονίδος κόμισε ζωστῆρα φαεινόν,
   Ἕβδομον Αὐγείου κολλὴν κόπρον ἐξεκάθηρεν,
   Ὄγδοον ἐκ Κρήτηθε πυρίκνοον ἤλασε ταῦρον,
   Εἴνατον ἐκ Θρῄκης Διομήδεος ἤγαγεν ἵππους,
   Γηρυόνου δέκατον βόας ἤλασεν ἐξ Ἐρυθείης,
   Ἑνδέκατον κύνα Κέρβερον ἤγαγεν ἐξ Ἀΐδαο,
   Δωδέκατον δ' ἤνεγκεν ἐς Ἑλλάδα χρύσεα μῆλα.

der in dem Waldthale von Nemea hauste, zu bringen.
Zuerst griff Herakles den Löwen mit Pfeilen an; als er
aber sah, dass er unverwundbar war, trieb er ihn mit
der Keule in seine Höhle, verstopfte den einen Eingang
derselben, ging durch den andern auf ihn los und erwürgte ihn in seinen Armen. Darauf trug er das Thier
gen Mykenä, wo der feige Eurystheus so vor seiner ungeheuren Stärke erschrack, dass er sich in ein ehernes
Fass unter der Erde flüchtete und dem Herakles befahl
nicht mehr in die Stadt zu kommen, sondern künftig
die Beweise seiner Thaten vor den Thoren zu zeigen
(Apollod. 2, 5, 1.).

2) Die lernäische Schlange, erzeugt von Typhon und Echidna, ernährt von Hera, hielt sich in dem
lernäischen Sumpfe bei Argos in der Nähe der Quelle
Amymone auf und verwüstete die Gegend umher. Sie
hatte neun (oder 100 oder 10000) Köpfe, von denen einer
unsterblich war. Herakles jagte sie durch glühende
Pfeile von ihrem Lager auf und hieb ihr die Köpfe ab;
aber statt eines abgeschlagenen Kopfes wuchsen immer
zwei neue hervor. Daher brannte er sie mit glühenden
Baumstämmen ab und warf auf den unsterblichen Kopf
einen grossen Felsblock. Mit der giftigen Galle .der
Hydra bestrich er seine Pfeile, so dass die Wunden derselben unheilbar waren (Apollod. 2, 5, 2.)*).

3) Der erymantische Eber war von dem Ge-

---

*) Als Herakles mit der Hydra kämpfte, kam dieser noch
ein grosser Krebs zu Hülfe; daher rief Herakles seinen Wagenlenker Iolaos, Sohn des Iphikles, herbei, der ihm im Kampfe
beistand. Hierauf bezieht sich das Sprüchwort: πρὸς δύο οὐδ'
ὁ Ἡρακλῆς, zwei sind auch für Herakles zu viel. Eurystheus
aber wollte (nach Appollodor) diesen Kampf nicht gelten lassen,
weil er mit Hülfe des Iolaos vollbracht sei.

birge Erymanthos herab (auf der Grenze von Achaia,
Elis und Arkadien) verwüstend in die Gegend von Pso-
phis eingebrochen. Herakles trieb ihn in einen tiefen
Schnee, fing. ihn und brachte ihn lebendig zu Eurystheus (Apollod. 2, 5, 4.). Auf dem Wege zu dieser Jagd
kehrte er an dem Berge Pholoë bei dem Kentauren Pho-
los (Höhlenmann, v. φωλεός) ein, der ihn in seiner Höhle
freundschaftlich mit gebratenem Fleische bewirthete; als
aber Herakles um zu trinken das gemeinschaftliche Wein-
fass der Kentauren öffnete, kamen diese herzu und griffen ihn mit Felsstücken und Baumstämmen an. Herakles trieb sie auseinander, tödtete einen Theil derselben
und verfolgte die übrigen bis Malea, wo sie sich zu dem
von den Lapithen aus dem Pelion hierher vertriebenen
Cheiron flüchteten. Dieser wurde von Herakles wider
Willen mit einem Pfeile getroffen und erhielt eine unheilbare Wunde (s. p. 156.). Solche Arbeiten und Kämpfe,
welche nicht von Eurystheus aufgetragen waren, hiessen
πάρεργα, Nebenarbeiten.

4) Die kerynitische Hirschkuh mit goldenem
Geweih, ein der Artemis geweihtes Thier, das sich auf
dem Berge Keryneia zwischen Arkadien und Achaia,
oder auf dem arkadischen Berge Mainalos (die maina-
lische Hindin) aufhielt, sollte Herakles ebenfalls lebendig zu Eurystheus bringen. Er verfolgte sie ein ganzes Jahr lang, sogar bis zu den Hyperboreern, bis er
sie an dem arkadischen Flusse Ladon durch einen Pfeil
in den Fuss verwundete und in seine Gewalt bekam
(Apollod. 2, 5; 3.).

5) Die Stymphaliden, einen von Ares aufgezo-
genen ungeheuren Schwarm von Vögeln an dem arkadischen See Stymphalos, mit ehernen Krallen, Flügeln
und Schnäbeln und mit Federn, die sie wie Pfeile ab-

schiessen konnten, sollte Herakles nach dem Auftrag
des Eurystheus vertreiben. Er scheuchte sie durch eine
eherne Klapper, welche ihm Athene gegeben hatte, auf
und erlegte sie mit seinen Pfeilen oder verjagte sie
(Apollod. 2, 5, 6.). Nach der Argonautensage flüchteten
diese Vögel nach der Insel Aretias in der Nähe von
Kolchis.

6) Den Gürtel der Hippolyte, der Königin der
Amazonen (p. 189.), verlangte Admete, die Tochter des
Eurystheus, zu besitzen. Hippolyte wollte dem Herakles anfangs das Gewünschte freiwillig geben; allein
auf Veranstaltung der Hera kam es zu einem Kampfe,
in welchem Herakles die Königin tödtete und ihr den
Gürtel nahm. Da dieser Zug zu einem fernen Ziele
ging, so konnte man leicht πάρεργα in denselben ein-
fügen; wir erwähnen hiervon blos auf dem Rückwege
seine Ankunft in Troja, wo er des Laomedon Tochter
Hesione vor einem von Poseidon gesendeten Seeungeheuer rettete. Laomedon hatte ihm dafür die Rosse
versprochen, welche ihm Zeus für den geraubten Ganymedes gegeben hatte; nachher aber verweigerte er sie,
weshalb Herakles mit der Drohung abfuhr, ihn mit Krieg
zu überziehen (Apollod. 2, 5, 9. cf. Il. 5, 638 ff.).

7) Der Viehhof des Augeas. Eurystheus befahl
dem Herakles, den Viehhof des Augeas, des Sohns von
Helios, Königs in Elis, der einen grossen Reichthum an
Heerden besass, an einem Tage von dem Miste zu
reinigen. — Herakles machte Augeas das Anerbieten,
ohne etwas von dem Auftrage des Eurystheus zu sagen,
und erbat sich dafür den zehnten Theil der Heerden.
Augeas ging den Vertrag ein, weil er die Ausführung
des Versprechens für unmöglich hielt, und Herakles lei-
tete nun die Flüsse Peneios und Alpheios durch den

Hof, so ·dass 'in kurzer Zeit aller Mist weggeschwemmt
war. Als aber Augeas erfuhr, dass Herakles diese Arbeit nach dem Auftrage des Eurystheus gethan habe,
verringerte er den Lohn (Apollod. 2, 5, 5.). Später zog
Herakles mit einem Heere gegen Augeas, wurde aber
in den Engpässen von Elis von des Augeas Neffen, den
Molioniden Kteatos und Eurytos (Söhnen des Aktor
oder des Poseidon und der Molione, Il. 11, 709. 750.),
überfallen und verlor einen grossen ¡Theil seines Heeres; dafür überfiel Herakles die Molioniden bei Kleonä,
als sie von Elis aus zu den isthmischen Spielen zogen,
und erschlug sie, dann verwüstete er das Land des
Augeas und tödtete ihn nebst seinen Söhnen. Hierauf
soll er (nach Pindar) die olympischen Spiele eingesetzt
haben.

8) Den von dem zürnenden Poseidon gesendeten kretischen Stier, der rasend auf Kreta
umherschweifte und alles verwüstete, fing Herakles und
brachte ihn nach Mykenae, liess ihn aber alsdann wieder frei. Nach athenischer Sage kam das Thier bis nach
Marathon, wo es als eine Plage des Landes in der The-
seussage wieder vorkommt. (Apollod. 2, 5, 7.)

9) Die Stuten des Diomedes, des Königs der
Bistonen in Thrakien, wurden ebenfalls von Herakles
nach Mykenä gebracht. Diomedes fütterte sie mit dem
Fleische der Fremden, die in das Land kamen; Herakles aber überwältigte ihn und liess ihn selbst von den
Pferden auffressen. Eurystheus weihte diese der Hera
und liess sie frei; später wurden sie auf dem Olympos
von wilden Thieren zerrissen. (Apollod. 2, 5, 8.)

10) Die Rinder des Geryones, der aus drei
vom Bauche an zusammengewachsenen Körpern bestand,
wurden auf der im äussersten Westen gelegenen Insel

Erytheia (der rothen Insel) bei den Rindern des Hades von dem Riesen Eurytion gehütet und von dem zweiköpfigen Hunde Orthros oder Orthos bewacht. Herakles erhielt den Befehl diese zu holen, zog durch Europa und Libyen und stellte an der Grenze dieser Erdtheile auf beiden Seiten der Strasse von Gibraltar Säulen (die Säulen des Herakles) auf, als Zeugen seiner weitesten Fahrt. Da ihn auf der Fahrt der im Westen niedersteigende Helios mit seinen Strahlen brannte, so spannte er seinen Bogen gegen ihn, und dieser, seine Kühnheit bewundernd, lieh ihm seinen goldenen becherförmigen Kahn (Sonnenkahn), in welchem der Held über den Okeanos fuhr. Auf Erytheia angelangt, erschlug er den Eurytion und den Orthros, trieb die Rinder fort und tödtete den ihm nachsetzenden Geryones. Auf dem Rückweg ging er über die Pyrenäen und die Alpen, durch das Land der Ligurer und Italien. (Apollod. 2, 5, 10.) — Diese weite Fahrt gab vielfache Gelegenheit zum Ausschmücken und Einschieben von Nebenarbeiten (er ringt in Libyen mit Antaios, einem Sohn der Erde, den er, weil durch Berührung mit der Erde sein Körper immer neue Kraft gewann, in die Höhe hebt und in seinen Armen erwürgt, tödtet den Busiris in Aegypten, kämpft mit den Giganten bei Cumae, mit Eryx auf Sicilien, erlegt den Räuber Alkyoneus auf dem Isthmos); besonders haben die römischen Schriftsteller an diese westliche Fahrt ihre Sagen von Herakles angeknüpft.

11) Das Heraufholen des Kerberos aus der Unterwelt wird, weil es die schwerste Arbeit war, gewöhnlich als die zwölfte angeführt. Herakles stieg bei Tänaron hinab, fand in der Nähe der Pforten des Hades den Theseus und Peirithoos gefesselt und befreite

jenen; als er aber auch den Peirithoos von seinen Banden lösen wollte, erbebte die Erde und er stand von seinem Unternehmen ab. Hades erlaubte ihm den Kerberos zur Oberwelt zu führen, wenn er ihn ohne Waffen bezwänge. Am Acheron traf er den Hund, fesselte ihn und brachte ihn bei Trözene (oder Tänaron, oder Hermione u. s. w.) ans Tageslicht. Nachdem er ihn dem Eurystheus gezeigt, führte er ihn wieder zur Unterwelt. (Apollod. 2, 5, 12. cf. Il. 8, 362 ff. Od. 11, 623.)

12) Die goldenen Aepfel der Hesperiden waren der Hera bei ihrer Vermählung mit Zeus von Gaia zum Geschenke gegeben worden und wurden im äussersten Westen der Erde in der Nähe des Atlas von den Hesperiden, den Töchtern der Nyx (Hes. Theog. 215.)*), und dem Drachen Ladon bewacht. Herakles sollte sie dem Eurystheus bringen. Weil auch dieser Zug in die äusserste Ferne ging und Herakles nicht wissen sollte, wo sich die Gärten der Hesperiden befanden, so liess man ihn die verschiedensten Länder besuchen und schob allerlei Abenteuer ein, auch vermengte man diese Fahrt mit der nach den Heerden des Geryones, weil man sich das Ziel beider im fernsten Westen dachte. Nach langem Umherziehen kam er endlich zu den Hyperboreern**) und zu Atlas, der das Himmelsgewölbe trägt. Dieser holte die Aepfel der Hesperiden, während Herakles selbst das Gewölbe des Himmels auf die Schul-

---

*) Töchter der Nacht, weil ihr Aufenthalt im Westen, wo der Tag verschwindet, gedacht ward; bei Andern stammen sie von Phorkys und Keto, oder von Atlas und Hesperis u. s. w. Ihre Zahl ist 3 oder 5 oder 7.

**) Die Hyperboreer sind eigentlich ein am Nordrande der Erde jenseits des Boreas in seliger Ruhe lebendes fabelhaftes Volk; Spätere haben sie übrigens auch an den Westrand versetzt.

tern nahm. Als Atlas mit drei Aepfeln zurückkehrte, wollte er den Himmel nicht wieder aufnehmen, sondern selbst die Aepfel zu Eurystheus tragen; aber Herakles überlistete ihn, indem er ihn bat, den Himmel noch so lange zu halten, bis er sich ein Kissen gemacht habe, damit der Himmel ihn nicht allzu sehr drücke. Atlas liess sich täuschen, und Herakles ging mit den Aepfeln davon. Von Eurystheus erhielt er die Aepfel zum Geschenke und weihte sie der Athene; diese aber brachte sie an ihren vorigen Ort zurück. (Apollod. 2, 5, 11.)

d) Nach Verrichtung dieser zwölf Arbeiten kehrte Herakles, von dem Dienste bei Eurystheus befreit, wieder nach Theben zurück. Hier vermählte er seine frühere Gemahlin Megara mit seinem Neffen Iolaos und begab sich nach Oichalia (in Thessalien, oder nach späteren Sagen in Euböa oder in Messenien) zu dem König Eurytos, um um dessen Tochter Iole zu werben. Eurytos verweigerte die Tochter, und als zu dieser Zeit seine Rinder gestohlen wurden, argwöhnte er, Herakles möge der Dieb sein. Daher ging Iphitos, der Sohn des Eurytos, zu Herakles und bewog ihn, um ihn vor dem Vater zu rechtfertigen, mit ihm die Rinder zu suchen. Dies geschah; als sie aber in Tiryns waren, stürzte Herakles in einem Anfall von Wahnsinn seinen Freund und Begleiter von der Mauer hinab, dass er starb. (Apollod. 2, 6, 1 u. 2. Ausführung von Od. 21, 22 ff. cf. Soph. Trach. 248 ff.) Deswegen verfiel Herakles in eine schwere Krankheit; um zu gesunden, musste er drei Jahre um Lohn dienen. Er wurde nach späterer Sage an Omphale, die Königin von Lydien, verkauft, bei welcher er in einem Weibergewande weibliche Arbeiten verrichten musste. Zugleich aber unternahm er während dieser Dienstzeit mancherlei Heldenfahrten (Apollod. 2, 6, 3.).

Nach der Knechtschaft bei Omphale soll Herakles
den Laomedon, König von Troja, bekriegt haben.
Dieser schon von Homer (Il. 5, 640 ff.) erwähnte Zug
wurde von Spätern noch sehr erweitert (Apollod. 2, 6,
4.). Unter den Helden, welche ihn bei dem Unternehmen begleiteten, wird besonders Telamon hervorgehoben.
Dieser drang bei der Einnahme der Stadt zuerst ein;
der ihm nachstürmende Herakles, erzürnt, dass ein andrer ihm zuvorgekommen, war eben im Begriff ihn mit
der Lanze niederzustossen, da trug Telamon, die Gefahr merkend, schnell Steine zusammen, um, wie er
sagte, dem Herakles Kallinikos (dem ruhmreichen Sieger) einen Altar zu bauen, und beschwichtigte so den
Zorn seines Genossen. Dieser gab ihm die Hesione
als Siegespreis, welche auf die Erlaubniss, sich einen
von den Gefangenen auszuwählen, ihren von der ganzen Familie einzig übrig gebliebenen Bruder Podar-
kes mit ihrem Schleier loskaufte. Daher bekam Po-
darkes den Namen Priamos, der Losgekaufte. Hierauf
zog Herakles nach Argos zurück (s. p. 39.) und unternahm
alsdann den Zug gegen Augeas und darauf gegen Pylos
(Apollod. 2, 7, 2 u. 3. cf. Il. 11, 689.).

Nicht lange nachher zog Herakles nach Kalydon in
Aetolien und warb um Deïaneira, die Tochter des
Königs Oineus (Apollod. 2, 7, 5 ff.). Hier musste er
mit seinem Mitbewerber, dem Stromgott Acheloos, um
die Jungfrau ringen (Soph. Trach. 9 ff.); er errang den
Sieg und den Siegespreis und zog nach läugerem Auf-
enthalte in Kalydon mit der jungen Gattin nach Trachis am Oetagebirge zu seinem Freunde Keÿx. Als
er unterwegs über den Fluss Euenos ging und dem Kentauren Nessos, der hier die Wanderer um Lohn auf
seinen Schultern hinübertrug, die Deïaneira übergab, um

sie ans andre Ufer zu bringen, versuchte dieser in seiner Rohheit sie zu misshandeln, ward aber von Herakles mit dem Pfeil durchbohrt. Sterbend rieth Nessos der Deïaneira, das an dem vergifteten Pfeile geronnene Blut als Liebeszauber aufzubewahren für den Fall, dass Herakles seine Liebe einer Andern zuwenden würde, und veranlasste so in der Folge den Tod des Helden. — In der Nähe von Trachis traf Herakles mit Kyknos und dessen Vater Ares zusammen und bekämpfte sie, unterstützt von Iolaos und Athene; Kyknos fällt und Ares wird verwundet (Hes. Scut. Herc.). Von Trachis aus unterwarf Herakles die Dryoper und schlug, von dem Dorerfürsten Aigimios zu Hülfe gerufen, die Lapithen. (Apollod. 2, 7, 7.)

e) Letzte Schicksale und Apotheose*) des Herakles. Homer erzählt nichts über die Art, wie Herakles gestorben sei. Er sagt nur, dass auch ihn, den Gewaltigen, den Liebling des Zeus, das Todesgeschick traf, dass ihn die Moira und der schwere Zorn der Hera überwältigte (Il. 18, 117 ff.). In der Unterwelt trifft Odysseus sein Schattenbild (εἴδωλον); der dunkelen Nacht vergleichbar schreitet es mit dem gespannten Bogen und einem furchtbaren Wehrgehänge umher; er selbst (αὐτός) aber weilt im Olympos bei den unsterblichen Göttern in blühendem Glücke, vermählt mit Hebe, der schönen Göttin der Jugend (Od. 11, 601 ff.). Allein diese ganze Stelle über Herakles rührt nicht von Homer her (s. p. 21.), und die Verse 602 und 603 (εἴδωλον· αὐτὸς δὲ μετ' ἀθανάτοισι θεοῖσιν τέρπεται ἐν θαλίῃς καὶ ἔχει καλλίσφυρον Ἥβην.), in welchem die Unterscheidung zwischen dem Schattenbild und dem wahren, leibhaftigen

---

*) Erhebung zu den Göttern.

Herakles vorkommt, sind ein noch späteres Einschiebsel des Onomakritos. Nach ächthomerischer Vorstellung
kann es nur ein Schattenbild des Herakles in der Unterwelt geben. Erst nach Homer entstand der Glaube,
dass Herakles unter die Unsterblichen erhoben und mit
Hebe vermählt worden sei, weil man das Verweilen in
der Unterwelt des Göttersohnes, der auf Erden so Grosses gethan, für unwürdig hielt. Bei Hesiod finden wir
diese Vorstellung schon völlig ausgebildet (Theog. 950 ff.),
und die Späteren haben die Sage von seinem Tode und
seiner Apotheose mit besonderer Vorliebe erweitert
und ausgeschmückt. Die Hauptzüge derselben sind folgende.

Von Trachis aus zog Herakles mit einem Heere gegen Oichalia in Euböa, um sich an Eurytos zu rächen. Er erobert die Stadt, erschlägt den Eurytos und
seine Söhne und führt Iole, seine Tochter, mit sich
fort. Als Deïaneira die Kunde erhält, dass Herakles
siegreich mit der schönen Iole zurückkehre, schickt sie
ihm, um seine Liebe wieder auf sich selbst zurückzu-
wenden, ein mit dem vermeintlichen von Nessos empfan-
genen Liebeszauber getränktes Gewand. Kaum ist dieses an dem Körper des Herakles warm geworden, so
dringt das für einen Liebeszauber gehaltene Gift in
seine Glieder, dass sie in Fäulniss übergehen und er
von den schrecklichsten Schmerzen gequält wird. Li-
chas, den Ueberbringer des Gewandes, schleudert er ins
Meer. Darauf lässt er sich nach Trachis bringen, wo
Deïaneira sich selbst getödtet hat, nachdem sie von dem
Unglück gehört, das sie wider Wissen und Willen an-
gerichtet hat. Nachdem Herakles von seinem Sohne
Hyllos über die von seiner Mutter arglos verübte Frevelthat aufgeklärt worden ist und gehört hat, dass der

Zauber von dem durch ihn getödteten Nessos stamme,
da erkennt er sein nahes Ende; denn er erinnert sich
des ihm einst gewordenen Orakelspruches, dass er durch
einen Todten sterben werde. Er trägt daher dem Hyllos auf Iole zu heirathen, errichtet sich selbst auf dem
Octa einen Scheiterhaufen, steigt hinauf und verlangt
von den Vorübergehenden, dass sie ihn anzünden. Das
thut endlich Puias, oder dessen Sohn Philoktetes (Soph.
Philoct. 802.), und Herakles gibt für diesen Dienst seine
Pfeile. Als der Holzstoss brannte, fielen Blitze vom
Himmel, dass Alles schnell verzehrt ward, den Herakles selbst aber trug unter dem Rollen des Donners
eine Wolke in den Olympos, wo er mit Hera ausge-
söhnt und mit Hebe vermählt ward. Diese gebar ihm
den Alexiares und Aniketos, deren Namen auf den
Herakles selbst als den unbesiegbaren Abwender des
Unheils hindeuten. (Apollod. 2, 7, 7. cf. Soph. Trachin.
— Pindar Nem. 1. fin. 10, 31 ff. Isthm. 4, 55 ff. — Euri-
pid. Heracl. 910 ff. Orest. 1686. — Ovid. Met. 9, 134 ff. —
Virg. Aen. 8 300.).

Gleich nach seiner Apotheose sollen dem Herakles
Iolaos und andere Freunde auf der Brandstätte ein
Heroenopfer dargebracht haben; nach ihrem Vorgange
opferte ihm Menoitios in Opus und setzte ihm einen
Heroendienst ein. Dies thaten bald darauf auch die
Thebaner und weiter die übrigen Stämme der Griechen
im Mutterland und in den Kolonien. Die Athener ehrten ihn zuerst als einen Gott durch feierliche Opfer,
und ihrem Beispiele folgten dann alle Griechen, so dass
also dem Herakles an verschiedenen Orten zugleich
Heroenopfer und Götteropfer dargebracht wurden; auch
ehrte man ihn durch Kampfspiele (Ἡράκλεια).

Wie die Griechen, so hatten auch andere Völker ihren

Nationalhelden, ein Ideal ihrer Heldenkraft. Wo die Griechen- einen solchen kennen lernten, da erklärten sie ihn entweder für ihren eigenen Herakles, oder sie trugen doch wenigstens den Namen ihres Helden auf ihn über. So sprach man denn von einem ägyptischen, phönikischen, persischen, lydischen Herakles u. s. w. und vermischte die fremdländischen Sagen mit den einheimischen. Der italische *Hercules* hat jedenfalls seinen Namen von dem griechischen erhalten; aber es ist mehr als wahrscheinlich, dass die Vorstellung und die Sagen von dem griechischen Herakles, die in Unteritalien von den griechischen Kolonien aus Eingang fanden, sich mit den Vorstellungen und Sagen altitalischer Helden ähnlicher Art verbunden haben. Durch ganz Italien hin hatte Hercules Statuen, Tempel und Altäre, besonders auch in Rom selbst.

Von den italischen Sagen erwähnen wir nur die von dem Riesen *Cacus*. Als Hercules von Erytheia aus die Rinder des Geryones nach Griechenland trieb, wurde ihm im Gebiete der Aboriginer bei Palantium (s. Evander), während er schlief, ein Theil der Heerde von dem feuerschnaubenden Riesen Cacus gestohlen und rückwärts in eine Höhle gezogen, damit nicht die Fusstapfen der Rinder dem Hercules ihren Aufenthalt entdeckten. Das Brüllen der Rinder verrieth aber den Räuber; Hercules erschlug ihn und opferte dem *Pater Inventor*. *Evander*, ein Einwanderer aus Arkadien, kam mit den Hirten der Gegend hinzu, erbaute einen Altar (*Ara maxima*) und opferte dem Hercules. Die Familien der *Potitii* und *Pinarii* wurden als Vorsteher des gegründeten Herculescultus eingesetzt (Liv. 1, 7. Ovid. Fast. 1, 543 ff. Virgil. Aen. 8, 185 ff.).

Der Herculescult in Sicilien, Korsika, Sardinien,

Malta, zu Gades in Spanien ist wahrscheinlich phönikischen Ursprungs. Auch in Gallien und Germanien (Tacit. Germania 2.) sollte ein Hercules verehrt worden sein.

Dem Herakles waren heilig die Silberpappel, der
Oelbaum, der Epheu, die warmen Quellen. — Die Kunst
hat ihn sehr häufig dargestellt, als Kind, als Jüngling
und als gereiften Mann. In der letzten Gestalt erscheint
er besonders als der Vollender ungeheurer Kämpfe mit
starker Musculatur, breiter Brust, kurzem, stierartigem
Nacken; Kopf und Auge sind verhältnissmässig klein,
die Haare stark und kurz, die Unterstirn ist mächtig
vorgedrängt, die Züge des zusammengedrängten Gesichts
sind ernst. Seine gewöhnliche Bewaffnung sind Keule
und Bogen, seine Bekleidung die Löwenhaut. Eine
berühmte, noch erhaltene Statue ist der sogenannte Farnesische Hercules in ausruhender Stellung. (Fig. 24.)

Die Nachkommen des Herakles, deren eine ungeheure Menge aufgezählt wird, heissen Herakliden
(Ἡρακλεῖδαι); vornehmlich aber werden diejenigen Ab-
kömmlinge des Herakles so genannt, welche in Gemeinschaft mit den Dorern in den Peloponnes zogen, um
die von ihrem Ahnen früher unterworfenen Landschaften (Argos, Lakedämon, das messenische Pylos) in Besitz zu nehmen. Die Sage erzählt, Hyllos, der Sohn
des Herakles, sei mit seinen Brüdern von Trachis aus,
wo ihn Keyx nicht schützen konnte, vor den Nachstellungen des Eurystheus durch ganz Griechenland geflohen,
bis er in Athen Schutz fand*). Da die Athener ihre

---

*) Nach Euripides' Herakliden wohnten die Nachkommen
des Herakles zuerst in Argos; von Eurystheus vertrieben, flohen
sie nach Trachis und dann nach Athen.

Schützlinge nicht ausliefern wollten, so bekriegte sie
Eurystheus, wurde aber bei dem skironischen Felsen
von Theseus, Hyllos und Iolaos besiegt und fiel selbst
in der Schlacht, nachdem Makaria, eine würdige Tochter des Herakles, sich freiwillig zum Heile ihrer Brüder
dem Opfertode hingegeben. Darauf fielen die Herakliden in den Peloponnes ein, wurden jedoch durch eine
Pest wieder vertrieben, zogen nach Athen zurück und
von da nach Thessalien, wo Aigimios, der Fürst der
Dorer, den Hyllos an Kindes Statt annahm und ihm
den dritten Theil seines Landes gab, weil ihm einst
Herakles gegen die Lapithen beigestanden hatte. Von
Hyllos leiteten sich alle folgenden Könige der Dorer ab,
und die Hylleer, die eine der drei dorischen Phylen,
trugen von ihm den Namen. Drei Jahre nachher machte
Hyllos mit einem Haufen von Dorern einen neuen Ein-
fall in den Peloponnes, um sich des von dem Pelopiden Atreus in Besitz genommenen Reiches des Eury-
stheus zu bemächtigen. Er fiel in einem Zweikampf mit
Echemos, König von Tegea, der für Atreus stritt, und
erst hundert Jahre nach seinem Tode gelang es seinen
Nachkommen sich im Peloponnes festzusetzen. Zehn
Jahre nach dem Tode des Hyllos fällt der trojanische
Krieg.

4. Tantalos und sein Geschlecht.

Tantalos, ein Sohn des Zeus, war ein reicher König in der Stadt Sipylos an dem gleichnamigen Berge
in Lydien. Zeus liebte ihn vor allen Menschen und
segnete ihn mit allen Glücksgütern der Erde; er zog
ihn sogar zu den Mahlen der Götter hinzu und theilte
ihm seine Rathschlüsse mit. Dieses Glück konnte der
Sterbliche nicht ertragen; er verrieth die ihm anvertrau-

ten ·Geheimnisse und entwendete au den Göttermahlen
Nektar und Ambrosia, um davon seinen sterblichen Genossen mitzutheilen. Dafür ward er von Zeus gestraft.
In der Odyssee (11, 582. s. oben p. 21.) und bei den
meisten Dichtern wird diese Strafe in die Unterwelt
gesetzt, doch so, dass viele statt der Strafe des Dar-
bens ihn durch ewige Angst gequält werden lassen, indem ein stets den Sturz drohender Felsblock über seinem Haupte schwebt. Nach andern Sagen muss man
annehmen, dass Tantalos für seine Frevel schon in der
Oberwelt gestraft worden sei. Er erhielt einst von
Zeus die Erlaubniss eine Bitte zu thun. Als er nun
mit seinem göttergleichen Loose prahlte, habe Zeus ihm
zwar die Fülle der Glücksgüter verliehen, aber einen
schweren Felsblock über ihn gehängt, damit er in steter
Angst schwebend die ihn umgebenden Güter nicht geniessen könnte. Diese Strafe in der Oberwelt scheint
die ursprüngliche gewesen zu sein.

Zu den Frevelthaten des Tantalos, wofür er gezüchtigt wurde, gehört auch folgende. Einst lud er die Götter zum Mahle nach Sipylos und setzte ihnen, um sie zu
versuchen, das Fleisch seines eigenen Sohnes Pelops
vor, den er geschlachtet, zerstückt und gekocht hatte.
Die Götter merkten den Trug und rührten das grässliche
Mahl nicht an; nur Demeter, in Schmerz um die ver-
lorne Tochter Persephone versunken, liess sich täuschen
und ass die eine Schulter. Hermes kochte darauf den
zerstückten Körper in einem Kessel und gab ihm so auf
zauberische Weise Gestalt und Leben wieder; nur fehlte
die eine Schulter. Diese wurde durch eine elphenbei-
nerne ersetzt, und daher sollen alle Nachkommen des
Pelops durch einen weissen Fleck auf der Schulter ausgezeichnet gewesen sein. Der Glaube an dieses Adels-

FIG. XXV.

Niobe.

zeichen der Pelopiden scheint jene Sage zum Theil hervorgerufen zu haben.

Die Tochter des Tantalos war **Niobe**, Gemahlin des **Amphion**, Königs von Theben, der mit seinem Bruder **Zethos** diese Stadt umbaut und ummauert hatte (Od. 11, 260.). Niobe vermass sich, stolz auf ihre zahlreiche Nachkommenschaft, 6 Söhne und 6 Töchter (diese Zahl wird von Verschiedenen verschieden angegeben), sich der Leto, welche nur 2 Kinder geboren, gleichzustellen. Darum wurden ihre Kinder von Apollon und Artemis erschossen, die Söhne von Apollon, von Artemis die Töchter. Neun Tage lang lagen sie in ihrem Blute unbestattet, denn Zeus hatte die Völker in Steine verwandelt; am zehnten wurden sie von den Göttern begraben. Niobe selbst aber erstarrte durch den ungeheuren Schmerz und ward zu einem Felsen, der auf den einsamen Höhen des Sipylos steht; dort fühlt sie als Stein noch das Leiden, das die Götter ihr zugefügt (Il. 24, 602—617. cf. Ovid. Met. 6, 152—312.). *) (Fig. 25. Niobe.)

Des Zethos Gemahlin **Aëdon**, Tochter des **Pandareos**, wollte aus Neid gegen die kinderreiche Niobe einen von deren Söhnen tödten, aber aus Versehen ermordete sie in der Nacht ihren eigenen Sohn **Itylos**. In eine Nachtigall verwandelt, klagt sie jedes Frühjahr im dichten Gezweige um den lieben Sohn (Od. 19, 518 ff. cf. Soph. El. 144., wo der Sohn **Itys** heisst) **). Auch

---

*) Die berühmte, jetzt in Florenz befindliche Niobegruppe in Marmor, 1583 in Rom aufgefunden, stellt in grossartigster Weise den tragischen Untergang der thebanischen Königsfamilie dar.

) Aehnlich ist die attische Sage von **Prokne, der Tochter des athenischen Königs Pandion, welche mit dem Thrakerfürsten Tereus von Daulis vermählt war. Dieser aber verbindet

die übrigen Töchter des Pandareos hatten ein unglück-
liches Geschick. Durch die Götter ihrer Eltern früh beraubt, blieben sie verwaist in den Gemächern zurück.
Die Göttinnen Aphrodite, Here, Artemis, Athene nahmen
sich ihrer an und gaben ihnen Schönheit und Kunstfer-
tigkeit; als ihnen aber Aphrodite eben von Zeus eine
glückliche Ehe erbitten wollte, wurden sie von den Harpyien geraubt und den Erinyen als Dienerinnen übergeben (Od. 20, 66 ff.).

Als Pelops, des Tantalos Sohn, zum Jüngling herangereift war, zog er nach Pisa in Elis, um mit dem
dortigen König Oinomaos um seine Tochter Hippodameia zu kämpfen. Oinomaos hatte wegen des Orakelspruches, dass er von seinem Eidam getödtet werden
würde, bestimmt, dass er seine Tochter dem zur Ehe
geben wolle, der ihn im Wagenrennen besiege; wen er
jedoch auf der Rennbahn einholte, den durchbohrte er
von hinten mit der Lanze. So hatte schon mancher
Freier sein Leben eingebüsst. Als Pelops ankam, be-
stach er den Wagenlenker des Oinomaos, Namens Myrtilos; dieser setzte an den Wagenrädern des Oinomaos
die Nägel nicht ein, so dass Oinomaos bei dem Wettrennen stürzte und umkam. Auf diese Weise erwarb
Pelops die schöne Hippodameia und die Herrschaft von
Pisa; den Myrtilos aber stürzte er, anstatt ihm die ver-

sich mit ihrer Schwester Philomele nnter dem Vorgeben, dass
Prokne todt sei. Als Philomele den Trug entdeckt und mit
Rache droht,. schneidet er ihr die Zunge aus; aber Philomele
macht durch einige in ein Gewand gewebte Worte der Schwester ihr Schicksal bekannt, welche nun, um den Tereus zu strafen, ihren Sohn Itys tödtet und dem Tereus zum Mahle vorsetzt.
Als Tereus die fliehenden Schwestern verfolgt, wird Prokne in
eine Nachtigall, Philomele in eine Schwalbe, er selbst in einen
Wiedehopf verwandelt. Thuc. 2, 29. Ov. Met. 6, 424 ff.

sprochene Hälfte des Reiches zu überlassen, ins Meer.
Sterbend verflucht Myrtilos den Pelops und sein ganzes
Geschlecht, und seitdem geht ein finstrer Geist des Frevels und des Unheils durch das Haus der Pelopiden.
Pelops ward in dem nach ihm benannten Peloponnes
ein so gewaltiger Herrscher, dass seine erhabene Macht-
fülle für die Folge sprüchwörtlich wurde; Zeus selbst
gab ihm sein Königsscepter (Il. 2, 100 ff.). In Olympia,
wo er die Spiele prächtig erneuert haben und später
begraben worden sein soll, ehrte man ihn an seinem
Grabe als Heros und Kampfeshort mit Blutspenden (Pind.
Ol. 1, 90.) *).

Nach Pindar war Pelops Vater von 6 völkerbeherr-
schenden Königen, die sich über den Peloponnes zerstreuten; von ihnen sind die ältesten und bekanntesten
Atreus und Thyestes. Auf Anstiften ihrer Mutter
tödteten diese ihren Stiefbruder Chrysippos und flohen
dann vor dem Zorne des Vaters zu dem König von Mykenä, dem Perseiden Sthenelos, dem Gemahl ihrer
Schwester Nikippe. Sthenelos übergab ihnen Midea
zum Wohnsitz, und als später sein Sohn Eurystheus
gegen die Herakliden auszog und in einem Treffen gegen
dieselben fiel (p. 217.), erhielt Atreus nach einer von
Eurystheus vor seinem Auszug getroffenen Anordnung
die Herrschaft über Mykenä (Thuc. 1, 9.).

Das grausenvolle Geschick des Pelopidenhauses in

---

*) Pindar behandelt in der 1. Ol. Ode die Mythen von Tan-
talos und Pelops, allein er ändert mit frommem Sinn an den
alten Sagen, indem er solche Züge, welche ihm der Götter
und des Heros Pelops nicht würdig scheinen, wie das Schlachten und theilweise Verzehren des Pelops und die Mithülfe des
Myrtilos beim Wettkampf, entweder auslässt oder anders erzählt
und deutet.

Mykenä war ein Hauptgegenstand der alten Tragödie *).
Die Reihe der Greuelscenen wird eröffnet durch einen
Frevel des Thyestes. Dieser verleitete die Frau des
Atreus zum Treubruch und ward deswegen von Atreus
vertrieben; um sich zu rächen, schickte er den Pleisthenes, einen Sohn des Atreus, den er als den seinigen
aufgezogen, hatte, mit dem Auftrag nach Mykenä ab
den Atreus zu ermorden. Atreus aber tödtete, ohne es
zu wissen, den eignen Sohn. Als er die Absicht seines
Bruders und seine eigene That erkannte, unterdrückte
er, um sich rächen zu können, seinen Grimm und versöhnte sich zum Schein mit Thyestes. Als dieser ins
Land zurückgekehrt war, schlachtete Atreus dessen
Söhne Tantalos und Pleisthenes und setzte ihr Fleisch
ihm zum Mahle vor. Thyestes erkennt die entsetzliche
That, er sinkt heulend nieder und das greuliche Mahl
ausspeiend flucht er dem ganzen Stamme der Pelopiden.
Darauf flieht er ausser Land, das Reich des Atreus aber
wird durch Unfruchtbarkeit heimgesucht, und als er
einem Orakelspruche zufolge auszieht seinen Bruder zu
suchen, findet er zwar diesen nicht, bekommt aber dessen
Sohn Aigisthos in seine Hände und nimmt ihn mit
nach Mykenä, um ihn wie seinen Sohn aufzuziehen.
Später wird Thyestes von den ausgesendeten Söhnen
des Atreus Agamemnon und Menelaos aufgesucht
und nach Mykenä gebracht, wo ihn Atreus einkerkert
und durch Aigisthos ermorden lassen will. Dieser aber
wird von dem Vater erkannt und erschlägt nun den
Atreus, während er am Ufer opfert. Thyestes und Aigisthos bemächtigen sich der Herrschaft von Mykenä

---

*) Aeschyl. Agamemnon, Choëphoren, Eumeniden. Sopho-
cles Electra. Euripides Electra, Orestes; Iphigen. Aul. und
Taur.

FIG. XXVI.

Opfer der Iphigenia.

und jagen den Agamemnon und Menelaos aus dem Lande. Sie kommen nach Sparta zu dem König Tyndareos und vermählen sich mit dessen Töchtern, ersterer mit Klytaimnestra, letzterer mit Helena. Von Sparta aus vertreiben sie Thyestes und Aigisthos aus dem Reiche ihres Vaters und Agamemnon wird Herrscher von Mykenä, während Menelaos den Königsthron von Sparta erbt.

Agamemnon ward der mächtigste Fürst in Griechenland; er besass Mykenä, Korinth, Kleonä, Orneia, Araithyrea, Sikyon, Hyperesia, Gonoëssa, Pellene, Aigion, Aigialos, Helike (Il. 2, 569 ff. 2, 100 ff.). Als daher die Griechen gegen Troja ausziehen wollten, wählten sie ihn in einer Versammlung zu Argos zum Oberanführer. Nach seiner Rückkehr von Troja wurde er von Aigisthos, der während seiner Abwesenheit Klytaimnestra zur Untreue verführt hatte, bei einem Mahle ermordet, während die Seherin Kassandra, eine Tochter des Priamos, welche Agamemnon als Siegespreis mit sich heimgeführt hatte, von Klytaimnestra erschlagen wurde (Od. 1, 35. 3, 193. 256. 4, 512. 11, 409. 24, 20.). Bei den Tragikern wird Agamemnon im Bade getödtet, indem Klytaimnestra ein Netz oder ein Gewand über ihn wirft. Später ward er an verschiedenen Orten als Heros verehrt.

Die Kinder des Agamemnon sind Chrysothemis, Laodike (bei den Tragikern Elektra), Iphianassa und Orestes (Il. 9, 142 ff.). Neben Iphianassa erscheint bei den Tragikern noch Iphigeneia, von welcher gedichtet ward, dass sie, als die Griechen auf ihrer Fahrt nach Troja im Hafen von Aulis durch Windstille oder durch Stürme, welche die von Agamemnon beleidigte Artemis sandte, zurückgehalten wurden, nach dem Spruche des Kalchas der Göttin geopfert werden sollte.

Artemis aber setzte während des Opfers eine Hirschkuh an ihre Stelle und brachte sie nach dem skythischen Tauris, wo sie ihre Priesterin ward (Eurip. Iph. Aul. Sophocl. Electra 565.). Hier lebte sie lange Zeit, unbekannt mit dem Unglück im Vaterhause, bis Orestes sie nach Griechenland zurückbrachte.

Orestes, der jüngste von den Kindern Agamemnons, wurde nach der Ermordung seines Vaters auf Veranstalten seiner Schwester Elektra nach Phokis zu dem König Strophios, einem Schwager Agamemnons, vor den Nachstellungen des Aigisthos in Sicherheit gebracht. Im 8. Jahre kehrte er als Jüngling, sehnlichst von der misshandelten Elektra erwartet, in Begleitung seines treuen Jugendgenossen Pylades, Sohnes von Strophios, zurück und rächte den Mord des Vaters, indem er den Aigisthos und seine Mutter erschlug (Aeschyl. Choëph. Sophocl. und Eurip. Electrae). Es war die Pflicht des Sohnes den Mord des Vaters zu rächen, darum hatte Apollon selbst ihn zur That angetrieben; allein indem er der Pflicht gegen den Vater genügte, lud er zugleich ein schweres Verbrechen auf sich, den Muttermord. Deswegen wurde er nach der That von den Erinyen verfolgt und erst nach langem Umherirren durch Hülfe Apollons und der Athene zu Athen von ihnen befreit (s. p. 177.). So stellt Aeschylos in den Eumeniden die Sache dar; nach Euripides Iphig. Taur. erhielt Orestes von Apollon den Auftrag, damit er von seiner Raserei befreit werde, aus Tauris das Bild der Artemis zu holen und ins Land der Athener zu bringen. Orestes begab sich mit Pylades in jenes Land, wo damals Thoas herrschte; sie wurden ergriffen und sollten nach der Sitte des Landes, die ankommenden Fremden der Artemis zu opfern, von der Priesterin Iphigenia getödtet

FIG. XXVII.

Iphigeneia and Orestes.

werden. Allein Iphigeneia erkannte den Bruder und
entfloh mit ihm und Pylades und dem Bilde der Göttin,
das sie zu Brauron in Attika zurückliessen. Den Ale-
tes, Sohn des Aigisthos, welcher sich die Herrschaft von
Mykenä angemasst hatte, erschlug Orestes und setzte
sich so in den Besitz des väterlichen Reiches: dazu
erhielt er noch Argos und Sparta, das Reich des Menelaos, mit dessen Tochter Hermione er sich vermählte.
Sein Sohn ist Tisamenos. Pylades vermählte sich
mit Elektra. (Fig. 26. Opfer der Iphigeneia. Fig. 27.
Iphigeneia in Tauris.)

5. Attische Sagen.
(Kekrops. Theseus.)

Kekrops, ein Sohn der Erde ($\gamma\eta\gamma\epsilon\nu\dot\eta\varsigma$) und atti-
scher Autochthon *), gründete Athen und baute die Burg,
welche er nach sich Kekropia nannte; denselben Namen
erhielt das attische Land, welches bisher Akte (Küste)
geheissen hatte. Er soll zuerst in Attika einige Cultur
eingeführt und die Einwohner des Landes zu zwölf
Gemeinden vereinigt haben. Unter seiner Herrschaft
nahm Athene nach dem Wettstreite mit Poseidon (s. p.
115.) von der Stadt und dem Lande Besitz; auch dem
Zeus setzte er seinen Dienst ein. Er ist der Heros eines
altpelasgischen Stammes, der über Attika, Böotien und
die Umgegend verbreitet war; daher nahm man auch
verschiedene Heroen dieses Namens an, welche pelasgische Städte mit Namen Athenä gegründet haben sollen
(in Böotien am See Kopaïs, in Euböa). Erst in ganz
später Zeit wurde er zu einem ägyptischen Einwanderer

---

*) Ureingeborner. Als Erdgeborenen und Autochthon dachte
man ihn als Menschen mit einem Drachenleib ($\delta\iota\varphi\upsilon\dot\eta\varsigma$, der Zwie-
gestaltige).

aus Saïs gemacht. Seine Töchter sind **Agraulos** oder
Aglauros, **Herse**, **Pandrosos**, ursprünglich Wesen
göttlicher Natur, welche, wie er selbst, eng mit dem
Atheneculte zusammen hingen. Athene vertraute diesen
Kekropiden ihren Sohn und Pflegling, das Kind Erichtho-
nios oder Erechtheus, das von einer Schlange bewacht
wurde, in einer verschlossenen Kiste an, mit dem Auf-
trage die Kiste nicht zu öffnen. Als aber Aglauros und
Herse aus Neugier die Kiste öffneten und das Kind in
Schlangengestalt von einer Schlange umwunden sahen,
stürzten sie sich, von Wahnsinn ergriffen, von dem
Burgfelsen herab. Erichthonios aber wuchs unter der
Pflege der Göttin in ihrem Heiligthume auf und ward
später König von Athen (Il. 2, 547 ff.), der in dem
Streite des Poseidon und der Athene um Attika das
Land der letzteren zusprach, ihren Cultus einsetzte und
das ritterliche Spiel der Panathenäen stiftete. Er ward
auf der Burg im Erechtheum neben Athene und Poseidon verehrt. Von diesem Erichthonios oder älteren Erechtheus hat man später einen jüngeren Erechtheus, einen
Enkel des ersten, der ebenfalls König von Athen war,
getrennt. — Zur Zeit des jüngeren Erechtheus kam der
thrakische Priester Eumolpos nach Eleusis und bekriegte an der Spitze der Eleusinier den Erechtheus.
Die Athener siegen, nachdem des Erechtheus Tochter
Praxithea sich freiwillig zum Opfertode geboten; Erechtheus erlegt selbst den Eumolpos, wird aber von dessen
Vater Poseidon mit dem Dreizack getödtet. Hierauf
schliessen Athener und Eleusinier einen Vertrag, wonach
beide Staaten sich zu einem vereinigen und die eleusinische Priesterschaft, darunter die Eumolpiden, in die
Gemeinschaft der Athener aufgenommen werden.

Erechtheus repräsentirt noch die altpelasgische Zeit

FIG. XXVIII.

Theseus.

Attikas. Nach seinem Tode erhält der Stammvater der
in Attika eingewanderten Ionier, der kriegerische **Ion**,
welcher den Erechtheus gegen Eumolpos unterstützt
haben soll, die Herrschaft Athens. Der ionische Nationalheros war **Theseus** (Θησεύς, der Ordner, von τίθημι), wie Herakles der der Dorier, der gefeiertste Heros von Attika. Die Sage bringt ihn mit dem Geschlechte
des Kekrops und des Erechtheus in Verbindung. Des
Kekrops Sohn war **Pandion**, dessen Sohn **Aigeus***),
der Vater des Theseus. Dieser ward in Trözen von der
Tochter des Pittheus, **Aithra**, geboren und, nachdem
er herangewachsen war, nach Athen zu seinem Vater geschickt. Das Erkennungszeichen für den Vater war ein
Schwert und Schuhe, welche dieser früher bei Trözen unter
einen Felsblock gelegt und der zu Kraft herangewachsene
Theseus auf Anzeigen seiner Mutter hervorgeholt hatte.
(Fig. 28.) Die Athener haben ihn gewissermassen zu ihrem
Herakles gemacht, indem sie ihn gleich diesem eine Menge
schwerer Arbeiten verrichten und das griechische Land
von allerlei Uebeln befreien lassen. So tödtete er unter
andern auf seinem Wege nach Athen den **Sinnis** oder
Pityokamptes (Fichtenbeuger), der auf dem Isthmos
hausete und die Wanderer zerriss, indem er sie an
niedergebeugte Bäume band und in die Luft schnellte,
ferner an der Grenze von Megaris den Räuber **Skiron**,
bei Eleusis den Ringer **Kerkyon**, am Kephissos den
Damastes oder **Prokrustes** (Ausrecker), welcher
nach seiner langen Bettstelle die Fremden so weit aus-
reckte, dass sie starben, die **krommyonische Sau**.
Von Athen aus zog er gegen den **marathonischen**

---

*) Aigeus (zusammenhängend mit αἴγες, s. p. 18.) bezeichnet
ursprünglich den Poseidon, der besonders bei dem ionischen
Stamme verehrt ward und auch als Vater des Theseus galt.

Stier (siehe oben p. 207.), brachte ihn lebendig nach
Athen und opferte ihn dem Apollon Delphinios. Ferner
erschlug er den Minotauros auf Kreta. Die Athener
mussten nämlich Minos, dem König auf Kreta, wegen
Ermordung seines Sohnes Androgeos alle neun Jahre
einen Tribut von sieben Jünglingen und sieben Jungfrauen zuschicken, welche dem in dem Labyrinthe*)
hausenden Minotauros zum Frasse bestimmt waren. Theseus übernahm es freiwillig, die Athener von diesem
Tribut zu befreien, erschlug das Ungeheuer, gelangte
durch den Faden, welchen ihm Ariadne, des Minos
Tochter, gegeben hatte, wieder aus dem Labyrinthe
und floh mit dieser gen Athen. Auf der Insel Naxos
(Dia) liess er jedoch die Geliebte zurück (siehe p. 138
u. 140.). Als er sich Athen näherte, vergass er statt
des schwarzen Segels zum Zeichen, dass sein Unternehmen gelungen sei, das weisse aufzustecken; da sein
Vater das schwarze Segel sah, stürzte er sich vor Schmerz
in das Meer. Nun ward Theseus Herrscher des athenischen Landes, einigte die auf dem Lande zerstreuten
Bewohner zu einem Staate, dessen Mittelpunct Athen
war, stiftete die Panathenäen und die Metoikia (das
Fest der eingewanderten Fremden), setzte den Cult
der Aphrodite Pandemos (der Liebesgöttin des ganzen

---

*) Das Labyrinth, ein überirdisches Gebäude mit zahllosen
Irrgängen, hatte der berühmteste mythische Künstler Daidalos
aus Athen gebaut. Wegen eines Mordes war er von Athen zu
Minos geflohen, dem er mancherlei Kunstwerke schuf. Da ihn
Minos wie einen Gefangenen auf der Insel zurückhielt, so machte
er sich und seinem Sohne Ikaros künstliche Flügel und entfloh
durch die Luft. Ikaros stürzte ins Meer und ertrank (Ikarisches
Meer), er selbst kam glücklich nach Sicilien oder Unteritalien.
Ovid. Met. 8, 183 ff. Virg. Aen. 6, 14.

Volkes) und der Peitho (der Ueberredung) ein und gründete dem Poseidon die isthmischen Spiele.

Mit Herakles unternahm Theseus den Zug gegen die Amazonen (s. p. 206.); er führte die Hippolyte (oder Antiope) mit sich fort nach Athen und vermählte sich mit ihr*). Ihr Sohn ist Hippolytos. Nach ihrem Tode heirathete er Phaidra, die Schwester der Ariadne. Diese verleumdete den Hippolytos bei Theseus, der nun dem Sohne fluchte und den Poseidon bat ihn zu verderben. Als daher einst Hippolytos am Ufer des Meeres hinfuhr, machte ihm Poseidon durch einen aus dem Meere aufsteigenden Stier die Pferde scheu, und Hippolytos wurde zu Tode geschleift. (Euripid. Hippolyt.) Auch an dem Argonautenzug und der Jagd des kalydonischen Ebers nahm Theseus Antheil. Mit Peirithoos, dem Könige der Lapithen, ging er in die Unterwelt, um für ihn die Persephone zu entführen. Für diesen Frevel liess sie aber Hades an einen Felsen, auf welchen sie sich setzten, anwachsen. Theseus wurde durch Herakles wieder befreit (s. p. 209.); als er aber nach Athen zurückkam, hatte sich Menestheus, der im trojanischen Kriege die Athener anführte (Il. 2, 552. 4, 327.), der Herrschaft bemächtigt, und Theseus begab sich nach der Insel Skyros, wo er umkam. Kimon, der Sohn des Miltiades, brachte später seine Gebeine nach Athen zurück**).

---

*) Die Amazonen unternahmen, um sich wegen des Raubes der Hippolyte zu rächen, einen Kriegszug nach Athen, zogen aber nach langem Kampfe wieder ab.

**) Bei Homer wird Theseus erwähnt Il. 1, 265. Od. 11, 631 und 322. Wahrscheinlich aber sind dies erst von den Athenern eingeschobene Verse. Il. 3, 144. wird Aithra, die Tochter des Pittheus, unter den Sklavinnen der Helena genannt; man suchte

In Athen wurde Theseus als Heros verehrt; er hatte
dort einen prächtigen Tempel. Die Kunst stellt ihn dem
Herakles ähnlich, nur mit weniger gedrungenem Kör-
perbau dar. Da er die Ringkunst erfunden haben soll,
so eignete ihm eine grössere Gewandtheit.

6. Thebanische Sagen.
(Kadmos. Oidipus.)

Als Gründer von Theben gilt Kadmos, nach welchem die thebanische Burg Kadmeia genannt ward. Die
gewöhnliche Sage erzählt von ihm Folgendes. Er war
der Sohn des Agenor, des Königs von Phönikien,
Bruder der Europa, des Phoinix*) und Kilix. Als
Zeus seine Schwester Europa geraubt hatte, erhielt er den
Auftrag dieselbe aufzusuchen und nicht eher zurückzukehren, als bis er sie gefunden habe. Nachdem er lange
umsonst gesucht, kam er nach Delphi und erhielt den
Spruch von seinen Nachforschungen abzustehen, aber
einer Kuh zu folgen und da, wo sich diese niederlege,
eine Stadt zu gründen. Als er nun durch Phokis zog,
traf er eine Kuh aus der Heerde des Pelagon, ging ihr
nach und beschloss in Böotien an der Stelle, wo sich
die Kuh lagerte, eine Stadt zu bauen, das nachmalige
Theben. Die Kuh wollte er der Athene opfern; er

---

dies zu erklären, indem man sagte, als Theseus die Helena
habe entführen wollen, sei er mit ihren Brüdern Kastor und
Polydeukes in Kampf gerathen; seine Mutter Aithra sei in Folge
dessen gefangen genommen und zur Sklavin der Helena gemacht
worden.

*) Nach Homer (Il. 14, 321.) war Phoinix der Vater der
Europa, welche dem Zeus den Minos und Rhadamanthys gebar.
Von einem König Phönikiens weiss Homer nichts.

FIG. XXIX.

Aktaion.

sandte daher Leute ab, aus der nahen Quelle des Ares Wasser zu holen. Diese aber wurden von einem Drachen des Ares, der die Quelle bewachte, verschlungen; und nun kam Kadmos selbst zu der Quelle und erschlug den Drachen. Die Zähne desselben säete er in die Erde, aus welcher sofort gewappnete Männer hervorsprossten, die sich selbst bekämpften und mordeten bis auf fünf, Echion (Schlangenmann), Udaios (Bodenmann), Chthonios (Erdentsprossener), Pelor oder Peloros (Riesiger), Hyperenor (Uebergewaltiger). Diese furchtbaren Erdensöhne, die Spartoi (Gesäete), wurden die Stammväter des thebanischen Adels, und selbst das ganze thebanische Volk nennt sich bisweilen das Geschlecht der Sparten. Kadmos musste aber zur Busse für den Mord des Drachen dem Ares acht Jahre (ein grosses Jahr) dienen; darauf erhielt er die Herrschaft von Theben und vermählte sich mit Harmonia (Ordnung, Eintracht), der Tochter des Ares und der Aphrodite. Bei ihrer Vermählung erhielt Harmonia von Kadmos (oder von Aphrodite, von Athene) ein Gewand und ein Halsband, an welchem das Verderben haftete. Ihre Töchter heissen Autonoë (Mutter des durch den Zorn der Artemis von seinen 50 Hunden zerrissenen Jägers Aktaion, Ovid. Met. 3, 131 ff. Fig. 29.), Ino (Mutter des Melikertes), Semele (Mutter des Dionysos) und Agaue (Mutter des Pentheus); ihr Sohn ist Polydoros (Hes. Theog. 975.), dessen Sohn Labdakos. Später zog Kadmos mit Harmonia nach Illyrien, wo er König ward. In Drachen verwandelt, kommen beide zuletzt in die elysischen Gefilde.

Diese Sagen machen also Theben zu einer phönikischen Colonie und Kadmos zu einem Phöniker. Indessen ist den ältesten Dichtern eine phönikische Kolonie in Theben unbekannt, Homer weiss nichts von einem wan-

dernden Kadmos; erst Herodot nennt den Phoinix einen
König von Tyros. Ausserdem lässt sich aus derartigen
Sagen nur schliessen, dass zu der Zeit, wo man die Sage
bildete, der Glaube an eine fremde Einwanderung
herrschte, nicht aber dass wirklich ein Phöniker Kadmos
Theben gegründet habe. Kadmos (der Ordner) war ursprünglich eine thebanische Gottheit, gleich dem ord-
nenden Hermes-Kadmilos der tyrrhenischen Pelasger,
eines Volkes, das von Theben kam und mit den Kad-
meern in Theben eins und dasselbe war. (So O. Müller
in seiner Schrift Orchomenos.)

Der Groll oder der Fluch des Ares wegen des Dra-
chenmordes wüthete fort in der Geschichte von Theben
und brachte Verderben über das Königshaus. Der, welcher vor allen vom Unglück heimgesucht ward, dessen
ganzes Leben den Erinyen, den Göttinnen des Fluches,
geweiht war, ist

Oidipus (Οἰδίπους, ποδος), der Sohn des Laïos,
Enkel des Labdakos. Homer (Od, 11, 271.) erzählt von
ihm, dass er seinen Vater erschlagen und die eigene
Mutter Epikaste ohne Wissen geheirathet habe. Als
die Götter den Frevel sofort enthüllten, erhängte sich
die unglückliche Königin und ging hinab in das dunkele
Gemach des Hades; Oidipus aber herrschte noch gram-
voll über Theben, bis zu seinem Tode von den Leiden
verfolgt, welche die Erinyen der Mutter bringen. An
seinem Grabe feierten die Thebaner Leichenspiele (Il.
23, 679.). — Wahrscheinlich ist die Geschichte Thebens
und auch die des Oidipus schon in vorhomerischen Gedichten besungen worden, so dass wohl Homer in kurzen
Worten und durch wenige Hauptzüge die ganze Sage
in das Gedächtniss seiner Hörer rufen konnte. In der
Folge wurde die in Homer vorliegende Sage besonders

durch die tragischen Dichter, welche in der Unglücks-
geschichte des Oidipus einen für die Tragödie sehr
geeigneten Stoff fanden, häufig behandelt und durch
Hinzuziehung von lokalen Sagen erweitert oder auch
willkührlich verändert. Nach Soph. Oed. Rex ist die
Sage im wesentlichen folgende.

Laïos, der König von Theben, hatte von dem Ora
kel den Spruch erhalten, dass, wenn ihm seine Gemahlin
Iokaste (bei den alten Epikern Epikaste), Tochter des
Menoikeus, einen Sohn gebäre, dieser ihn tödten würde.
Als er daher seinen Sohn gleich nach der Geburt mit gebundenen und durchstochenen Füssen, damit man ihn,
wenn er doch sollte erhalten bleiben, erkennen könnte,
aussetzen lassen wollte, wurde das Kind von dem treuen
Diener, dem es die herzlose Mutter selbst eingehändigt
hatte, auf dem Kithäron, dem Berge der Erinyen, einem
Hirten des Königs Polybos von Korinth übergeben, dass
er es im fremden Lande aufzöge. Dieser brachte den
Knaben seinem kinderlosen Herrn, der ihn mit seiner
Gemahlin Merope (Periboia) als eignes Kind auferzog
und ihm wegen der geschwollenen Füsse den Namen
Oidipus (Schwellfuss) gab. Zum Jüngling herangereift,
schöpfte Oidipus Verdacht, dass Polybos und Merope
nicht seine wirklichen Eltern sein möchten, und begab
sich nach Delphi, um dort die Wahrheit zu erfahren.
Das Orakel mahnte ihn ab weiter zu forschen, da er
seinen Vater erschlagen und seine Mutter heirathen
würde. Auf dem Rückwege beschloss daher Oidipus
nicht wieder nach Korinth zurückzukehren, sondern
wandte in Phokis, zwischen Delphi und Daulis, da, wo
eine Strasse von der nach Korinth führenden gen Theben ablenkt (σχιστή, Dreiweg), seine Schritte nach dieser Stadt hin. An derselben Stelle begegnet ihm Laïos,

der auf einem Wagen nach Delphi fährt um den Gott zu befragen. Der Wagenlenker und der Alte wollen den Wanderer gewaltsam aus dem Wege drängen; aber Oidipus erschlägt im Zorn den Wagenlenker, und als beim Vorübergehen an dem Wagen Laïos ihn auf das Haupt schlägt, tödtet er auch diesen sammt seinen Begleitern. Nur einer entkommt, ohne dass er es merkt, derselbe, der ihn früher hat aussetzen sollen. Darauf zieht Oidipus weiter gen Theben.

In Theben, wo unterdessen die Sphinx*) hauste, hatte Kreon, der Bruder der Iokaste, nach des Laïos Tod die Regierung übernommen und dem, der das Land von .den Drangsalen des Ungeheuers befreien würde, die Herrschaft und die Ehe der verwittweten Iokaste versprochen. Als Oidipus herankam, löste er das Räthsel der Sphinx, worauf sich diese von ihrem Felsen herabstürzte und tödtete, Oidipus aber die Herrschaft von Theben und die Hand der Iokaste gewann. Ihre Kinder sind Eteokles und Polyneikes, Antigŏne und Ismēne.

Wegen der verborgenen Greuel des Oidipus kam eine Pest über das Land und ein Orakelspruch ging dahin, dass die Pest nicht eher enden würde, bis der Mörder des Laïos aus dem Lande vertrieben sei. Oidipus spricht über den unbekannten Mörder Fluch und

---

*) Die Sphinx (Σφίγξ oder Φίξ, die Würgerin) stammte von der Chimaira und dem Orthos (Hes. Theog. 326.) oder von Typhon und Echidna. Sie bestand aus einem geflügelten Löwenrumpf mit Kopf und Brust einer Jungfrau: die Dichter haben übrigens ihr Bild noch auf mannigfache Weise umgestaltet und ihre Gestalt aus den verschiedenartigsten Körpern zusammengesetzt. Die ägyptische Sphinxgestalt, welche das Muster für die griechische abgegeben hat, war ein ungeflügel-

Bann aus, aber während er seinen Spuren nachforscht, gelangt er endlich, namentlich durch den blinden Seher Teiresias und den bei dem Morde des Laïos entkommenen Diener, zu der furchtbaren Ueberzeugung, dass er selbst der Mörder des Laïos, seines Vaters, und der Gemahl seiner Mutter ist. Aus Verzweiflung erhängt sich Iokaste, Oidipus reisst sich im Schmerze die Augen aus. So Sophokles; nach Andern wurde Oidipus auf dem Kithaeron von Hirten gefunden und auferzogen, oder er wuchs in Sikyon, dem ursprünglichen Sitze des Polybos und einer Hauptstätte des Erinyencultus, auf. Den Engpass, wo er den Vater erschlug, verlegten manche in die Nähe von Potniae, wo ebenfalls die Erinyen verehrt wurden. Die altepische Sage kennt keine Nachkommenschaft aus der Ehe des Oidipus und der Epikaste, nach ihr sind die genannten Kinder mit Euryganeia erzeugt; die Tragödie hat die Fabel in dieser Hinsicht umgebildet, um das Geschick des Oidipus um so grausenhafter zu machen.

Ueber die letzten Schicksale des Oidipus sind die Sagen verschieden. Nach der oben angeführten Stelle der Ilias möchte man auf einen gewaltsamen Tod (im

---

ter Löwenrumpf mit menschlichen Obertheilen. Ursprünglich war wohl die thebanische Sphinx ein die Pest bezeichnendes Wesen. Sie sollte von dem zürnenden Ares oder von Hera, welche wegen einer Eheverletzung des Laios zürnte, geschickt worden sein. Sie sass auf einem Felsen in der Nähe von Theben und gab das Räthsel auf: was hat eine Stimme, ist am Morgen vierfüssig, am Mittag zweifüssig, am Abend dreifüssig? (Mensch.) Die Thebaner versammelten sich täglich, um über das Räthsel zu berathen, und da sie es nicht lösten, so erwürgte sie jedesmal Einen von ihnen. Wenn aber das Räthsel gelöst ward, so musste sie sich nach dem Schlusse des Schicksals durch den Sturz vom Felsen den Tod geben.

Kampfe) schliessen; allein die Worte δεδουπότος Οἰδιπόδαο können auch das gewaltige Zusammenbrechen des Mannes bezeichnen, der so lange seinem furchtbaren Schicksal widerstanden hat, endlich aber unter dessen Schlägen erliegt. Nach derselben Stelle ist er in Theben begraben; andere Angaben verlegen sein Grab nach Eteonos in Böotien in ein Heiligthum der Demeter (-Erinys). Bei den Tragikern wird er entweder sogleich von seinen Söhnen und Kreon, der in Theben zur Herrschaft gekommen ist, aus dem Lande verwiesen und von seiner Tochter Antigone in die Verbannung begleitet, oder seine Söhne sperren ihn ein, um die Schmach des Hauses zu verbergen. Deswegen flucht ihnen der blinde Greis, der sich entehrt sieht, und dieser Fluch des Vaters bringt den Söhnen Verderben. Sie kommen über die Herrschaft in Streit und Krieg und morden einander im Zweikampf. Nach Soph. Oed. Col. wird Oidipus lange nach seiner Selbstblendung von den Thebanern in die Verbannung geschickt und gelangt, von Antigone begleitet, während seine Söhne um die Herrschaft hadern, nach Kolonos in Attika, wo er sich mit den Erinyen versöhnt und die endliche Ruhe findet (s. p. 179.).

Die beiden thebanischen Kriege. Die Söhne des Oidipus, Eteokles und Polyneikes, hatten beschlossen, jährlich abwechselnd in Theben die Regierung zu führen. Aber der ältere, Eteokles*), zuerst im Besitze der Macht, wollte dem Bruder zur bestimmten Zeit nicht weichen; dieser floh daher zu Adrastos, dem Könige von Argos, aus dem Geschlechte des Amythaon (p. 193.), um bei ihm Hülfe zu suchen. Zu gleicher

---

*) Einige lassen den Polyneikes älter sein und zuerst herrschen.

Zeit kam dort schutzsuchend der aus Kalydon wegen
eines Mordes flüchtige Tydeus, Sohn des Oineus,
an. Adrastos nahm beide gastlich auf, vermählte sie
mit seinen Töchtern und versprach ihnen, sie in ihr
Vaterland zurückzuführen und wieder in ihre Rechte
einzusetzen. So unternahm man denn den ersten thebanischen Krieg (Krieg der Sieben gegen Theben). Die
sieben Führer waren Adrastos, der Anführer des ganzen Zuges, Polyneikes, Tydeus, Kapaneus, ein
Nachkomme des Proitos, Hippomedon, Neffe des
Adrastos, der Seher Amphiaraos, aus dem Geschlechte
des Melampus (p. 193.) und Schwager des Adrastos,
Parthenopaios, nach älterer Sage Bruder des
Adrastos, nach Neueren ein Arkader, Sohn der berühmten Jägerin Atalante (cf. Soph. O. C. 1311 ff.). Amphiaraos sah das unglückliche Ende des Krieges voraus und
wollte nicht mitziehen; allein seine Gemahlin Eriphȳle,
Schwester des Adrastos, von Polyneikes durch das ver-
derbenbringende Halsband der Harmonia bestochen,
überredete ihn zur Theilnahme. Deshalb wird sie später von ihrem Sohne Alkmaion, einem Seitenbilde des
Orestes, ermordet. Vor Theben angekommen vertheilten sich die sieben Führer, um die Stadt zu stürmen,
mit ihren Schaaren an die sieben Thore. Den Thebanern aber weissagte Teiresias den Sieg, wenn sich einer
aus dem Geschlechte der Sparten dem Tode weihe;
dies that Menoikeus, der Sohn des Kreon, indem er
sich von der Mauer der Stadt in die Grotte stürzte, in
welcher einst der Drache des Ares gehaust hatte. Der
frevelnde Uebermuth des Kapaneus, der bei der Be-
stürmung der Stadt ausrief, selbst das Feuer des Zeus
solle ihn von den Mauern nicht abschrecken, brachte
die Argiver ins Verderben. Schon stand er prahlend

auf der Mauer, als ihn der Blitz des Zeus niederschmetterte, die Argiver wichen, Polyneikes fiel zugleich mit seinem Bruder im Zweikampf, und das ganze argivische Heer ging zu Grunde bis auf Adrastos, der auf seinem gewaltigen Rosse Areion (Il. 23, 346.), das von der Demeter Erinys stammte, nach Kolonos floh. Amphiaraos wurde mit seinem Wagen auf der Flucht von der Erde verschlungen und ward zu einem weissagenden Gotte, der zu Theben und namentlich zu Oropos Traumorakel hatte (Pausan. 1, 34. Herod. 1, 46. 52. u. 8, 134.). Durch Hülfe der Athener bestattete Adrastos die Todten *). (Aeschyl. Septem contra Thebas. Euripid. Phoenissae und Supplices.)

Zehn Jahre später sammelte Adrastos die Söhne der Erschlagenen, die Epigonen, zu einem Rachezug gegen Theben (Epigonenkrieg). Diese Epigonen waren: Alkmaion, Sohn des Amphiaraos, Aigialeus, S. des Adrastos, Promachos, S. des Parthenopaios, Thersandros, S. des Polyneikes, Diomedes, S. des Tydeus, Sthenelos, S. des Kapaneus, Euryalos, S. des Mekisteus. Uebrigens weichen die Angaben hierin ab. Die drei letztgenannten fochten auch vor Troja. Sie zogen aus im Vertrauen auf die glückverheissenden Zeichen der Götter und unter dem Schutze des Zeus (Il. 4, 408.), schlugen die Thebaner am Flusse Glisas, wobei der thebanische Anführer Laodamas, der Sohn des Eteokles, fiel, und eroberten die Stadt. Thersandros erhielt die Herrschaft über Theben; ein grosser Theil der Einwohner war aber vor Eroberung der Stadt auf

---

*) Antigone begräbt gegen das Verbot des Kreon ihren für einen Landesverräther erklärten Bruder Polyneikes und erleidet dafür den Tod. Deswegen tödtet sich auch Haimon, der Sohn des Kreon, welchem Antigone verlobt war (Sophocl. Antigone).

FIG. XXX.

Zethos und Amphion.

den Rath des Teiresias ausgezogen und gründete nach langem Umherirren die Stadt Hestiäa. Ein Theil der Beute und Teiresias mit seiner Tochter, der Seherin Manto, wurden nach Delphi dem Apollon als Weihgeschenk gesandt; unterwegs aber starb Teiresias, Manto dagegen wurde von Delphi aus nach Kleinasien zu dem klarischen Orakel des Apollon geschickt.

Homer kennt diese beiden Kriege, wahrscheinlich aus älteren Gesängen, Thebaïden. Er erwähnt einzelne Personen und ganze Scenen aus diesem Sagenkreise. (Il. 4, 364—410. 5, 800 ff. 10, 283 ff. Od. 11, 326. 15, 244 ff. Il. 14, 113 ff. 23, 677.)

Die Regierung der Kadmiden in Theben ward zur Zeit des Labdakos und des Laïos auf eine Zeitlang unterbrochen durch die Herrschaft eines andern Geschlechtes, das die Sage von der böotischen Stadt Hyria nach Theben übertragen zu haben scheint. Nykteus, der Sohn des Hyrieus, und nach ihm sein Bruder Lykos sollten während der Minderjährigkeit des Labdakos in Theben die vormundschaftliche Regierung geführt haben. Die Enkel des Nykteus waren Zethos und Amphíon, Zwillingssöhne der Antiope und des Zeus, „die weissrossigen Dioskuren Böotiens" (Euripides), beide als Schutzgötter von Theben verehrt. Von der Mutter ausgesetzt, wurden sie auf dem Kithäron von Hirten erzogen; Zethos ward ein starker rauher Hirt und Jäger, der mildgeartete Amphion ein Freund des Saitenspiels und des Gesanges. Während die Jünglinge noch auf dem Kithäron sind, kommt ihre von Lykos bisher in Haft gehaltene und von dessen böser Gemahlin Dirke grausam misshandelte Mutter flüchtend zu ihrem Gehöfte. Dirke, welche ihr nachfolgt, beredet die Jünglinge, dass sie die noch unerkannte Mutter an einen wilden Stier

binden, um sie zu Tode zu schleifen. Da entdeckt ihnen
der Pfleger ihrer Jugend das Geheimniss ihrer Geburt,
und nun erleidet Dirke die Strafe, die sie der Antiope
zugedacht. Ihren Leichnam werfen die Jünglinge in
die nach ihr benannte Quelle Dirke bei Theben. Darauf
ziehen sie nach Theben, entreissen dem Laÿos die Herrschaft und umgeben die untere Stadt mit einer Mauer;
während Zethos mit gewaltiger Kraft und grosser An-
strengung Block auf Block thürmt, bewegt Amphion mit
seiner Leier mühelos die Steine, dass sie sich von selbst
zu einer wohlgefügten Mauer zusammenschliessen. Amphion vermählt sich mit Niobe, Zethos mit Thebe oder mit
Aëdon (s. p. 219. Fig. 30. der sogenannte farnesische Stier).

7. Die Argonauten (*Ἀργοναῦται, Argonautae*).

Die Argonautensage, sowie die Sage von Athamas
gehören dem Stamme der Minyer an, der, in dem böo-
tischen Orchomenos und dem thessalischen Iolkos sess-
haft, schon früh sich mit Schifffahrt und Handel beschäf-
tigte. — Athamas, König in Orchomenos, Sohn des
Aiolos (s. p. 34.), hatte sich auf Befehl der Hera mit
Nephele (Wolkengöttin) vermählt und mit ihr den
Phrixos und die Helle erzeugt. Neben Nephele verband er sich aber noch mit einer irdischen Gemahlin
Ino (s. p. 124.), weswegen Nephele verschwand und der
Fluch über das Haus des Athamas kam. Ino hasst die
Kinder der Nephele und bringt es dahin, dass man
beschliesst, den Phrixos zu opfern; darum will Nephele
ihn und seine Schwester Helle durch einen goldwolligen*)
Widder nach dem fernen Aia (Land) bringen lassen.

*) Das Vliess des Widders heisst seit Pindar gewöhnlich
goldwollig; ob man früher schon diese Vorstellung hatte, ist
ungewiss; einige nennen es purpurn.

Unterwegs aber fällt Helle in das Meer (Hellespontos, Meer der Helle); Phrixos langt in Aia an, wo er von dem König Aietes gastlich aufgenommen wird und den Widder dem Zeus Phyxios (dem fluchtschirmenden) opfert. Das goldene Vliess wird in dem Haine des Ares aufgehängt und später von den Argonauten, den Argo-Schiffern, unter Führung des Iason nach Griechenland gebracht.

Homer kennt die Argonautensage, die schon vor ihm Gegenstand des Gesanges war, doch giebt er davon nur einige Andeutungen und Umrisse. Kirke sagt (Od. 12, 66 ff.) bei Erwähnung der Irrfelsen, der Plankten:

„Nimmer entrann auch ein Schiff der Sterblichen, welches
hinanfuhr;
Sondern zugleich die Scheiter der Schiff' und die Leichen der
Männer
Rafft das Gewoge des Meers und verzehrender Feuerorkan hin.
Eins nur schiffte vorbei der meerdurchwandelnden Schiffe,
Argo, die allbesungne*), zurückgekehrt von Aietes.
Und bald hätt' auch diese die Fluth an die Klippen geschmettert;
Doch sie geleitete Hera, die Helferin war dem Iason.“

Ferner kennt Homer die Verbindung des Iason mit Hypsipyle in Lemnos und deren Sohn Eunëos (Seemann), der mit den Troern und den phönikischen Sidoniern befreundet war (Il. 7, 467 ff. 23, 743 ff.), das Geschlecht des Pelias und des Iason (Od. 11, 253 ff.). Auch Hesiod (Theog. 992 ff.) spricht von der Geschichte des Iason nur in allgemeinen Umrissen; von dem Zweck der Fahrt, von dem goldenen Vliesse des Widders, ist weder bei ihm, noch bei Homer etwas zu finden. Erst Mimnermos (um 600 v. Chr.) erwähnt das Vliess in der

---

*) So übersetzt Voss das Wort πασιμέλουσα; eigentlich bedeutet dies das Schiff, welches Allen am Herzen liegt, von dem Jeder gern erzählen hört. ·

Stadt des Aietes, das Iason holt; doch ist daraus nicht
zu schliessen, dass frühere Zeiten davon nichts gewusst
hätten. Das Vliess gehört so sehr zum Kern der Sage,
dass wir uns die Vorstellung von demselben schon in
den ältesten Zeiten, in welchen die Anfänge der Sage
liegen, denken müssen. Pindar ist der erste uns erhaltene Dichter, bei dem wir die ganze Sage von den
Argonauten in einiger Ausführlichkeit finden; sein Gedicht (Pyth. 4.) ist jedoch besonders darauf gerichtet, die
eine Person des Iason zu verherrlichen, so dass das
Schicksal und die Thaten der übrigen Argonauten in
den Hintergrund treten. Von den epischen Gedichten
der Griechen, welche die Argonautenfahrt behandelten,
besitzen wir jetzt nur noch die Argonautica des Apollonius Rhodius (c. 200 a. Chr.) und des Pseudo-Orpheus,
ferner die lateinischen Argonautica des Valerius Flaccus
(c. 80 p. Chr.), eine Nachahmung des Apollonius. Der
Stoff ist von den ältesten Zeiten an so vielfältig behandelt und jedesmal je nach den Vorstellungen der Zeit
und der Einzelnen so verschieden dargestellt worden,
dass es unmöglich ist alle Angaben, die uns noch erhalten sind, aufzuführen oder gar zu vereinigen. Wir
wollen versuchen, das Hauptsächlichste nach einzelnen
Abtheilungen zusammenzustellen.

1) Veranlassung der Fahrt. Pelias, der Sohn
des Kretheus, Enkel des Aiolos, hatte seinem Bruder Aison die Herrschaft von Iolkos entrissen. Dieser
suchte seinen Sohn Iason gleich nach der Geburt vor
den Nachstellungen des Pelias zu sichern, indem er ihn
heimlich dem Kentauren Cheiron zur Erziehung schickte
und ihm in seinem Hause gleich einem Todten eine Leichenfeier anstellte. Pelias aber hatte von Delphi das
Orakel erhalten sich sorglich vor dem zu hüten, der

mit e i n e m Schuh einst von den Berghöhen in die Ebene
von Iolkos kommen werde. Als Iason das zwanzigste
Jahr erreicht hatte, kam er in herrlicher Schönheit und
Kraft nach Iolkos zurück und trat unter das Volk auf
dem Markt. Pelias sah ihn mit e i n e m Schuh und erschrack, aber er barg seinen Schrecken im Herzen und
fragte nach seinem Stamme und Vaterland. Jener be-
kannnte sich als Sohn des Aison und ging in das Haus
seines Vaters. Dieser freute sich ob der Schönheit des
Sohnes, und es kamen auch Aisons Brüder herbei,
Pheres aus der Nähe vom hypereïschen Quell und
fernher aus Messene A m y t h a o n; auch A d m e t o s, des
Pheres Sohn, und M e l a m p u s, der Sohn des Amythaon,
kamen herzu. Sie gingen zum Palaste des Pelias, und
Iason forderte für seinen Vater die Herrschaft zurück.
„Das will ich," antwortete Pelias, „doch schon umschwe-
bet das Alter mich; aber dir knospet noch die Blume
der Jugend. Du vermagst es zu tilgen der Unterirdischen Zorn; denn Phrixos gebeut seine Seele zu sühnen
und hinreisend zu des Aietes Palaste das zottige Widder-
vliess zu holen, auf dem er dem Meere einst entging
und seiner Stiefmutter Bosheitsgeschossen. Ein wunder-
bar Traumgesicht stieg hernieder und verkündete mir's.
Da forscht' ich, ob's Wahrheit sei, bei Kastalias Quell:
und schnell befahl mir der Gott eine Seefahrt auszu-
rüsten. Willig wage denn du diesen Kampf, und ich
schwöre dir's, Herrschaft und Reich werfe ich dir hin."
Iason ging den Bund ein und sammelte sich Genossen
zur Fahrt aus ganz Griechenland.

So erzählt Pindar. Nach anderer Sage lebte Iason
auf dem Lande und erschien bei einem Opfer, das Pelias verrichtete, mit e i n e m Schuh, den andern hatte er
bei dem Durchwaten des Flusses Anauros verloren (wäh-

16*

rend er die Here in Gestalt eines alten Weibes hinübertrug). Pelias fragte ihn, was er dem Mitbürger thun
würde, von dem ihm ein Orakel verkündet hätte, dass
er von ihm getödtet werden würde. Iason antwortete,
er würde ihn das goldene Vliess holen lassen. — Das
Schiff Argo, ein Fünfzigruderer, erhielt seinen Namen
von ἀργός, schnell, oder, wie die Sage will, von dem
Erbauer Argos. Es wurde erbaut unter Leitung der
Here (älteste Sage) oder der Athene am Fusse des
Pelion oder zu Argos. Athene fügt in das Vordertheil
ein Stück der redenden Eiche zu Dodona.

2) Die Theilnehmer der Fahrt. Die Sage von
den Argonauten ist, wie schon im Eingange gesagt, von
dem Stamme der Minyer ausgegangen; daher waren nach
der ursprünglichen Sage auch vornehmlich Helden der
Minyer die Genossen des Iason, wie Iphiklos, Akastos, Peirithoos, Asklepios, Erginos, Euphemos.
Hieran schlossen sich nun bei der weiteren Ausdehnung
der Sage thessalische Helden, Aktor, Telamon, Peleus, Iphitos u. A. an, und als die Sage Eigenthum
des ganzen Griechenvolkes wurde, durfte keiner von
den berühmtesten Heroen des Alterthums, welche um
jene Zeit (etwa ein Menschenalter vor dem trojanischen
Kriege) gelebt haben konnten, bei dem Zuge fehlen. Man
fügte also in ihre Reihe ein: Orpheus*), Amphiaraos,

---

*) Orpheus, Sohn des Oiagros und der Muse Kalliope,
war ein Sängerheros der mythischen Thraker, der durch die
Macht seines Gesanges sogar Felsen und Bäume bewegte und
wilde Thiere bezähmte. Als seine Gemahlin Eurydike gestorben
war, ging er in die Unterwelt und rührte durch seine Kunst die
Königin der Schatten so, dass sie der Eurydike gestattete dem
Gatten zur Oberwelt zu folgen, doch unter der Bedingung, dass
er unterwegs sich nicht umschaue. Da er dies dennoch that,

Zetes und Kalaïs, die Söhne des ·Boréas, Kastor und Polydeukes, Meleagros*), Tydeus, The-

musste Eurydike umkehren. Virg. Georg. 4, 454 ff. Ov. Met. 10, 1 ff. Er ward von thrakischen Weibern zerrissen, sein Haupt und seine Leier, die sie ins Meer warfen, wurden von den Wellen nach der Sängerinsel Lesbos hinübergetragen.

*) Meleagros war Sohn des Oineus, Königs von Pleuron und Kalydon in Aetolien, und der Althaia, einer Tochter des Thestios, Schwester der Leda. Oineus hatte einst der Artemis zu opfern vergessen; dadurch erzürnt, schickte diese einen furchtbaren Eber, der sein Land verwüstete. Meleagros erlegte ihn mit Hülfe eines grossen Jagdgefolges. Nun aber erregte Artemis um Kopf und Haut des Ebers Streit und Krieg zwischen Aetolern und Kureten, in welchem die Aetoler, so lange Meleagros mitkämpfte, die Oberhand behielten. Als aber Meleagros einen Bruder seiner Mutter im Kampfe erschlug, fluchte ihm diese, und nun blieb er zürnend daheim bei seiner Gattin Kleopatra, der schönen Tochter des Idas und der Marpessa. Die Aetoler kamen jetzt in grosse Noth; die Aeltesten des Volkes baten den Helden wieder in den Kampf zu gehen und versprachen ihm ein grosses Geschenk; es bat sein Vater, seine Mutter, Schwestern und Freunde, aber umsonst. Da in der höchsten Noth flehte ihn jammernd die Gattin an, und er liess sich erweichen. Er ging in den Kampf und rettete die Aetoler, aber er kehrte nicht wieder zurück; die Erinys, welche den Fluch der Mutter im Erebos gehört, gab ihm den Tod (Il. 9, 529—599. 14, 115 ff.). Eine jüngere Sage von dem Tode des Meleagros findet sich bei Ovid Met. 8, 270 ff. Bei der Geburt des Meleagros hatten die in das Gemach getretenen Moiren ein Holzscheit in die Flamme gelegt und gesagt, dass das Kind so lange leben werde, als das Scheit dauere; die Mutter aber hatte, sobald jene das Gemach verlassen, das Holz aus den Flammen gerettet und bewahrte es auf. Als nun Meleagros nach Erlegung des Ebers der schönen und schnellen arkadischen Jägerin Atalante die dem Thiere die erste Wunde beigebracht, das Fell des Ebers als Siegespreis übergeben und die beiden Brüder seiner Mutter, die ihr dasselbe entreissen wollten, erschlagen hatte, warf seine Mutter in der Hitze des Zornes das Holzscheit, an

seus, Herákles. Im Ganzen stellte man nach den 50
Rudern des Schiffes 50 Helden fest. Der Anführer war
Iason *), der Steuermann Tiphys oder nach älterer
Sage Erginos.

3) Die Fahrt nach Aia. Aia (gleich *Γαῖα*, das
Land) bezeichnete ganz allgemein ein entferntes
Land, eine bestimmte Lage wurde ihm von Anfang an
nicht gegeben; doch steht fest, dass es von Iolkos, dem
Sitze der Minyer, aus in nordöstlicher Richtung nach
dem Pontus Euxinus zu gedacht wurde. Erst als durch
die milesischen Seefahrten Kolchis als der äusserste
Landwinkel im Osten des Pontus aufgefunden war, erklärte man dieses Land für Aia und den Sitz des Aietes; die älteren Dichter wissen nichts von Kolchis; und
noch Mimnermus (600 a. Chr.) spricht ganz unbestimmt
„von der Stadt des Aietes, wo die Strahlen des schnellen Helios in goldenem Gemache liegen am Saume des
Okeanos." Bei Pindar ist Kolchis das Ziel der Fahrt,
und nach diesem Ziele hat sich denn auch der Lauf der
Fahrt fester bestimmt. Wir geben denselben nach den
Argonauticis des Apollonius. Von Iolkos aus gelangen
die Argonauten zuerst nach Lemnos, wo kurz vorher die

---

dem das Leben ihres Sohnes hing, in die Flammen. Während
das Scheit verbrennt, stirbt Meleagros, von innerem Schmer-
zensbrande verzehrt.

*) Einige lassen den Herakles mit Iason die Führung über-
nehmen; da derselbe übrigens in dem ursprünglichen Verzeich-
niss der Argonauten nicht vorkam, so nahm man verschiedene
Gründe au, warum er sich von ihnen entfernt habe. Die gang-
barste Sage ward, er habe sich in Mysien ans Land begeben,
um seinen Liebling, den von den Nymphen in eine Quelle hin-
abgezogenen Knaben Hylas (Waldkind) aufzusuchen, und sei
mit Polyphemos von den weiterschiffenden Argonauten zu-
rückgelassen worden (Theocrit. Id. 13.).

Frauen ihre treulosen Männer ermordet hatten. Von da kommen sie über Samothrake durch den Hellespont nach der Insel Kyzikos, wo **Kyzikos** über die Dolionen herrscht. Nach freundlicher Bewirthung fahren sie ab, werden aber in der Nacht durch einen Sturm ebendahin zurückgeworfen und gerathen mit den Dolionen, weil sie sich in der Dunkelheit nicht wiedererkennen, in Kampf, wobei Kyzikos fällt. In Mysien lassen sie Herakles, der den **Hylas** sucht, zurück und kommen nach Bithynien, wo die Bebryker wohnen (Apollon. A. 1.). Hier überwindet Polydeukes den König **Amȳkos** im Faustkampf und die Argonauten jagen darauf die Bebryker in die Flucht. In dem thrakischen Salmydessos befreien sie den blinden Seher **Phineus** von den Harpyien, welche ihm die Speise theils raubten, theils durch Unrath ungeniessbar machten. Die Boreaden Zetes und Kalaïs verfolgen die Harpyien und tödten sie; Phineus aber gibt aus Dankbarkeit den Argonauten an, wie sie durch die symplegadischen Felsen steuern sollen. Diese furchtbaren Felsen, der Eingang des Pontus, öffneten sich und schlugen wieder zusammen, so dass bisher noch kein Schiff hindurch gefahren war; die Argo besteht glücklich die Gefahr und seit dieser Zeit stehen die Symplegaden unbeweglich*). Nun schiffen die Argonauten an der Südküste des Pontus hin und gelangen

---

*) Die Sy**m**plegaden sind irrthümlich auch von alten Schriftstellern mit den Plankten (Od. 12, 61.) für gleichbedeutend gehalten worden; man glaubte, Homer habe die Symplegaden aus alten Argonautenliedern entlehnt und nach dem Westen versetzt. Aber die Plankten sind stillstehende Felsen, welche sich in der Nähe der Skylla und Charybdis befinden und nur durch ihre siedende Brandung und den umhüllenden Dampf gefährlich sind.

endlich zur Insel Aretias vor Kolchis; hier treffen sie
die Söhne des Phrixos, welche von Kolchis in die Heimath ihres Vaters hatten schiffen wollen, aber an dieser Insel Schiffbruch gelitten hatten. Mit diesen fahren
sie nach Kolchis und legen das Schiff in dem Flusse
Phasis vor Anker (Apollon. A. 2.).

4) **Erwerbung des Vliesses.** Iason fordert das
Vliess. Aietes*) verspricht es zu geben, wenn Iason
die ihm von Hephaistos geschenkten feuerschnaubenden,
erzhufigen Stiere einfange, anschirre und mit ihnen· ein
Stück Landes pflüge, darauf Drachenzähne, die ihm
Aietes geben will, säe. Durch Hülfe der Zauberin Medeia, einer Tochter des Aietes, gelang dem Iason die
Arbeit, und als nun aus den gesäeten Zähnen gehar-
nischte Männer hervorwuchsen, warf er auf Medeias
Rath einen Stein unter sie, worauf sie sich selbst unter
einander tödteten (Apollon. A. 3.)**). Aietes wollte
aber, da er erkannte, dass die Arbeiten durch Hülfe
seiner Tochter ausgeführt worden waren, sein Versprechen nicht halten; deshalb raubten in der Nacht Iason
und Medeia das Vliess aus dem Haine des Ares, nachdem sie den Drachen eingeschläfert (oder getödtet), und
flohen mit den Argonauten (Apollon. A. 4, 1—211.).

5) **Rückkehr.** Aietes lässt die flüchtigen Argonauten verfolgen, aber umsonst. Apsyrtos (Absyr-
tos), der Sohn des Aietes, der die Schaar der Verfolger
führt, wird von Iason überfallen und getödtet (Apollon.);

---

*) Aietes ist Sohn des Helios und der Perseïs, Ge-
mahl der Okeanide Idyia (Hes. Theog.· 950 ff.). Wie seine
Tochter Medeia und seine Schwester Kirke ist auch er der
Zauberei kundig.
**) Dieser Zug ist aus der thebanischen Kadmossage ent-
lehnt.

nach anderer Sage hat Medeia ihren Bruder mit sich
genommen, und als sie von Aietes verfolgt werden, zer-
stückelt sie ihn und wirft die einzelnen Glieder ins Meer,
so dass Aietes durch das Sammeln derselben gezwungen
ist von der Verfolgung abzustehen. — Ueber die Richtung der Heimfahrt finden sich bei den einzelnen Be-
richterstattern die abweichendsten Angaben. Die Einen
lassen die Argonauten auf demselben Wege, auf welchem sie gekommen sind, heimkehren,' die Andern führen sie den Phasis hinauf in den östlichen Okeanos,
dann südlich in das rothe Meer, durch die libysche
Wüste, durch welche die Argo getragen werden muss,
zum Tritonsee und in das Mittelländische Meer. Diese
Ansicht konnte sich nur so lange halten, als die östlichen Gegenden und die Quellen des Phasis unbekannt
waren; man wandte sich daher später, um doch die
Schiffer auf den Okeanos zu bringen und sie durch un
bekannte Länder zu führen, zu dem dritten Wege, dem
nach Westen, indem man nach alter Vorstellung den
Pontus mit dem Westmeere verband. Bei Apollonius
(Buch 4.), der alte und neue Vorstellungen bunt durch
einander mengt, fahren die Argonauten aus dem Schwarzen Meere 'durch den Istros in den Eridanos, kommen
zur Insel der Kirke, wo sie von dem Morde des Apsyrtos gereinigt werden, von da an den Seirenen vorbei,
durch die Skylla und Charybdis zur Insel der Phaiaken.
Hier vermählt .sich Iason mit Medeia. Schon im An-
gesichte des Peloponnes werden sie durch einen Sturm
in die Syrte verschlagen, tragen die Argo durch die
libysche Wüste in den Triton und gelangen endlich
durch das Mittelmeer in die Heimath.

Pelias hat den Aison während der Abwesenheit seines
Sohnes getödtet; dafür rächt sich Iason durch Hülfe der

Medeia, welche des Pelias Töchter überredet, ihren
Vater zu zerstückeln und zu kochen, indem sie vorgibt,
sie werde ihn durch Zaubermittel wieder verjüngen. Iason
und Medeia werden von des Pelias Sohn Akastos aus Iolkos
vertrieben und flüchten nach Korinth. Hier will sich Iason
mit Kreüsa (oder Glauke), der Tochter des Königs
Kreon, vermählen, aber Medeia tödtet diese durch ein
vergiftetes Gewand und Diadem, mordet darauf auch
ihre und des Iason Kinder, Mermeros und Pheres*),
und entflieht auf einem Wagen mit geflügelten Drachen
nach Athen, wo sie für einige Zeit des Aigeus Gattin
wird. Durch Theseus vertrieben, kehrt sie nach Kolchis zurück. Iason wird auf dem Isthmos im Heiligthum
des Poseidon von den Trümmern der zerfallenden Argo
erschlagen.

Die Sage von Athamas, Phrixos und dem Widder-
vliesse hat einen tiefen religiösen Grund. Der König
Athamas ist der Priester des Zeus Laphystios, der diese
zürnende Gottheit durch das fortdauernde Opfer seines
Geschlechtes versöhnen muss. Athamas selbst ist Priester
und Opfer zugleich; er sollte zur Sühne des ganzen
Landes geschlachtet werden, als eben Kytissoros, der
Sohn des Phrixos, aus Aïa heimkommend ihn befreite.
Dadurch aber erregte Kytissoros allen seinen Nachkommen den Groll des Gottes. Wer der älteste des Geschlechtes war, der musste sich von dem Gemeindehaus
fern halten; ging er hinein, so wurde er geopfert. Viele
nun von denen, die geopfert werden sollten, flohen aus
Furcht in ferne Lande; kehrten sie aber hernach heim
und wurden sie im Gemeindehause ergriffen, so wurden

---

*) Hesiod (Theog. 992 ff.) nennt einen Sohn des Iason und
der Medeia Medeios.

sie zum Opfer abgeführt (so berichtet Herodot. 7, 197.).
Auch Phrixos war zu einem solchen Opfer bestimmt,
aber er entzog sich durch die Flucht; der Widder war
so lange ein versöhnendes Opfer für Zeus Laphystios,
bis Einer der Athamantiden ergriffen wurde: aus beidem
nun, der Flucht des Phrixos und dem Widderopfer,
bildete sich die Sage von dem rettenden Widder, der
den Phrixos in das ferne Aia trägt. Das Vliess des
dem Zeus (an des Phrixos Stelle) geschlachteten Widders
wird ein Schutz und Hort, welchen Iason, der Heilende
und Versöhnende (ἰάομαι, heilen), endlich nach Iolkos
zurückbringt. — Die weitere Ausbildung der Sage, besonders in Bezug auf die Argonautenfahrt, knüpfte sich
bei den Minyern an etwas Wirkliches und Historisches,
an die Ausbreitung ihrer Seefahrten und ihrer Kolonien.
(O. Müller, Orchomenos.)

8. Der trojanische Krieg.

Die berühmteste aller von griechischen Heroen gemeinschaftlich ausgeführten Unternehmungen ist der tro-
janische Krieg, an welchem Fürsten fast aller Landschaften Griechenlands Theil genommen haben sollen.
Ihren Glanz und Ruhm bei den Griechen und der späteren Nachwelt verdanken die Helden dieses als eine
Nationalunternehmung angesehenen Zuges dem Sänger
Homer, der in den beiden Epen Ilias und Odyssee ihre
Thaten und Schicksale verherrlicht hat. Seine Heimath
ist die kleinasiatische Küste, wo in Folge der dorischen
Wanderung die verschiedensten Stämme griechischer
Zunge sich zusammengefunden hatten, besonders solche,
deren Vorfahren einst den Zug gegen Troja unternom-
men und einen glücklichen Krieg an der Küste geführt
hatten, die sie jetzt selbst als eine neue Heimath in

Besitz genommen, unter diesen Achäer unter Herrschern
des Pelopidengeschlechtes, Ioner mit Königen aus dem
Geschlechte des Nestor, Schaaren aus Thessalien, Böotien, Euböa, Lokris u. s. w. Die reichen Sagen, welche
diese Stämme aus ihrer Heimath mit herübergebracht
hatten, verbanden sich hier und bildeten sich im Munde
des Volkes und der Sänger weiter aus, bis endlich Homer aus der Masse des grossen Sagenkreises Einen Theil
herausgriff und in künstlicher Composition nach dem
Gesetze der Einheit eine neue Art von Epos schuf.
Die Ilias behandelt nur einen kleinen Theil des trojanischen Krieges, von der Dauer von 51 Tagen in dem
10. Jahre der Belagerung, nämlich den Zorn des von
Agamemnon beleidigten Achilleus und die Folgen desselben bis zu dem Tode des Hektor; die Odyssee
umfasst ebenfalls nur einen Zeitraum von 40 Tagen;
aber in diese beiden engen Rahmen sind die Begeben-
heiten, welche in die übrige Zeit des trojanischen Krieges und der Heimkehr der Helden fallen, so eingefügt
und mit dem Hauptinhalte verwoben, dass wir durch
Homer doch eine Uebersicht des ganzen trojanischen
Sagenkreises erhalten. Wir wollen aus der reichen Masse
nur das Hauptsächlichste ausheben.

1) Veranlassung des Kriegs und die Fahrt
nach Troja. Paris, der Sohn des trojanischen Königs Priamos (dessen Stammbaum Il. 20, 215 ff.), hatte
bei einem Wettstreit der Hera, Athene und Aphrodite der letzteren den Preis der Schönheit zuerkannt;
deshalb hassten ihn jene und stürzten ihn und Troja
ins Verderben (Il. 24, 25 ff.)*). Durch Hülfe der Aphro-

---

*) Später findet sich die Sage: Zu der Hochzeit des Pe-
leus und der Thetis waren alle Götter geladen, ausser Eris,
der Göttin der Zwietracht. Sie warf daher einen goldenen Apfel

dite entführt er, das Gastrecht verletzend, die schönste
der Frauen, Helena, die Gemahlin des Menelaos, Königs in Sparta. Menelaos geht in Begleitung des Odysseus nach Troja, um die Gattin zurück zu fordern, allein
vergeblich (Il. 3, 205 ff. 11, 122 ff.). Deswegen reist er
mit seinem Bruder Agamemnon, dem König von Mykenä, in Griechenland umher und fordert die Helden der
Achäer zum Rachezuge gegen Troja auf (Od. 24, 115.) *).
Man sammelte sich in dem Hafen von Aulis; als hier
den Göttern ein Opfer gebracht ward, sandte Zeus ein
grosses Wunderzeichen. Ein furchtbarer Drache wand
sich an dem Ahorn, unter welchem man opferte, hinauf
und verschlang oben in einem Neste acht junge Vögel
mit der Alten. Daraus weissagte Kalchas, dass sie
neun Jahre vor Troja kämpfen und erst im zehnten die
Stadt erobern würden (Il. 2, 303 ff.). — Das Opfer der
Iphigeneia s. p. 223. Unter Anführung des Agamemnon
und des Menelaos zog man nun gegen Troja mit bei-
nahe 1200 Schiffen (Il. 2, 493 ff.). Unterwegs liess man
den trefflichen Bogenschützen Philoktetes, des Poias
Sohn, der im Besitze der Pfeile des Herakles war, auf
Lemnos zurück, weil er an einer durch einen Schlan-
genbiss erhaltenen Wunde litt (Il. 2, 716.). Als man vor

in die Versammlung mit der Aufschrift: der Schönsten. Hera,
Athene und Aphrodite machten darauf Anspruch, und Zeus be-
stellte als Schiedsrichter des Streits den Paris, der auf dem Ida-
gebirge die Heerden seines Vaters weidete. Hera versprach ihm
Herrschaft und Reichthum, Athene Weisheit und Kriegsruhm,
Aphrodite das schönste Weib. Die letzte erhielt den Preis.

*) Nach späterer Sage waren die griechischen Helden zu dem
Rachezuge gegen Troja verbunden durch einen Eid, den sie
einst als Freier der Helena deren Vater Tyndareos geschworen
hatten, dass sie nämlich den erwählten Gatten der Helena gegen
jede Unbill schützen wollten.

Troja ans Land stieg, sprang zuerst vor allen andern
Protesilaos ans Ufer und ward von Einem der Trojaner, welche die Feinde an der Landung hindern
wollten, getödtet (Il. 2, 698 ff.).

2) Die vornehmsten Helden der Griechen
und Trojaner*). Das Haupt der Griechen vor Troja
war Agamemnon, der Sohn des Atreus, der mächtigste unter den Fürsten. Er war ein gewaltiger, statt-
licher Mann, ein guter König und tapferer Lanzen-
schwinger, aber im Bewusstsein seiner Macht schroff und
stolz, leicht zu Zorn und Ungerechtigkeit geneigt (Il. 2,
477. 569. 3, 166. 11, 91.). Menelaos, ein muthiger und
tapferer Held, Herrscher in Lakedämon, hatte geringere
Macht als sein Bruder, mit dem er in inniger Liebe verbunden ist, und war von milderer Gesinnung (Il. 2, 581.
6, 51. 17, 30. siehe auch Il. 10, 114 ff.). — Der tapferste,
schnellste und schönste Held vor Troja war Achilleus,
der Sohn des Peleus und der Nereïde Thetis**), Enkel

---

*) Die Griechen heissen bei Homer gewöhnlich Achaier
oder von dem Hauptsitze der Achäerherrschaft Argiver; die Bewohner des trojanischen Landes werden Teukrer genannt nach
Teukros, dem ältesten König und Erbauer von Troja, nach dessen Nachfolger Dardänos Dardäner, nach dessen Enkel Tros
Troër. Nach dessen Sohn Ilos (Il. 20, 215 ff.) heisst Troja
Ilion; Pergämos oder Pergämon war die Burg der Stadt.

**) Nach späterer Sage wollte Thetis ihren Sohn unsterblich
machen und legte ihn deshalb Nachts ins Feuer, um die sterblichen Theile aus ihm herauszubrennen; allein durch die Dazwi-
schenkunft des Peleus wurde das Werk unterbrochen; Thetis
entfloh und begab sich wieder in das Meer zu ihren Schwestern
(vergl. Demophoon p. 158.). — Oder: Thetis tauchte den Sohn in
die Styx; daher war er unverwundbar mit Ausnahme des Knö-
chels, an dem sie ihn hielt. Auch erzählen die kyprischen Gedichte, als Kalchas beim Ausbruch des trojanischen Krieges weissagte, dass Troja ohne Achilleus nicht erobert werden könne,

FIG. XXXI.

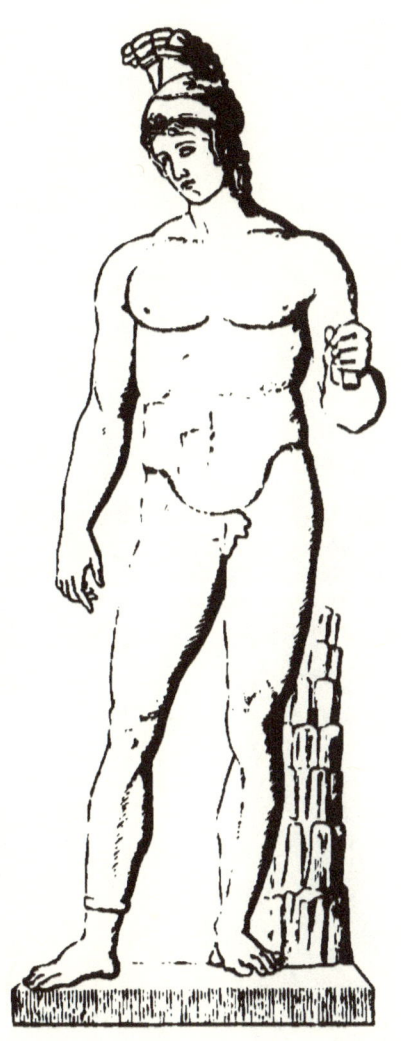

Achilleus.

des Aiakos (Il. 21, 173. s. p. 42.), König der Myrmidonen im thessalischen Phthia, wohin sein Vater Peleus
aus Aegina geflohen war; er hatte die Wahl zwischen
einem kurzen ruhmvollen Leben und ruhmlosen Alter
und wählte das erstere. Er ist unwiderstehlich in der
Schlacht und furchtlos in der Volksversammlung, un-
bändig und unbeugsam im Zorn, aber mild gegen Unglückliche, gastfrei, empfänglich für die Freuden eines
stillen Lebens im Schoose der Heimath, zärtlich gegen
seine Mutter (Il. 1, 215. 280. 2, 673. 681. 769. 20, 492 ff.
1, 85. 9, 307 ff. 24, 518. 600.). Sein Lehrer Phoinix
begleitet ihn in den trojanischen Krieg (Il. 9, 441.).
Patroklos, Sohn des Menoitios aus Opus, der, weil er
als Knabe unversehens beim Würfelspiel einen andern
erschlagen hatte, von seinem Vater nach Phthia gebracht
und dort mit Achilleus erzogen worden war (Il. 23, 85.),
ein muthiger und hochherziger Jüngling, ist des Peliden
theuerster Freund vor Troja. (Fig. 31. Statue des Achilleus.)
— Nach Achilleus ist der erste Held unter den Griechen
Aias, der Sohn des Telamon *), ebenfalls Enkel des Aia·

habe Thetis, weil sie den Tod ihres Sohnes voraussah, ihn als
Knaben auf der Insel Skyros unter den Töchtern des Königs Lykomedes in Frauenkleidern verborgen gehalten. Odysseus aber
entdeckte ihn durch eine List. Er breitete nämlich als wan-
dernder Kaufmann vor den Jungfrauen allerlei weiblichen
Schmuck und Waffen aus und liess dann plötzlich Waffengetöse
und Schlachtruf erschallen; da entflichen die Mädchen, Achilleus aber greift nach Schwert und Schild um dem Feinde entgegen zu eilen. So erkannt, verspricht er die Theilnahme am
Zuge. Ein Sohn des Achilleus und der Deïdameia, einer Tochter
des Lykomedes, ist Neoptolemos oder Pyrrhos.

**) Die ältere Sage kannte den Telamon und Peleus nicht
als Brüder, sondern nur als Freunde, den Aias und Achilleus
also nicht als Vettern, doch betrachtete sie die beiden letzteren
gleichgearteten Helden immer als demselben Stamme angehörig

kos, König von Salamis, dem Achilleus ähnlich an Gestalt
(Il. 18, 192.) und an Gesinnung; während Achilleus vom
Kampfe sich zurückgezogen hat, ist er der schützende
Thurm der Achaier (πύργος, ἕρκος Ἀχαιῶν, Od. 11, 556. Il.
3, 229. — Il. 2, 528. 557. 768. 3, 226. 11, 545 ff. 17, 279.).
Teukros, ein trefflicher Bogenschütze, war der Halbbru-
der des Telamoniers Aias (Il. 8, 266 ff.). — Ein anderer
Aias ist der König in Lokris, Sohn des Oïleus, der kleine
Aias genannt, während jener der grosse heisst; er ist
nächst Achilleus der beste Läufer (Il. 2, 527. 3; 273. 14,
520. 13, 700.). — Nestor, der Sohn des Neleus (s. p.
117.), Herrscher in Pylos, war der älteste unter den
griechischen Helden, ein weiser, gerechter und kriegs-
kundiger Greis von ausgezeichneter Beredtsamkeit. Er
herrschte schon über das dritte Geschlecht der Menschen
(Il. 2, 591. 4, 292 ff. 10, 18. Od. 3, 126 ff. 245. 24, 52. Erzählungen aus seinem früheren Leben: Il. 7, 125. 11, 670.
23, 626.). — Diomedes war König von Argos und
andern in der Umgegend liegenden Städten; schon in
dem Epigonenkrieg hatte er mitgekämpft; er war ein besonderer Schützling der Athene und ein kluger Held von
stets vorstrebender Tapferkeit, der selbst den Kampf
mit Göttern nicht scheut (Il. 2, 559. 4, 405. 5, 1 ff. 6, 94.
8, 90 ff. 9, 53.). — Odysseus (Ulysses, Ulixes) Sohn
des Laërtes, König in Ithaka. Er zeichnete sich vor
allen durch Klugheit und List aus, war entschlossen
und muthig und ausharrend in Gefahren (Il. 2, 631. 3,
190. 4, 494. 14, 82. Od. 4, 240. 13, 89. 291.). — Idomeneus, Fürst auf Kreta, gehörte ebenfalls zu den Ersten
des Heeres (Il. 13, 450. 2, 645. 3, 230. 4, 251. 7, 165.). Sein
treuer Waffengefährte war sein Neffe, der tapfere Me-
riönes.

Auf trojanischer Seite war Anführer und der grösste

Held Hektor, der älteste Sohn des Priamos, ein Liebling des Apollon, furchtbar und männerwürgend in der
Schlacht, aber ein zärtlicher Gatte und Vater, ein liebender Sohn und treuer Freund (Il. 2, 816. 3, 60. 6, 394 ff.
8, 337. 22, 35 ff. 405 ff.). Die Vertheidigung des Vaterlandes ist sein höchstes Ziel (Il. 12, 243.). — Paris (Ale-
xandros), ein jüngerer Bruder des Hektor, ist ein guter
Bogenschütze, aber von unstätem Charakter, bald tapfer
und herausfordernd, bald feig und weichlich; der Umgang mit Weibern und Saitenspiel liegen ihm mehr am
Herzen, als das ernste Geschäft des Krieges (Il. 3, 16 ff.
6, 504.). — Neben Hektor zeichnet sich besonders Aineias aus, der Sohn des Anchises, verwandt mit Priamos, der Herrscher der Dardaner auf dem Ida, voll
Kraft und Weisheit (Il. 2, 819. 5, 180. 217. 6, 77. 11, 60.
20, 208 ff.), ferner Polydamas, Agenor (Il. 14, 425.
16, 530 ff.). — Unter den Verbündeten der Troër sind
ausgezeichnet die Lykier Sarpedon, der Sohn des Zeus
(Il. 2, 876. 5, 479. 6, 199. 16, 419 ff.), Glaukos, ein Sohn
des Hippolochos und Enkel des Bellerophontes (Il. 2,
876. 6, 118. 12, 309.), und der Bogenschütze Pandaros,
Sohn des Lykaon (Il. 2, 824. 4, 87. 5, 168 ff.).

3) Belagerung und Eroberung der Stadt.
Die Achäer schlugen ein Lager vor Troja auf. Um
ihren Unterhalt zu gewinnen, machten sie in einzelnen
Abtheilungen Raubzüge an der Küste umher, eroberten
und plünderten kleinere Städte und führten die Menschen hinweg; da sie aber auf diese Weise ihre Macht
nicht zusammen halten konnten, so wurde es den Trojanern möglich, neun Jahre lang ihre Stadt glücklich
zu vertheidigen. In das zehnte Jahr fallen die Begeben-
heiten der Iliade. Dem Agamemnon war Chryseïs,
die Tochter des Chryses, eines Priesters des Apollon,

welche Achilleus auf einem Streifzuge erbeutet hatte, als Sclavin zugetheilt worden, und als der Vater sie um hohen Preis loskaufen wollte, verweigerte er sie und wies ihn mit übermüthigen Worten aus dem Lager. Daher bat Chryses den Apollon ihn an Agamemnon und dem ganzen griechischen Heere zu rächen. Apollon schickt die Pest in das Lager; auf Veranstaltung des Achilleus erklärt Kalchas in der Volksversammlung, dass der Gott wegen der Entehrung des heiligen Priesters zürne, und dass der Zorn nur abgewendet werden könne, wenn Agamemnon die Chryseïs ohne Lösegeld freigebe und man den Gott durch feierliches Opfer versöhne. Dies geschieht; aber um sich an Achilleus zu rächen, nimmt ihm Agamemnon seine geliebte Sclavin Briseïs weg. Achilleus lässt es geschehen, aber von der Zeit an zürnt er dem Agamemnon und nimmt keinen Theil mehr an dem Kampfe. Zeus gibt der Thetis, der Mutter des Achilleus, das Versprechen, dass er den Trojanern so lange Glück verleihen wolle, bis Achilleus wieder durch Agamemnon zufrieden gestellt sei (Il. 1.). Durch einen siegverheissenden Traum veranlasst er den Agamemnon, für den folgenden Tag eine Schlacht festzusetzen (Il. 2.). Als die Schaaren gegen einander rücken, fordert Paris die edelsten der Achäer zum Zweikampf heraus. Menelaos nimmt den Kampf an; Paris entflieht feige, wird aber durch die tadelnden Worte des Hektor bewogen aufs neue sich zum Kampf zu stellen; wer von beiden siegt, soll die Helena mit den geraubten Schätzen besitzen. Der Vertrag wird unter feierlichen Opfern abgeschlossen (Il. 3, 245.) und der Kampf beginnt. Paris erliegt und wird der Gefahr durch Aphrodite entzogen; während Agamemnon die Erfüllung des Vertrags fordert, schiesst Pandaros, von Athene verleitet, einen Pfeil auf

Menelaos los und reizt durch diesen Treubruch die
Achäer zu neuem Kampfe (Il. 4, 50.), in welchem sich
vor allen Diomedes hervorthut (Il. 5.). Hektor verlangt
endlich einen Zweikampf, welchen der Telamonier Aias,
durchs Loos erwählt, besteht. Am folgenden Tage Waf-
fenstillstand und Bestattung der Gefallenen (Il. 7.). Am
dritten Tage wird die Schlacht erneuert, die Griechen
kämpfen unglücklich (Il. 8.). Agamemnon räth in einer
nächtlichen Versammlung zur Abfahrt; Nestor und Diomedes aber erklären sich dagegen, und jener mahnt zur
Versöhnung mit Achilleus. Die zu ihm geschickte Ge-
sandtschaft richtet nichts aus (Il. 9.). Diomedes und
Odysseus gehen in der Nacht auf Kundschaft aus, treffen
den Dolon, der von Hektor auf Kundschaft ausgeschickt
ist, und tödten ihn, nachdem sie ihn gezwungen haben,
anzugeben, wo Rhesos, der vor kurzem aus Thrakien
den Trojanern zu Hülfe gezogen ist und noch vor den
Thoren liegt, mit den Seinen lagert. Sie überfallen den
Rhesos; Diomedes erschlägt ihn, während Odysseus seine
herrlichen Rosse entführt (Il. 10, 194—579.).

Am andern Morgen eine neue Schlacht, in der sich
Agamemnon durch Tapferkeit auszeichnet, bis er verwundet aus dem Kampfe gehen muss. Hektor, der sich,
während Agamemnon wüthet, zurückgezogen hat, dringt
mit den Trojanern aufs neue vor; Diomedes, Odysseus
und anderer Helden werden verwundet und die Achäer
bis in ihre Verschanzungen zurückgetrieben. Hier vertheidigen sie sich aufs tapferste, bis Hektor mit einem
gewaltigen Feldstein das Thor zertrümmert und den
Troërn einen Weg zu den Schiffen bahnt (Il. 11 u. 12.).
In dem nun folgenden Kampfe, in welchem die Achäer
hart bedrängt werden, thut sich besonders Idomeneus
hervor (Il. 13.). Here schläfert den Zeus, der den

17 *

Göttern am Kampf Theil zu nehmen verboten hat, auf dem Ida ein, damit Poseidon den Achäern kräftigen Beistand leisten kann (Il. 14, 153 ff.). Zeus erwacht, schickt erzürnt den Poseidon von dem Schlachtfelde und stellt das Treffen wieder her; Hektor treibt die Achäer zurück, dringt in das Lager ein und zündet das Schiff des Protesilaos an, während Aias, der Telamonier, ihn vergebens zurückzuhalten strebt (Il. 15.).

In dieser höchsten Noth stürzt sich Patroklos, von Achilleus gesandt, in dessen Waffen in die Schlacht und treibt die Troër zurück, erschlägt den Sarpedon und viele Andere und wird endlich selbst von Hektor erlegt (Il. 16.). Kampf um die Waffen und Pferde des Achilleus und um den Leichnam des Patroklos; die Waffen eignet sich Hektor an, die Pferde aber und Patroklos bleiben in der Gewalt der Achäer (Il. 17.). Als Achilleus den Tod des Patroklos erfährt, jammert er laut und verlangt nichts, als Rache an Hektor zu nehmen; er zeigt den Achäern an, dass er wieder am Kampfe Theil nehmen werde, und Agamemnon leistet ihm glänzende Genugthuung. Angethan mit der Rüstung, welche ihm seine Mutter von Hephaistos hat fertigen lassen, eilt er in die Schlacht, wohl wissend, dass auch ihm bald das Todesloos beschieden ist (Il. 18 und 19.). In furchtbarem Kampfe würgt er die Schaaren der Troër und treibt sie in die Mauern der Stadt, nur Hektor erwartet ihn auf ebenem Felde; als er aber den Peliden herannahen sieht, ergreift er die Flucht. Dreimal jagt ihn Achilleus um die Stadt und stösst ihn endlich nieder. Den Leichnam bindet er an seinen Wagen und schleift ihn über das Feld zu dem Lager hin (Il. 20—22.). — Am folgenden Tage verbrennt Achilleus den Leichnam des Patroklos und stellt ihm zu Ehren Leichen-

spiele an (Il. 23.). Am andern Morgen bindet er wieder
die Leiche des Hektor an seinen Wagen und schleift
sie dreimal um die Grabstätte des Patroklos; und das thut
er noch öfter, bis sich die Götter des geschändeten Helden erbarmen und Zeus den Priamos veranlasst in der
Nacht zu dem Zelte des Achilleus zu gehen, um die
Leiche des Sohnes auszulösen. Achilleus nimmt den
Greis gastlich auf, gibt ihm die Leiche zurück und gewährt zur Bestattung derselben einen elftägigen Waffen-
stillstand. Hektor wird im Hofe des Palastes ausgestellt und beklagt, darauf wird er feierlich verbrannt
und die Leichenfeier durch ein Todtenmahl beschlossen
(Il. 24.). Soweit die Ilias.

Nicht lange nachher ward Achilleus von Apollon
oder von Paris und Apollon am skäischen Thore erschossen. Seine Gebeine wurden, wie er befohlen, in
einer Urne mit denen des Patroklos vereint, und über
der Urne, neben welcher man eine zweite mit der Asche
des Antilochos aufstellte, des tapfern Sohnes des Nestor,
der der dritte in dem jugendlichen Freundschaftsbunde
gewesen war, errichtete man an den Ufern des Hellespont auf dem Vorgebirge Sigeion ein Grabmal (Il. 21,
278. 22, 355 ff. Od. 24, 35. ff.). Gegenüber an derselben
Küste auf dem Vorgebirge Rhoitheion ward der Telamonier Aias, ein Freund der Genannten (cf. Od. 11, 469.),
bestattet. Als nämlich bei der durch Thetis veranstalteten Bewerbung um die Waffen ihres gefallenen Sohnes
der Preis des Verdienstes nicht dem starken Aias, sondern dem klugen Odysseus zugesprochen worden war,
war dieser, in seiner Ehre gekränkt, in Wahnsinn verfallen und hatte sich selbst den Tod gegeben (Od. 11.
543 ff. Soph. Aias). — Der kyklische Dichter Arktinos
lässt unmittelbar nach dem Tode des Hektor die Ama-

zonen den Troern zu Hülfe kommen, deren Königin Penthesileia von Achilleus erlegt wird; dann erscheint Memnon mit seinen Aithiopen, tödtet den Antilochos und wird dafür von Achilleus erschlagen (eine Parallele zu dem Tode des Patroklos und des Hektor); Achilleus aber fällt selbst durch die Hand des Paris. Nach einer spätern Erzählung wird er in dem Tempel des Apollon zu Thymbra bei Troja von Paris getödtet, als er dorthin waffenlos gekommen war, um sich mit Polyxena, der Tochter des Priamos, zu verbinden.

Die Kykliker erzählen ferner die Ereignisse nach dem Tode des Achilleus, welche den Fall Trojas herbeiführen. In dieser Zeit ist der verdienstvollste Mann im griechischen Heere Odysseus; durch dessen Klugheit wird Ilion genommen (Od. 22, 230.). Da die Stadt nicht erobert werden kann, so lange sich das Palladion in derselben befindet, so rauben es Odysseus und Diomedes. Auch war nach einem Schicksalsschluss, den der von Odysseus gefangene Seher Helenos, S. des Priamos, den Griechen verkündete, zur Eroberung der Stadt die Gegenwart des Philoktetes mit seinen herakleischen Pfeilen und des Neoptolemos, des jungen Sohnes von Achilleus, nöthig; deshalb holte Odysseus den letzteren von Skyros her (Od. 11, 508.) und mit diesem den Philoktetes von Lemnos (Soph. Philokt.). Neoptolemos, ausgezeichnet durch Tapferkeit und klugen Rath (Od. 11, 510 ff.), setzte die Heldenrolle seines grossen Vaters fort, und Philoktetes erlegte mit seinen Pfeilen den Paris, den Urheber des verderblichen Krieges.

Doch konnten die Mauern der Stadt mit Gewalt nicht erstiegen werden; darum griff man zur List. Epeios erbaute auf den Rath der Athene ein grosses hölzernes Ross, in dessen Bauche sich mit Odysseus die Tapfersten

FIG. XXXII.

Laocoon.

der Griechen verbargen. Dieses Pferd liessen die Griechen in dem Lager zurück, während sie zum Scheine
mit ihren Schiffen abfuhren. Als die Trojaner in das
verlassene Lager der Griechen kamen und das gewaltige
Pferd erblickten, entstand ein Streit, ob sie es zer-
stören oder in ihre Stadt bringen sollten, um es den
Göttern zu weihen. Besonders rieth Laokoon, ein
trojanischer Priester, zur Zerstörung des Rosses, indem
er seine Lanze in dessen Seite schleuderte, dass es hohl
erdröute. Bald darauf aber, als 'er am Ufer dem Poseidon ein Opfer brachte, kamen von Tenedos her zwei
mächtige Schlangen, von Athene gesendet, und tödteten
ihn sammt seinen beiden Söhnen. Das sahen die Troër
als eine Strafe der Götter·an für die Verletzung des
Pferdes, und nun drang die Meinung durch, das heilige
Gebäu in die Stadt hinaufzubringen. So zogen sie denn
ihr eigenes Verderben in ihre Mauern. In der Nacht
verliessen die Helden ihr Versteck, das Heer kehrte
zurück, und nun. war es um Troja geschehen; die Stadt
wurde zerstört, die Einwohner grösstentheils niederge-
macht und der übrige Theil als Sclaven mit fortgeführt
(Od. 8, 492 ff. 11, 523 ff.). Eine weitläufige Beschreibung
der Eroberung Trojas nach den Kyklikern s. Virg.
Aen. 2. (Fig. 32. Laokoon.)

4) Die Rückfahrt der Griechen war mit vielen
Mühseligkeiten verknüpft wegen des Zornes der Athene *),
welche die beiden Atriden in Streit gerathen liess. Als
die Stadt erobert war, beriefen diese gegen allen Brauch

---

*) Als Grund dieses Zornes gibt die spätere Sage an, bei
der Eroberung der Stadt sei Aias, der Lokrer, in den Tempel
der Athene eingedrungen und habe die Kassandra, welche sich
zu der Bildsäule der Göttin geflüchtet, gewaltsam weggerissen
und misshandelt.

noch am Abend eine Volksversammlung. Die Achäer
kamen weinberauscht und hörten die Reden der Führer.
Menelaos forderte sie auf sogleich mit ihm zur Heimath
zu ziehen; Agamemnon aber wollte das Volk zurück-
halten, um vor der Abreise noch den Zorn der Athene
durch heilige Opfer zu versöhnen. Dadurch entstand
ein Streit und der eine Theil zog am folgenden Morgen
mit Menelaos, Nestor, Odysseus u. A. ab, der andere
blieb mit Agamemnon noch an der trojanischen Küste.
Als jene nach Tenedos kamen, erhob sich auch unter
ihnen ein Streit, und Odysseus ging wieder mit den
Seinen zu Agamemnon zurück; Nestor und Menelaos
aber steuerten weiter an der kleinasiatischen Küste hin,
wo sie in Lesbos mit Diomedes zusammentrafen. Von
Chios aus segelten sie westlich zur Südspitze von Euböa
und von da südlich, Diomedes glücklich nach Argos,
Nestor nach Pylos; Menelaos aber wurde, als er das
Vorgebirg Maleia umschiffen wollte, von einem Sturm
in das grosse Meer verschlagen und kam erst nach langer
Irrfahrt, auf welcher er sogar bis nach Aegypten getrieben ward (p. 126.), in der Heimath an, wo er noch
lange in Ruhe herrschte. (Od. 3, 130 ff.) — Von den
übrigen Achäern gelangten die Myrmidonen unter Neoptolemos, dem Sohne des Achilleus, ferner Philoktetes und Idomeneus wohlbehalten nach Hause (Od.
3, 188 ff.). Aias, des Oïleus Sohn, scheiterte, von dem
Zorne der Athene verfolgt, an dem gyräischen Felsen.
Poseidon rettete ihn; da er aber übermüthig ausrief,
dass er auch ohne Hülfe der Götter dem Tode ent-
fliehen könne, so zertrümmerte der Gott den Felsen
und liess den Uebermüthigen in den Wogen umkommen
(Od. 4, 499 ff.).

Die längste und unglücklichste Heimfahrt war die

des Odysseus, der Gegenstand der Odyssee. Von
der trojanischen Küste aus kam er mit seinen zwölf
Schiffen, durch Sturm verschlagen, nach Ismaros, der
Stadt der Kikonen in Trakien, welche er plünderte und
zerstörte; als in der Nacht seine Gefährten am Ufer
sassen und zechten, wurden sie von den Kikonen überfallen und von jedem der Schiffe sechs getödtet. Odysseus entfloh schnell mit den übrigen (Od. 9, 39 ff. 179 ff.).
An dem Vorgebirge Maleia wurde er durch einen hef-
tigen Nordwind verschlagen und irrte neun Tage auf
dem Meere umher, bis er am zehnten zum Lande der
Lotophagen kam an der Nordküste Afrikas (Od. 9,
62—104.). Von da gelangte er zu dem Lande der Kyklopen, roher gewaltiger Riesen mit einem Auge,
wo er den Kyklopen Polyphemos, den Sohn des Poseidon, der ihm sechs seiner Gefährten verschlungen
hatte, blendete (Od. 9, 105—565.). Auf der weiteren
Fahrt kam Odysseus zu Aiolos (siehe p. 108.), darauf
zu den Laistrygonen, einem menschenfressenden
Riesengeschlechte, welche den grössten Theil der Gefährten des Odysseus vernichteten und alle Schiffe bis
auf das des Odysseus zerschmetterten (Od. 10, 80—132.).
Hierauf landete Odysseus auf Aiaia, der Insel der Zauberin Kirke; diese verwandelte einen Theil der Gefährten in Schweine, wurde aber von Odysseus gezwungen ihnen wieder die menschliche Gestalt zu geben.
Ein ganzes Jahr lebte Odysseus bei Kirke; darauf hiess
sie ihn über den Okeanos zum Hades schiffen, damit
er dort von dem Seher Teiresias den Weg der Rückkehr erfahre (Od. 10, 133—574.). Die Fahrt des Odysseus zur Unterwelt (Od. 11. s. p. 19 ff.). Nach Aiaia
zurückgekehrt, erhält er von Kirke Rathschläge über
die weitere Fahrt. Als er an der Insel der Seirenen,

der zauberischen Sängerinnen, welche durch ihren Gesang die Schiffenden anzulocken und zu verderben pfleg-
ten, vorbeisteuert, lässt er alle Gefährten sich die Ohren
mit Wachs verkleben, damit sie nicht ins Verderben
gezogen würden; er selbst lässt sich mit offenen Ohren
an den Mast binden (Od. 12, 142 ff.). Darauf fährt er
glücklich an den Plankten oder Irrfelsen (s. p. 247.)
und der Charybdis vorbei; aber während sie zu der
furchtbaren Charybdis hinüberblicken, reisst Skylla von
der andern Seite sechs der Gefährten von dem Schiffe
und verschlingt sie (Od. 12, 201 ff.). Als Odysseus darauf gegen die Warnungen der Kirke und des Teiresias
auf der Insel Trinakia gelandet war, wo des Helios
Heerden weiden, vergriffen sich seine Gefährten an den
Rindern des Gottes und verzehrten sie (Od. 12, 260 ff.).
Dafür kam die Strafe des Zeus; er sandte ein Ungewitter
und zerschmetterte durch einen Blitzstrahl das Schiff,
dass alle ertranken bis auf Odysseus, der auf den Trümmern des Schiffes, neun Tage umhergetrieben, endlich
zu der Insel der Nymphe Kalypso, Ogygia, gelangte
(Od. 12, 403 ff.). Sieben Jahre lang verweilte er hier
bei der schönen Nymphe, welche ihn zu ihrem Gemahle
begehrte und ihm unsterbliches Leben und ewige Jugend
versprach, wenn er bei ihr bleibe und der Heimkehr
vergesse; aber nicht überredete sie ihm das Herz in
dem Busen. Weinend vor Sehnsucht sass er oft am
Ufer und wünschte nur den Rauch von der Heimath
aufsteigen zu sehen und dann zu sterben (Od. 7, 244 ff.
1, 13. 50. 9, 29. 5, 82. 4, 555.). Als das achte Jahr erschien, erbarmten sich sein die Götter und befahlen der
Nymphe ihn ziehen zu lassen; er erbaute sich ein Schiff
und fuhr ab. Aber Poseidon, der dem Odysseus wegen
der Blendung seines Sohnes Polyphemos zürnte, schickte

einen Sturm über ihn und zerbrach ihm das Schiff. Ino Leukothea rettete den Unglücklichen ans Land der Phaiaken (Od. 5 u. 6. 7, 261 ff.). Der König Alkinoos nahm ihn gastlich auf und liess ihn anf einem Schiffe nach Ithaka bringen. Schlafend kam Odysseus nach 20 Jahren in die Heimath zurück (Od. 13.) und erschlug die Schaar der Freier seiner Gattin Penelope, welche ihm jahrelang im Uebermuth sein Gut verzehrt hatten. — Odyssee 5—13. handelt von den Fahrten und der Heimkehr des Odysseus, die folgenden von dem Rache sinnenden und Rache übenden Helden in der Heimath; Buch 1—4. dagegen schildern besonders das Treiben der Freier im Hause des Odysseus während seiner Abwesenheit, um so zu zeigen, wie nothwendig die baldige Rückkehr des Königs sei. Sein Sohn Telemachos, der sich endlich als Mann fühlt, ist selbst nach Pylos und Sparta zu Nestor und Menelaos gereist, um Kunde von seinem Vater zu erhalten; als er nach Ithaka zurückkehrt, trifft er mit dem Vater zusammen und vollbringt mit ihm das grosse Werk der Rache.

Religion und Mythologie

der Römer. .

Einleitung.

Die Bevölkerung der Stadt Rom ist aus verschiedenen Stämmen erwachsen, aus Latinern, Sabinern und Hetruskern. Latiner und Sabiner waren verwandte Völkerschaften; sie hatten ihre Grundlage in dem grossen pelasgischen Volksstamme, der auf beiden Seiten des adriatischen Meeres, in Italien sowohl wie in der griechischen Halbinsel, seine Sitze genommen hatte. Daher hatten im Allgemeinen ihre Religionsweisen einen gemeinschaftlichen Character, so dass sie in Rom leicht zu einem Ganzen verwachsen konnten. Von ihnen stammen die meisten römischen Gottheiten; doch ist es bei vielen Göttern schwer zu ergründen, ob sie latinischen oder sabinischen Ursprungs sind. Die Hetrusker dagegen, welche am spätesten zu der Bevölkerung der Stadt hinzutraten und mit Latinern und Sabinern nicht verwandt waren, scheinen vornehmlich einen äusserlichen Einfluss auf die römische Religion geübt zu haben, indem sie mehr den religiösen Ceremoniendienst ausbildeden, als Vorstellungen neuer Götter in Rom einführten.

Mit der Religion der Griechen stand die der Sabiner und Latiner in ursprünglicher Verwandtschaft; denn auch das griechische Volk war aus dem pelasgischen entstanden. Doch haben sich im Laufe der Zeit die italischen Religionen nach dem besonderen Character des Volkes

auf eigenthümliche und selbständige Weise gestaltet und
ausgebildet. Den italischen Völkern und besonders auch
den Römern ging die Kraft schöpferischer Phantasie ab,
wodurch das hellenische Volk vor allen ausgezeichnet
war. Der Römer weiss nichts von dem heiteren Spiele
der Poesie, wodurch der Grieche seine vielgegliederte
Götterwelt ausschmückte und seine tausendfachen Mythen schuf. Darum wurde er aber auch weniger verleitet seine Götter in die Beschränktheiten und Schwächen
des menschlichen Daseins herabzuziehen und ihnen
Eigenschaften anzudichten, die eines Gottes nicht würdig sind. Ein kalter, sittlicher Ernst ist über seine
Götter ausgegossen; er betrachtet sie mit tief religiöser
Scheu und verehrt sie in seinem auf das Aeussere und
Practische gerichteten Sinn mit ängstlicher Gewissenhaftigkeit, die in Wort und That auch das Geringste
nicht versah.

Die Bewohner Latiums, aus denen zuerst das römische Volk entstand, waren kräftige Hirten und Land-
bauer, die in patriarchalischer Einfachheit zusammen-
lebten; sie verehrten daher vorzüglich Götter der Natur,
des Feldes und Waldes, die die Heerden schützten und
segneten und den Früchten des Feldes Gedeihen schenkten (wie Faunus, Saturnus, Vertumnus u. A.),
und solche Gottheiten, unter deren schirmender Obhut
Familie und Haus stand (Laren, Penaten). Diese
altitalische Religionsweise, die ganz den Charakter der
Ländlichkeit und Häuslichkeit an sich trägt, wurde von
Anfang an nach Rom verpflanzt. Der Römer behielt
lange, selbst. als er schon seine Herrschaft weit über
die Grenzen Italiens ausgebreitet hatte, noch seine Vorliebe für das Landleben, sowie den Sinn für Haus und
Familie. Daher erhielten sich bis in späte Zeiten die

alten ländlichen Feste mit ihren rohen, oft nicht mehr verstandenen Ceremonien, wie die Lupercalien, Saturnalien u. s. w., mit besonderer Heiligkeit aber wurde stets der Dienst der Hausgötter geübt.

Neben den Gottheiten des Feldbaues, der Viehzucht und des Hauses wurden von Anfang an in Rom auch Schutzgötter des Staates aufgenommen, und da die Idee des Staates bei den Römern die vorherrschende war, so traten diese mit der Zeit in den Vordergrund. An der Spitze der Götterwelt steht Jupiter, der Gründer und Erhalter des römischen Staats, und ihm zur Seite als höchster Staatsschirmer Mars, als Erzeuger des Romulus, der Vater des römischen Volkes, und Quirinus, der Wehrhafte, der vergötterte Romulus. Neben diesem Dreiverein kriegerischer Schutzgottheiten bildete Jupiter mit seiner Gemahlin Juno und seiner Tochter Minerva einen zweiten staatsschirmenden Verein; dazu trat denn noch Vesta, die Göttin des häuslichen Heerdes, der Grundlage des Staates.

Der Cultus der eben erwähnten Schutzgottheiten des Staates machte den Hauptbestandtheil der römischen Staatsreligion aus, welche der Sage nach von dem König Numa geregelt und mit den Einrichtungen des Staates in enge Beziehungen gebracht worden war. Er setzte die Priesterinnen der Vesta ein, ferner dem Mars das Priestercollegium der Salier, dann die Flamines, die Priester der einzelnen Gottheiten, deren Frauen Flaminicae den Gottesdienst mit ihren Männern besorgten. Sie wurden eingetheilt in Flamines maiores und minores; zu jenen gehörten als die vornehmsten der des Jupiter, des Mars und des Quirinus (Fl. Dialis, Martialis, Quirinalis). Auch die Einsetzung der Fetialis wird von Manchen dem

Numa zugeschrieben; sie hatten das Amt, den Krieg in
feierlicher Weise zu erklären und Bündnisse und Frie-
densschlüsse im Namen des Volkes zu beschwören. Die
Aufsicht über das gesammte Religionswesen, öffentlichen
wie Privatgottesdienst hatte das Collegium der Pontifices, dessen Vorsteher der Pontifex Maximus war.
Ueber seine Obliegenheiten siehe Liv. 1, 20. In der
Königszeit lagen dem König selbst manche priesterliche
Verrichtungen ob, besonders der Dienst des Jupiter;
damit aber nach Vertreibung der Tarquinier bei einigen
besonderen Staatsopfern der König nicht fehle, wurde
für deren Besorgung der Rex Sacrificulus oder Rex
Sacrorum erwählt, der unter allen Priestern scheinbar
den höchsten Rang hatte. Das Collegium der Augu-
res hatte die Pflicht für das Volk die Auspicien zu
halten, bei Unternehmungen des Staates den Willen der
Götter zu erforschen, den sie in Donner und Blitz, im
Fluge, dem Geschrei und dem Fressen der Vögel kund
thaten.. Die durch Opferschau weissagenden Haru-
spices waren gedungene Hetrusker, welche den Augurn
an Würde und Ansehen weit nachstanden und nur in
ausserordentlichen Zeiten nach Rom berufen wurden.
Eine Eigenthümlichkeit der römischen Religion,
welche weniger mit dem öffentlichen Wesen zusammen-
hing, als aus dem Ermessen und Gutdünken der Einzelnen entsprang, war die Verehrung abstracter, besonders sittlicher Begriffe als göttlicher persönlicher Wesen,
wie der Virtus, Fides, Pudicitia u. s. w. Man ging
in dieser Vergöttlichung von Abstractionen, wobei dem
römischen Character gemäss mehr der Verstand, als die
Phantasie thätig war, so weit, dass man allen möglichen
Eigenschaften, den gewöhnlichsten Dingen und Thätigkeiten und zufälligen Verhältnissen eine göttliche Wesen-

heit unterlegte und religiöse Verehrung zollte, wie der
Orbona, der Kinderlosigkeit, der Fessonia, der Ermüdung u. s. w.

Die vorgenannten drei Elemente der römischen Religion, das natürliche, politische und sittliche,
bildeten während der Blüthezeit des Staates ein festes
Ganzes, das von Seiten des Staates vor fremden Ein-
flüssen geschützt ward. Aber wie es von jeher in staatlicher Hinsicht Grundsatz des römischen Volkes war
Fremdes in sich aufzunehmen und mit seinen Institutio-
nen zu verschmelzen, so erweiterte es auch bei der Ausbreitung seiner Herrschaft den Kreis seiner Religion,
indem es bei dem Bekanntwerden mit andern Völkern
fremde Götter und deren Culte bei sich einführte. Bei
der Ausbreitung der römischen Herrschaft in Unteritalien kam man mit den dort wohnenden Griechen, mit
welchen schon zur Zeit der Könige Verbindungen bestanden hatten, in immer nähere Berührung; dadurch
lernte man griechische Gottheiten kennen und führte
deren Cult zum Theil in Rom ein. Schon frühzeitig
erkannte man den Orakelgott Apollon zu Delphi an;
den Dioskuren wurde im Jahre 304 v. Chr. ein Tempel gebaut und der Stand der Ritter nahm sie, die Hel-
denbrüder, als seine Schutzgottheiten an; von Epidauros
holten die Römer den Cultus des Asklepios, Aesculapius u. s. w.

Alle diese fremden Culte blieben noch, obgleich sie
von dem Staate eingeführt und anerkannt waren, so
lange der ächtrömische Sinn sich erhielt und die Bildung
der Römer eine nationale war, in einer gewissen Abge-
schiedenheit von der altrömischen Staatsreligion, so dass
sie im Allgemeinen keinen zerstörenden und auflösenden
Einfluss auf dieselbe ausüben konnten. Als aber zur

Zeit des zweiten punischen Krieges ein Wendepunct in
der Bildungs- und Sittengeschichte der Römer eintrat
und der Geist der griechischen Bildung in das römische
Volk überging, da fanden auch die religiösen Vorstellungen der Griechen vollen Eingang und die Götter des
griechischen Olympos zogen in Rom ein. Die Namen
der römischen Gottheiten sowie die Gebräuche des Cultus erhielten sich zwar grösstentheils; allein den römischen Namen und Ceremonien schoben sich griechische
Vorstellungen unter. Besonders finden wir in der römischen Literatur, die sich ganz nach der griechischen
gebildet hat, auch in Bezug auf Religion und Mythologie griechisches Gepräge. Uebrigens ging die römische Religion nicht ganz in der griechischen auf, unter den römischen Gottheiten fanden sich manche, für
welche es bei den Griechen keine entsprechenden Wesen
gab; in diesen erhielten sich die ächtrömischen Vorstellungen.

Als die Römer mit der Religion der Griechen bekannt wurden, waren diese schon in das Stadium ihres
religiösen und sittlichen Verfalls eingetreten. Daher
ging auch bald der Unglaube und der Aberglaube der
Griechen auf die Römer über; man trieb frivolen Spott
mit den Wesen, an deren Existenz man nicht mehr
glaubte, und wandte sich besonders mysteriösen Culten
mit abergläubischen Gebräuchen zu. Zunächst wurden
die gebildeten Stände, aber nach diesen auch bald das
gemeine Volk von dem religiösen Verderbniss ergriffen,
gegen welches die Anstrengungen des Staates, der, an
dem Aeusseren festhaltend, die alte Religion der Väter
zu erhalten suchte, erfolglos blieben. Augustus stellte
manche alten Gebräuche und Feste wieder her, erbaute
den alten Göttern neue prächtige Tempel, während er

fremde Gottesdienste fern zu halten suchte, und in diesem Streben Religion und Sittlichkeit wieder zu heben eiferten ihm andere Kaiser nach; aber die prächtigen Tempel und die glänzenden Feste vermochten ebensowenig wie die Theorien der Philosophen dem sinkenden Heidenthum einen neuen Geist einzuhauchen und seinem Sturze vorzubeugen.

A. Götter.

I. Hauptgötter der römischen Staatsreligion.

----

1. Jupiter (Juppiter).

Ju-piter stimmt dem Namen nach mit dem griechischen Zeus überein (s. p. 35. Anm.) und hat auch im Allgemeinen dieselbe Bedeutung, wie dieser; doch haben sich manche Seiten seines Wesens mehr auf eigenthümlich römische Weise ausgebildet. Er ist der Himmelsvater, der Herrscher des Himmels; von ihm gehen alle Erscheinungen des Himmels aus, Blitz und Donner, Sturm und Hagel, Regen und Heitre (Fulminator, Tonitrualis, Pluvius, Serenator), das Licht des Himmels kommt von ihm (Lucetius, Diespiter, Tagsvater). Den Donnerkeil trägt er in seiner gewaltigen Rechten und schleudert ihn auf die Erde*); die Stelle, welche er trifft, hat er sich ansersehen, dass sie ihm geheiligt werde. An einer solchen Stelle wurde von

----

*) Der Kiesel war Symbol des Donnerkeils; daher trugen Bilder des Jupiter einen Kieselstein in der Hand.

dem Pontifex ein Stein als Symbol des Blitzes unter leisem Gebet in die Erde verscharrt, der Ort ummauert und mit einem Altar versehen. Auch glaubte man den Blitz durch gewisse Ceremonien vom Himmel herabziehen zu können (Elicius); Numa hatte dies öfter gethan, Tullus Hostilius aber verlor bei einem solchen Versuche das Leben (Liv. 1, 20. 31. Ov. Fast. 3, 285 ff.). *) Als der regensendende Gott ist Jupiter der wohlthätige Befruchter der Felder, dem bei anhaltender Dürre geopfert wurde; dabei schleifte man den sogenannten Wasserstein (manalis lapis) über die Felder, in dem Glauben, dass dieser heilige Stein das Wasser vom Himmel herabziehe (aquilicium).

Dieser gewaltige Himmelskönig ist Herrscher über die ganze Welt, über Götter und Menschen. Die Schicksale der Einzelnen wie ganzer Völker und Staaten hängen von dem Willen des höchsten und besten Gottes (J. Optimus Maximus) ab; besonders aber steht der römische Staat, auf dessen Mittelpuncte, dem Capitolium, sein berühmtestes Heiligthum stand (Capitolinus), unter seiner Leitung und Hut. Er hat die Stadt zur Weltbeherrscherin bestimmt, er gibt ihren Beamten die Macht die Menschen zu beherrschen, und führt ihre Heere zum Sieg (Imperator, Victor, Stator, der Fluchthemmende, Opitulator). Wenn daher der Jüngling durch Anlegung der toga virilis in den Bürgerstand eintrat, so verehrte er den Jupiter auf dem Capitol. Wenn der Consul sein Amt antrat, so stieg er, vom Volk und Senate begleitet, zum Capitol hinauf,

---

*) Den Blitzgott Jupiter scheint auch der Name Summanus zu bezeichnen, der später, als seine Bedeutung nicht mehr bekannt war, weil er ein nächtlicher Blitzgott sein sollte, für den Dis gehalten wurde.

um dem höchsten Horte des Staates zu opfern; der Feldherr brachte, bevor er zum Kriege auszog, auf dem Capitol Gebete und Gelübde dar, bei seiner siegreichen
Heimkehr fuhr er auf dem prächtigen Viergespann im
Triumphzuge zu dem Tempel, um dankbar dort Opfer
und Gebete zu verrichten und seine Lorbeerkränze in
den Schoos des Jupiterbildes niederzulegen. Die herr-
lichste Beute (spolia opima), die einem feindlichen Feldherrn durch den römischen Feldherrn abgenommene
Rüstung, weihte man ebenfalls auf dem Capitol in dem
Heiligthum des Jup. Feretrius (Liv. 1. 10.).

Dem Jupiter Capitolinus zu Ehren wurden im
Monat September mehrere Tage lang auf dem Circus
maximus die römischen Spiele durch Wettkämpfe
verschiedener Art und durch Volksspeisungen gefeiert.
Auch die von jenen verschiedenen grossen und die
capitolinischen Spiele galten dem Jupiter. Ein ähnliches Fest feierte man dem J. Latiaris als dem Beschützer des Latinerbundes auf dem Albanerberge. Dies
sind die Feriae Latinae, bei welchem alle obrigkeit-
lichen Personen Roms zugegen waren und die Consuln
als Leiter des Festes mit den Abgeordneten der latinischen Städte dem Jupiter ein Opfer von weissen Stie-
ren darbrachten. Das Fest war ein bewegliches, dessen
Zeit die Consuln ansagten; doch musste es immer abgehalten werden, ehe die Consuln in den Krieg aus-
zogen (Liv. 21, 63. 22, 1. Caes. B. Civ. 3, 2.).

Da Jupiter als der Lenker menschlicher Schicksale
galt, so waren ihm die wichtigsten Abschnitte des Jahres
geheiligt, wie die Iden des Monats, an welchen ihm
jedesmal von dem Flamen Dialis ein Schöps geopfert
wurde (Ov. Fast. 1, 587.). Die Calenden jedes Monats
dagegen waren der Juno heilig, so dass also der Ver-

lauf der Monate unter dem Schutz der beiden höchsten mit einander verbundenen Gottheiten gestellt war. Bei dem Beginne jedes wichtigen Unternehmens rief man ihn nebst dem Janus, dem Gotte des Anfangs, an. Der Landmann feierte ihm bei der Aussaat sowie beim Beginn der Ernte ein ländliches Fest; bei Anfang der Weinlese (19. August) wurde ihm ein allgemeines Fest, die ländlichen Vinalia, von ganz Latium begangen. Auch der Tag, wo die Fässer des neuen Weines im Frühjahr geöffnet wurden, war dem Jupiter geweiht; es war dies ein ähnliches Fest wie die griechischen πιθοίγια (p. 146.) und ebenfalls Vinalia geheissen. In Tagen schwerer Noth, wie z. B. nach der Schlacht am Trasimen (Liv. 22, 10.), gelobte man zur Abwehr der Gefahr dem Jupiter ein sogenanntes ver sacrum, nämlich die Opferung sämmtlicher in einem Frühjahr geborenen Thiere, in älterer Zeit wohl auch noch ausserdem sämmtlicher in dem bestimmten Frühling zur Welt gekommenen Kinder. Die Letzteren wurden jedoch nicht als Opfer geschlachtet, sondern man schickte sie, nachdem sie herangewachsen, über die Grenze.

Als der Lenker der menschlichen Schicksale ist Jupiter auch der Verkünder derselben durch Donner und Blitz, durch den Flug, die Stimmen, das Fressen der Vögel, durch Träume u. s. w.

Wie Zeus so ist auch Jupiter der Beschützer aller sittlichen Verhältnisse im Menschenleben; er überwacht die Ehe und die verwandtschaftlichen Verhältnisse, den Eid, das Gast- und das Völkerrecht; der Grenzstein ist ihm heilig. Darum ist die Fides seine Genossin, die bei ihm auf dem Capitolium wohnt; darum heisst er selbst mit Rücksicht auf die in den Bündnissen und Verträgen zu beobachtende Treue Dius Fidius (Ζεὺς πίστιος).

Doch galt Dius Fidius auch für ein besonderes dem
Jupiter verwandtes Wesen, entsprechend dem sabinischen Halbgotte Semo Sancus (Ov. F. 6, 213. v. sancire,
eidlich festsetzen). ·

Ob dem Jupiter in ältester Zeit von den italischen
Völkern Eltern zugeschrieben worden sind, ist ungewiss; später, als man mit der griech. Mythologie bekannt
wurde, erklärte man ihn für den Sohn des Saturnus
und der Ops, welche mit Kronos und Rhea identificirt
worden waren. Juno und Minerva, welche auf dem
Capitol in seinem Haupttempel mit ihm vereint waren,
galten für seine Gemahlin und seine Tochter; doch hat
wahrscheinlich in ältester Zeit dieses Familienverhältniss
zwischen den drei Gottheiten nicht bestanden. Der
höchste Gott stand allein und erhaben da in seiner
Herrlichkeit, ohne durch irgend welche Verbindungen
wie der griechische Zeus in die Sphäre irdischer Verhältnisse und menschlicher Schwächen herabgezogen zu
werden.

Auf dem Capitol befand sich an dem Platze, der
zwischen den zwei Hainen (inter duos lucos)
hiess, ein Heiligthum des Vejovis oder Vedjovis mit
einem Bilde dieses Gottes, das in der Hand Pfeile trug
und neben sich eine Ziege hatte. Ovid (Fast. 3, 429 ff.)
sagt, Romulus habe den Hain mit einer Mauer umgeben
und den Ort zu einem Asyl gemacht; der Gott, dessen
Bild hier stehe, sei der junge Jupiter, wie die Züge
des Bildes und auch der Name bezeuge; denn die Vorsylbe ve bezeichne klein. Die Ziege aber stehe ihm
zur Seite, weil sie den Jupiter als Kind genährt habe.
Die ovidische Erklärung des Namens scheint richtig zu
sein. Vejovis war demnach der jugendliche Jupiter, der
die in dem Asyl Schutz Suchenden beschirmte; daher

die Pfeile. Der junge Gott eignete sich zum Beschützer der Flüchtlinge, da er ja selbst (nach griech. Sage, p. 43.) ein Flüchtling war. Der späteren Zeit war die eigentliche Bedeutung des Gottes entschwunden; darum erklärte man ihn wegen der Pfeile für einen Apollo, oder wegen der Vorsylbe ve für einen verderblichen Jupiter.

2. Juno.

Juno ist das weibliche Gegenbild des Jupiter, wie Hera das des Zeus. Ihrem Namen (gleich dem griech. Dione) liegt dasselbe, Himmel und Tag bezeichnende Stammwort zu Grunde, welches auch in dem Namen Jupiter enthalten ist. Sie ist die Himmelskönigin, wie Jupiter der Himmelskönig; doch ist bei ihr die natürliche Seite fast ganz zurückgetreten, ihr Walten erstreckt sich vorzugsweise auf das Menschenleben. Mit Jupiter, mit dem sie auf dem Capitol gemeinsam als Capitolina verehrt ward, hatte sie die Obhut über die römische Stadt und das Reich; als Regina ward sie unter andern auf dem Aventinus verehrt, wohin ihr Bild und Dienst durch Camillus von Veji her gebracht worden war (Liv. 5, 22. 22, 1.). Auch die Juno Sospita, deren Hauptcultus zu Lanuvium war und auch noch zu der Zeit blieb, wo man sie nach Rom verpflanzt hatte, hatte eine vorzugsweise politische Bedeutung (Liv. 22, 1. 8, 14.).

Neben dem Staate hat Juno ihre vorzügliche Sorge dem Hause und dem weiblichen Geschlechte zugewandt. Wie der Mann seinen Genius, so rief jede Frau als ihre besondere Schutzgottheit die Juno an, der sie an ihrem Geburtstage opferte. Juno steht dem Weibe in allen Verhältnissen des Lebens zur Seite, sie ist eine Virginensis sowohl als eine Matrona, eine Schützerin der Jungfrau wie der Ehefrau. Namentlich schützt sie

die Ehe wie die griechische Hera; sie heisst deswegen
Pronuba (Virg. Aen. 4, 166.), Juga oder Jugalis,
Domiduca (neben Jup. Domiducus) als die Gottheit,
welche die Braut zum Hause des Bräutigams geleitet,
Unxia, weil die Braut bei dem Eintritt in das Haus
des Gemahls die Thürpfosten mit Wollenbinden umwand
und mit Oel salbte; als Lucina förderte sie die Geburten (Ov. Fast. 3, 247 ff.). Auch als Erhalterin der
Kinder ward sie verehrt, gleich der griech. Artemis
κουροτρόφος.

Das Hauptfest, welches der Juno von allen Frauen
gefeiert wurde, waren die Matronalien, das Haus-
frauenfest, am 1. März, der Calendae feminarum hiess;
es war der Sage nach zum Andenken an die an diesem
Tage durch Romulus geschehene Einsetzung der Ehe
gestiftet (Ov. F. 3, 179 ff.). Die Frauen zogen mit be-
kränztem Haupte zum Tempel der Juno Lucina auf
dem esquilinischen Berge und brachten der Göttin dort
Blumen dar, indem sie um das Glück der Ehe beteten
(Ov. F. 3, 253.). Sie bewirtheten und beschenkten an
diesem Tage ihre Sclavinnen und erhielten selbst Geschenke von ihren Männern und Verwandten. Ein ähnliches Fest waren die am 7. Juli der Juno Caprotina
(Ziegenjuno) gefeierten caprotinischen Nonen; dieses wurde von den Ehefrauen in Gemeinschaft mit den
Sclavinnen bei dem Ziegensumpfe am Ziegenfeigenbaum
(caprificus) begangen und hatte ebenfalls Bezug auf die
Ehe.

In Folge der griechischen Mythologie wurde Juno
zur Tochter des Saturnus (daher Saturnia) und der
Ops und zur Schwester des Jupiter gemacht. Ob sie
von jeher als die Gemahlin des Jupiter angesehen wurde,
ist zu bezweifeln; mit diesem und Minerva steht sie

bei den Römern in engster Verbindung, ein Verhältniss, das bei den Griechen in Bezug auf Here und Athene nicht stattfand. Eigenthümlich römisch ist auch, dass die Gans der Juno heilig ist.

3. Minerva.

Die dritte capitolinische, stadtschirmende Gottheit ist Minerva, deren Name von dem mit mens und memini verwandten Worte minervare abgeleitet wird. Demnach ist sie die denkende, ersinnende und erfindende Göttin. Alle Gewerbe, Künste und Wissenschaften der Männer, wie der Walker, Schuster, Aerzte, Lehrer, der Bildhauer und besonders auch der Musiker, dann alle weiblichen Geschicklichkeiten stehen unter der Obhut der weisen Göttin. Vom 19. März an wurde ihr das fünftägige Fest Quinquatrus (Ov. F. 3, 809 ff.) gefeiert, an welchem sich die Schuljugend, welche an diesen Tagen Ferien hatte, die weibliche Arbeiten lernenden Mädchen, die Handwerker und Künstler der verschiedensten Art betheiligten. Am letzten Tage wurde im Schustersaale (atrium sutorium) geopfert und Trompetenweihe (tubilustrium) gehalten; denn die Trompete war der Minerva geweiht und die Innung der Trompeter, welche bei den verschiedenen religiösen Handlungen, bei Opfern, Leichenzügen und dergl. unentbehrlich waren, stand unter ihrem besonderen Schutz. Wie bei diesem Feste die Trompeter, so spielten bei einem späteren am 13. Juni abgehaltenen Feste, das ebenfalls Quinquatrus hiess, aber nur drei Tage dauerte (minores), die Flötenbläser eine Hauptrolle (Ov. F. 6, 645 ff. Liv. 9, 30.).

Von der griechischen Pallas scheint manches auf Minerva in späterer Zeit übertragen worden zu sein, wie z. B. die Beziehung zu Krieg und Sieg und Beute

(Liv. 45, 33.). In der Verbindung der Minerva mit Neptun, denen nach der Schlacht am Trasimenus ein gemeinschaftliches Polster gebreitet wurde (Liv. 22, 10.), ist auch griechischer Einfluss sichtbar; Pallas und Poseidon wurden bei den Griechen oft als ἵππιοι zusammengestellt. Das trojanische Palladion sollte von Aeneas nach Italien gebracht worden sein und zu Rom in dem Innersten des Vestatempels aufbewahrt werden.

4. Mars (Mavors, Mamers).

Mars war nach Jupiter der vornehmste Gott der römischen Staatsreligion; mit diesem und Quirinus bildete er einen Dreiverein von Schutzgöttern, welchem die drei ersten und angesehensten Flamines eingesetzt waren. Er war der Erzeuger des Romulus und wurde als Vater und Schützer des ganzen römischen Volkes (Mars pater, Maspiter) angebetet. Besonders im Kriege schützt und unterstützt er sein Volk; er ist der Kriegsgott, der das Heer in den Kampf führt (Gradivus, vom kriegerischen Schritt) und in den Schlachten nebst Jupiter und Quirinus um den Sieg angerufen wird (M. Victor). Die Lanze ist sein kriegerisches Symbol; deshalb hat er selbst den Beinamen Quirinus (von dem sabinischen Worte curis, röm. quiris, die Lanze). Wenn ein Feldherr in den Krieg auszog, so ging er zuvor in den Tempel des Mars und bewegte daselbst die heiligen Schilde (ancilia) und den Speer des Gottes mit dem Ausruf: Mars wache! Die zweite Beute wurde ihm geweiht, während die erste dem Jup. Feretrius gehörte. Die Plätze der kriegerischen Uebungen waren ihm heilig, vor allen der nach ihm benannte Campus Martius. Die Wettkämpfe mit Rossen, welche hier gefeiert wurden, standen unter seinem Schutz und wurden ihm zu

Ehren gehalten; so die Equirien am 27. Februar und
in den ersten Tagen des März (Ov. F. 2, 855. 3, 519.).
An den Iden des October wurden ihm hier ebenfalls
Wettkämpfe mit Rossen gefeiert und darauf das Hand-
pferd des siegreichen Zweigespanns, das sogenannte Oc-
toberpferd, unter allerlei eigenthümlichen Gebräuchen
geopfert; denn das kriegerische Ross eignet dem Gotte
des Kriegs. Auf dem Marsfeld wurde auch jedes fünfte
Jahr der Census abgehalten, wobei das römische Volk
als Heer gemustert und durch ein dem Mars geltendes
Opfer gereinigt wurde (lustrum).

Mit diesen Beziehungen zum Kriege ist übrigens das
Wesen des Mars nicht erschöpft; er steht von den ältesten Zeiten her in Verbindung mit Landbau und Viehzucht. Bei dem an den Iden des Mai stattfindenden
Umzug, welchen die 12 Fratres Arvales um die alte
römische Feldmark hielten, um Gedeihen der Früchte zu
erflehen, wurde unter andern ausgerufen: „Lass kein
Verderben, o Marmar (Mars), in die Blüthen gerathen;
hemme, o Mars, die Gluth des Sonnenscheins; wohlauf,
Mars, stehe uns bei, Triumph, Triumph!" Zur Sühnung
der Fluren schreibt Cato der Aeltere (R. Rust. 141.)
folgende Formel vor: „Vater Mars, ich bitte dich, sei
gnädig mir, meinem Hause und meiner Familie; weshalb
ich befohlen habe dir das Schwein-Schaf-Stieropfer
(suovetaurilia) um mein Grundstück herumzuführen.
Wehre ab erlebte und unerlebte Krankheiten, Verödung,
Verwüstung, Schaden und böse Witterung! Lass Früchte,
Getreide, Weinpflanzung und Gesträuch wachsen und
wohl gedeihen! Erhalte Hirten und Heerden gesund und
gib Heil und Wohlfahrt mir, meinem Hause und meiner
Familie u. s. w." Weil das Vieh, das ja auch unter der
Hut des Mars stand, gewöhnlich in den Wäldern wei-

dete, hatte Mars den Beinamen Silvanus. Mars war
also im Allgemeinen ein Gott, der das Volk und sein
Gebiet und seine ganze Habe gegen jeglichen Schaden
schützte, mochte er durch feindliche Einfälle oder durch
wilde Thiere (wie den Wolf), durch schlimme Witterung
oder durch Krankheit und Pest kommen; die Eigenschaft eines kriegerischen Schutzgottes aber ist mit der
Zeit am meisten an ihm hervorgetreten.

Wie die Arvalbrüder dem Mars einen Umzug um
die Felder hielten, so zogen die 12 Salier (Tänzer
von salio) vom 1. März an mehrere Tage demselben
Gott zu Ehren in der Stadt selbst umher. Sie trugen in
der Linken die Schilde des Mars, die Ancilia, welche
sie, indem sie unter Waffentanz Gesänge in alterthüm-
licher Sprache absangen, mit ehernen Stäben schlugen.
Zur Zeit Numas war ein solches Ancile während einer
Pest vom Himmel gefallen, als Pfand der Rettung des
Staates, wenn es demselben erhalten bliebe; darum liess
Numa von dem Künstler Mamurius (der Name ist
verwandt mit Mars) noch 11 ganz gleiche Schilde fertigen, damit das wahre nicht herausgefunden werden
könnte (Ov. F. 3, 373 ff. Liv. 1, 20.). In den saliarischen
Liedern wurden neben Mars die übrigen stadtschirmenden
Götter angerufen, so dass dieser Umzug für die Stadt
dieselbe Bedeutung gehabt zu haben scheint, wie der
der Arvalbrüder für die Feldmark.

Mars war auch ein weissagender Gott. Im Sabiner-
lande bei Tiora Matiene hatte er ein altes Orakel, ähnlich dem dodonäischen, nur diente statt der Tauben als
Mittel der Weissagung der Specht, *picus*, wonach man
dann einen weissagerischen König von Laurentum Namens Picus machte, der von Circe in einen Specht
verwandelt worden sei (Ovid. Met. 14, 313 ff.).

Die Gefährtin und Gemahlin des Mars soll Nerio, Neriene (Stärke) gewesen sein. Ausserdem galten als seine Begleiter die Molae (Kampfesmühen) und Pallor und Pavor (Erblassen und Entsetzen), wie es scheint, eine blosse Uebertragung von Δεῖμος und Φόβος.

Neben dem Mars verehrten die Römer noch eine der griechischen Enyo entsprechende Kriegsgöttin Bellona (v. bellum), Schwester oder Gemahlin oder Tochter des Mars. Vor ihrem Tempel auf dem Campus Martius stand eine Säule, bei der in späterer Zeit der bei Kriegserklärungen übliche Lanzenwurf von den Fetialen vorgenommen wurde (Ov. F. 6, 201 ff.); zur Zeit, wo das römische Gebiet noch klein war, geschah dies an der Grenze des Feindeslandes (Liv. 1, 32.). Die Priester der Göttin, Bellonarii, opferten ihr besonders am 24. März (dies sanguinis) ihr eigenes Blut, indem sie sich bei dem Opfer in wilder asiatischer Weise Arme und Schultern mit Messern aufrissen und dabei weissagten.

5. Quirinus.

Quirinus bezeichnet den Speergott (siehe p. 285.). Der Name war wohl ursprünglich nur ein Epitheton des Mars als Kriegsgottes; übrigens scheint er schon früh sich verselbständigt und eine eigene Person bezeichnet zu haben, ehe er von den Sabinern nach Rom gebracht wurde. In Rom tritt Quirinus als schützender Kriegsgott dem Mars und Jupiter an die Seite. Die Sabiner gaben ihn für den Vater des Medius Fidius, des Gründers von Cures, ihres Ahnherrn, aus, ebenso die Römer den Mars für den Vater des Romulus, welcher nach seinem Tode unter dem Namen Quirinus unter die Götter versetzt worden sei. Romulus-Quirinus ist nach dieser Annahme Stammvater des römischen Volkes, der Quiriten, und gleich dem Mars selbst.

Am 17. Februar wurde dem Quirinus das Fest der Quirinalien (Ov. F. 2, 473 ff.) gefeiert, an welchem ihm von seinem Flamen geopfert und seine Waffen gesalbt wurden.

6. Vesta.

Vesta entspricht der griechischen Hestia; sie ist die reine Göttin des Heerdes und Heerdfeuers und daher diejenige Göttin, welche die Familie in treuer Eintracht zusammenhält. Als solche familienschützende Gottheit wurde sie in jedem Hause verehrt, wo der Heerd, der Mittelpunct des Hauses, ihr Altar war und ihr Dienst mit dem der Penaten und Laren in Verbindung stand.

Wie Hestia in Griechenland, so hatte in Rom Vesta auch eine politische Bedeutung; denn die Stadtgemeinde sowie der Staat sind grosse Familien. Als Mittelpunct des Staats wurde in der Zeit der Könige das Königshaus (regia) zwischen dem capitolinischen und palatinischen Berge angesehen, weshalb sich dort das Vestaheiligthum befand, und zwar mit dem Königshause verbunden. Nach Vertreibung der Könige wurde das Königshaus die öffentliche Wohnung des Pontifex maximus, der die Aufsicht über den heiligen Heerd des Staates und die Priesterinnen desselben hatte. Dieser öffentliche Vestacultus wurde von den Römern ausserordentlich heilig gehalten. Es waren zu demselben sechs Priesterinnen, Vestalinnen (Liv. 1, 20.) bestimmt, welche als die Dienerinnen der reinen jungfräulichen Göttin unvermählt bleiben mussten und als geheiligte Personen in hohem Ansehen standen. Sie wohnten im Vestaheiligthum und hatten dafür zu sorgen, dass das Heerdfeuer nicht erlosch; denn dies galt für ein grosses Unglück des Staates. War ein solches Unglück geschehen, so wurde die Vestalin, durch deren Nachlässigkeit das Feuer erloschen war, vom Pontifex maximus gepeitscht; das Feuer aber wurde nicht an solchem Feuer, das durch menschlichen Gebrauch verunreinigt war, sondern durch Brennspiegel oder durch Bohren eines Brettes wieder angezündet. Am 1. März, mit dem in älterer Zeit das Jahr begann, wurde jährlich das Vestafeuer erneuert, auf welche Weise? ist nicht bekannt. Ein Bild der Vesta befand sich nicht in dem Tempel (Ov. F. 6, 292.), das Feuer selbst diente als ihr Bild; dagegen glaubte man, dass in dem Innersten des Tempels noch verschiedene Heiligthümer, besonders auch die Bilder der Staatspenaten verwahrt würden, die allein dem Pontifex und den Vestalinnen bekannt seien. — Sowie die ganze Stadt und der Staat, so hatte auch jede Curie besonders ihr Vestaheiligthum.

Ein altes Heiligthum der Vesta befand sich in Lavinium, der Mutterstadt der Latiner, wohin Aeneas das Feuer der Vesta und die Penaten von Troja gebracht haben sollte. Hierher begaben sich die röm. Consuln, Prätoren und Dictatoren, wenn sie ihr Amt antraten, um zu opfern.

Der Vesta wurde ein jährliches Fest am 9. Juni, die Vestalien (Ov. F. 6, 249 ff.), gefeiert, an welchen der Göttin Speisen auf den Heerd gesetzt und Esel, welche zum Drehen der Mühlen dienten, mit Kränzen geschmückt und mit Broten behangen zu dem Tempel der Vesta geführt wurden, zum Zeichen, dass sie der Familie die tägliche Speise gewähre. Darum feierten diesen Tag Bäcker und Müller.

7. Vulcanus.

Neben der Vesta verehrten die Römer noch den Vulcanus als Feuer- und Heerdgott, doch tritt an ihm noch die besondere Bedeutung hervor, dass er wie der griechische Hephaistos zugleich der Gott der Metallarbeit ist; denn nur durch Hülfe des Feuers kann das Metall bearbeitet werden. Darum hat er den Beinamen Mulciber, der Schmelzer.

Vulcan hatte gleich der Vesta auch eine politische Bedeutung. Bei seinem Tempel, der ganz nahe an dem Comitium stand, wurden Volksversammlungen gehalten und er diente öfter als Versammlungsort des Senats. Schon Romulus und Tatius sollten in ihm zu Berathungen über die öffentlichen Angelegenheiten zusammengekommen sein. Hieraus wie aus manchem andern schliesst man, dass der Tempel des Vulcan ähnliche Bedeutung wie der der Vesta gehabt und für einen Vereinigungspunct des ganzen Staates gegolten habe. — Vulcan stand in älterer Zeit gewiss mit Vesta in engster, vielleicht in ehelicher Verbindung. Als er mit Hephaistos identificirt war, gab man ihm Venus zur Gemahlin.

Das dem Vulcan gefeierte Fest der Volcanalien fiel auf den 23. August. Man hielt ihm zu Ehren an diesem Tage Spiele in der flaminischen Rennbahn und warf ihm als Opfer Fische, die Bewohner des ihm feindlichen Elementes, in das Feuer.

8. Janus

Janus, einer der vornehmsten Götter der Römer und oft neben Jupiter genannt, war wohl ursprünglich ein Sonnengott, der die Wandlungen des Naturlebens bedingt und regelt, ein Jahres- und Zeitengott, der das

Jahr und die Monate und die Tage heraufführt. Der
Anfang des Jahres wie der Beginn der Monate und Tage
waren ihm geheiligt; die Priester riefen ihn an jedem
Morgen als den Eröffner des Tages an (Pater matuti-
nus, Horat. Sat. 2, 6, 20.); am Beginne jedes Monats,
an den Calenden, erhielt er Opfer von Wein, Weihrauch
und Früchten; der erste Monat des Jahres war ihm geweiht und trug von ihm den Namen, an dem Neujahrs-
tage (Januariae Calendae) feierte man ihm sein vor-
züglichstes Fest*). An diesem Tage kleidete man sich
in festliche Gewänder und enthielt sich aller schlimmen
Worte, man suchte nur Schönes und Gutes, das eine
glückliche Vorbedeutung für das Jahr hatte, zu sprechen,
begrüsste sich mit Glückwünschen und erfreute sich mit
bedeutungsvollen Geschenken. Der Anfang aller Zeit
liegt in den Händen des Janus; darum hiess es, Janus
habe zuerst, vor Saturnus und Jupiter, in Italien geherrscht und allen Göttern ihre Tempel gegründet.

Dieser Begriff des Anfangs und Eingangs in zeitlicher
Hinsicht, des Uebergangs und Durchgangs aus einem
Zeitabschnitt in den andern wurde bei Janus vorherr-
schend und fand seine Anwendung auf jede menschliche
Thätigkeit. Der Römer legte besonders auf den Anfang
ein grosses Gewicht, von einem guten oder schlimmen

---

*) In der älteren Zeit war der März der erste Monat des
Jahres. An den Iden desselben feierte die Plebs eine Art Neu-
jahrsfest am Ufer des Tiber, wobei man sich einem heiteren,
ausgelassenen Lebensgenusse hingab und sich wünschte, dass
man dieses und noch viele Jahre in froher Gesundheit und mit
Glücksgütern gesegnet verleben möchte (ut annare perenna-
reque commode liceat). Aus dieser Beglückwünschungs-
formel bildete man eine Gottheit Anna Perenna, deren Bedeutung die Römer in späterer Zeit auf verschiedene Weise zu
erklären suchten (Ov. F. 3, 523 ff.).

Anfang hängt der glückliche oder unglückliche Erfolg
ab. „Alles liegt im Anfang; auf den ersten Ton lauscht
ihr mit ängstlichem Ohre, nur der erste Vogel, der sich
zeigt, ist dem Augur bedeutungsvoll," sagt Janus selbst
bei Ovid. (Fast. 1, 179.). Darum ist Janus ein so be-
deutender und in alle Verhältnisse des privaten und
öffentlichen Lebens eingreifender Gott. Bei jedem Unternehmen, bei dem Anfang jeder Arbeit, beim Beginne
der Saat und der Ernte (Janus Consivius), beim
Antritt eines Amtes u. s. w. rief man ihn an. In jedem
Gebete wurde er zuerst genannt, an grossen Götter-
festen erhielt er die ersten Opfer, denn er eröffnete, so
glaubte man, den Gebeten die Pforten des Himmels.

Zeit und Ort sind verwandte Vorstellungen; daher
wurde Janus auch leicht ein Gott des örtlichen Durchgangs, ein Gott der Thüre, die nach ihm janua genannt ist; jani heissen die Durchgänge in der Stadt-
mauer. Er schätzte den Aus - und Eingang durch die
Thüre, öffnete und schloss dieselbe und trug zum Zeichen
dessen den Schlüssel in der Hand (Claviger, Patul-
cius, Clusius); an der Thüre brachte man sein Bildniss an mit zwei Gesichtern, von denen das eine nach
Aussen, das andre nach Innen gekehrt war (Geminus).

Die Eröffnung des Krieges, wenn das Heer durch
die erschlossenen Thore der Stadt in das Feld rückte,
war für den Staat eine so wichtige Begebenheit, dass
man dabei nothwendig des Janus, des Gottes des Anfangs und Eröffnens, gedenken musste; alsdann wurde
das Heiligthum des Gottes, ein blosses Thor in der Nähe
des capitolinischen Berges, feierlich aufgeschlossen und
blieb so lange geöffnet, bis das Heer zurückgekehrt und
der Krieg beendigt war. (Ov. F. 1, 257 ff. Virg. Aen. 7,
607 ff. Liv. 1, 19.)

Wir fügen an diese Gottheiten noch einige andere
an, welche zwar ursprünglich nicht römisch waren oder
zu römischen Göttern niederen Ranges gehörten, aber
nach Annahme der griechischen Vorstellungen seit der
Blüthe der römischen Litteratur als mächtige und hoch-
stehende Götter, die den vorhergehenden an die Seite
treten konnten, angesehen wurden.

9. Apollo.

Diesen Gott nahmen die Römer von den Griechen
an, ohne ihn mit einem einheimischen Gotte zu identi-
ficiren oder sein Wesen nach irgend einer Seite hin zu
verändern. Schon zur Zeit des Tarquinius Superbus
sollen die Römer das delphische Orakel des Apollo be-
fragt haben. Dasselbe geschah zur Zeit der Belagerung
von Veji (Liv. 5, 21.). Der erste Tempel wurde dem
Apollo zu Rom im J. 432 v. Chr. gelobt, damit er eine
verheerende Pest von der Stadt abwende (Liv. 4, 25.).
Hierzu kamen in der Folge noch mehrere Tempel des
A. medicus; doch bezog sich die heilende Kraft des
Gottes nicht blos auf den Leib, sondern auch auf die
Seele, er war Heil- und Sühngott. Zur Zeit des zweiten
punischen Krieges stiftete man dem Apollo die jährlich
wiederkehrenden apollinarischen Spiele (Liv. 25,
12.), wobei ihm nach griechischer Art geopfert ward.
Diese Spiele wurden ihm als einem Gotte gefeiert, der
die Feinde abwehrt und den Sieg verleiht. Augustus,
der den Gott besonders ehrte und ihm bei Actium, wo
er die Alleinherrschaft errungen, und auf dem palatinischen Berge Tempel baute, setzte ihm die actischen
Spiele ein und trug die Feier der säcularischen
Spiele von Dis und Proserpina auf Apollo und seine
Schwester Diana über; in dem Liede, welches Horaz für

diese Feier dichtete und das am dritten Tage derselben von Jünglingen und Jungfrauen in dem palatinischen Apollotempel gesungen wurde, werden beide Gottheiten um Segen für das Reich angerufen. Sie wurden also hier als Schutzgötter des Reiches betrachtet.

Der Name der Latona, der Mutter des Apollo, ist eine Uebersetzung des griechischen Wortes Leto (lateo = λήϑω).

Der griechische Heilgott Asklepios, der Sohn des Apollon, wurde unter dem Namen Aesculapius im J. 291 v. Chr. während einer Pest aus Epidauros nach Rom gebracht, wo ihm auf der Tiberinsel ein Tempel geweiht ward (Ov. Met. 15, 622 ff. Liv. 10, 47.).

10. Diana.

Diana war eine ächtitalische Gottheit, eine Spenderin des Lichtes und des Lebens, ähnlich der Juno Lucina*). Wegen dieser Eigenschaft ward sie später, als man mit der griechischen Religion bekannt wurde, mit Artemis identificirt und zur Schwester des Apollon gemacht. Indem sie jetzt ganz das Wesen der Artemis erhielt, ward sie eine Hain und Berge und See liebende Jägerin, sie ward, wie Artemis in späterer griechischer Zeit, eine Mondgöttin (Luna) und eine auf den Dreiwegen herumschweifende (Trivia) und geheimnissvollen Zauber treibende Hecate.

Der Dienst der Diana war durch latinische Plebejer nach Rom gebracht worden; deshalb wurde sie auch von diesen besonders als Schutzgöttin verehrt. Zweimal zog die Plebs schutzsuchend zu dem Tempel der Diana auf dem Aventinus (Liv. 2, 32. 3, 51.), welchen Servius

---

*) Der Name ist verwandt mit dies, (Ζεύς) Διός, Διώνη.

Tullius, der Sohn einer Sclavin und Freund des niederen
Volkes, als gemeinsames Heiligthum und als Mittelpunct
des latinischen Bundes erbaut haben soll (Liv. 1, 45.).
An den Iden des August hatte Servius diesen Tempel
geweiht; deshalb war an diesem Tage das Fest der Göttin,
und er hiess Tag der Sclaven, weil Sclaven und Sclavinnen, die unter dem Schutze der Diana standen, vornehmlich dieses Fest feierten.

Zu Aricia war in einem Haine das Heiligthum einer
Haingöttin (Nemorensis), welche für die Diana gehalten
wurde, mit einem eigenthümlichen, blutigen Dienste. Der
Priester dieses Heiligthums, der Hainkönig (Rex nemorensis), der immer ein entlaufener Sclave war, erlangte
jedesmal sein Priesterthum durch einen Zweikampf, in
dem er seinen Vorgänger erlegte; er musste, um in seiner
Stelle zu verbleiben, mit jedem um dieselbe kämpfen,
der von dem heiligen Baum in dem Haine zur Heraus-
forderung einen Zweig abbrach. Die Göttin forderte also
Menschenblut; deswegen glaubte man, der Dienst der
taurischen Artemis, welcher ebenfalls Menschenopfer
fielen, sei durch Orestes oder Hippolytos hierher
gebracht worden. Man erzählte, Hippolytos, ein Liebling der Artemis (s. p. 229.), sei durch Asklepios von
den Todten erweckt und durch Artemis unter dem Namen
Virbius nach Aricia versetzt worden, wo er als Schützling der Nymphe Egeria, deren Quelle sich bei dem
dortigen Heiligthume befand, die königliche Herrschaft
führte (Virg. Áen. 7. 761. Ov. Met. 15, 497. Fast. 3, 263.
6, 731.).

11. Venus.

Venus entspricht in der späteren römischen Zeit der
griechischen Aphrodite; sie war die Göttin der Liebe,

besonders der ehelichen Liebe. *Als solche hatte sie verschiedene Beinamen: Verticordia (Herzenslenkerin), Conciliatrix (Versöhnerin), Obsequens (Willfährige), Viriplaca (Besänftigerin des Mannes), Placida und Alma (die Sanfte und Holde), Mimnermia oder Meminia (die Eingedenke), Genetrix (Erzeugerin) u. s. w. Myrtia, Murtia, Murcia heisst die Göttin von der ihr heiligen Myrte. Manche Beinamen sind schwieriger zu erklären, so der Name Cloacina, der wahrscheinlich von cluere oder cloare = luere (reinigen) kommt, ferner Calva, wahrscheinlich von calvere (betrügen, täuschen). Auffallend ist die Bedeutung des Beinamens Libitina, Libentina, Lubentina, Lubia; denn obgleich der Name, von libet, lubet abgeleitet, die Göttin der Neigung bezeichnen soll, so deutet doch Alles bei ihrem Dienste auf Tod und Leiche hin. In dem Tempel der V. Lubentina wurden alle Geräthschaften, welche zur Bestattung gebraucht wurden, aufbewahrt, und nach der Anordnung des Servius Tullius musste für jeden Verstorbenen ein Geldstück in denselben entrichtet werden. Wahrscheinlich erhielt Vénus diese Bedeutung durch Vermischung mit einer altitalischen Todesgöttin Libitina, welche auch als Proserpina gedeutet ward.

Unter den obigen Beinamen hatte Venus in Rom verschiedene Tempel und Heiligthümer; doch wurde ihr Dienst erst zur Zeit des Cäsar und Augustus, welche sie als die Stammmutter des julischen Geschlechtes ansahen, zu besonderem Glanze erhoben. Wie und wann ihr Cultus nach Rom gekommen, ist ungewiss; auch weiss man nicht genau, welche Bedeutung Venus vor der Aufnahme griechischer Vorstellungen bei den Römern gehabt habe und wie es gekommen, dass Venus mit Aphro-

dite identificirt ward. Es scheint, dass sie in älterer
Zeit eine Gartengöttin gewesen ist, eine Göttin des
Frühlings und der sprossenden und blühenden Natur;
wenigstens gebrauchen ältere Dichter (Naevius) ihren Namen geradezu für Gartengewächse. — Ein Fest der
Venus wurde von den Frauen am 1. April, im Beginn
des Lenzes, gefeiert (Ov. F. 4, 1 ff.).

Amor und Cupido (Liebe, Liebessehnsucht) sind
Nachbildungen des griechischen Eros, welche bei den
Römern keine besondere Verehrung genossen.

Talassio oder Talassius ist der römische Hymenaios, Hochzeitsgott. Das Wort bezeichnet eigentlich
die Wollarbeit der Frauen. Wenn nämlich die Braut
in das Haus des zukünftigen Gatten geführt wurde, nahm
sie einen Rocken mit Wolle und eine Spindel mit Garn
mit, und während des Zuges rief man häufig das Wort
Talassio aus. Eine von Livius (1, 9.) erzählte Legende,
die sich auf den Jungfrauenraub des Romulus bezieht,
sollte die Entstehung dieses Ausrufs erklären.

12. Mercurius.

Der Name hängt zusammen mit merx, mercari und
bezeichnet den Gott des Handels und Gewinnes. Die
Römer haben die Vorstellung dieses Gottes von dem
griechischen Hermes hergenommen, welcher ja auch dem
Handelsverkehr vorstand, und obgleich sie in der Folge
auch die übrigen Eigenschaften des Hermes auf ihren
Mercurius übertrugen (Horat. Carm. 1, 10.) und diesen
ganz mit jenem identificirten, so ist doch stets die Vorstellung eines Handelsgottes bei ihm die vorherrschende
geblieben.

Mercur hatte ein Fest an den Iden des Mai, an welchem Tage einst im J. 495 v. Chr. (Liv. 2, 21.) sein erster

Tempel in der Nähe des Circus Maximus geweiht worden war. Zu gleicher Zeit mit der Gründung dieses
Tempels war auch ein Collegium der Kaufleute (mer-
curiales, mercatores) gestiftet worden (Liv. 2, 27.),
und Kaufleute waren es besonders, die das Fest des
Mercur feierten; sie opferten dem Gotte Weihrauch.
Vor dem capenischen Thore (Ov. F. 5, 673.) war ein
Wasser, das Wasser des Mercur genannt, und bei demselben ein Altar. Mit diesem Wasser besprengten die
Kaufleute sich und ihre Waaren, um, wie Ovid sagt,
die Schuld jedes begangenen Betruges von sich abzu-
waschen, und opferten auf dem Altare, indem sie den
Gott um Beistand in ihrem Gewerbe anflehten. ·

II. Die Götter des Feldbaues und der Viehzucht.

1. Saturnus.

Saturnus war ein altitalischer Gott der Saaten
(von sero, satum) und der Landwirthschaft, der durch
die Einführung des Ackerbaues die Menschen zu Gesittung und zu allgemeinem Wohlstande geführt hatte. In
späterer Zeit identificirte man ihn mit Kronos und erzählte, er sei, als sein Sohn Jupiter ihn gestürzt habe,
nach Latium geflohen, und die Menschen hätten hier
unter ihm das goldene Zeitalter verlebt. An seinem
Feste, den Saturnalien, welche im December, wo
das hoffnungsvolle Saatkorn in der Erde lag, mehrere
Tage lang gefeiert wurden, suchte man sich jene selige
Zeit unter der Herrschaft des Saturnus ins Gedächtniss
zurückzurufen. Die Herren liessen den Sclaven volle

Freiheit und bedienten sie bei Tische; denn während des goldenen Zeitalters war kein Unterschied der Stände gewesen. Man überliess sich unter dem frohen Rufe: Io Saturnalia, io bona Saturnalia! jeglicher Lust, schmausste und spielte und erfreute sich durch Geschenke. Alle Arbeiten ruhten, die Gerichte, die Schulen, die Kaufläden waren geschlossen, und man begann keinen Krieg und schlug keine Schlacht. Ueber die Zeit der Einsetzung dieses Festes sind die Nachrichten verschieden, nach Livius (2, 21.) wurde es im J. 495 v. Chr., nach anderer Angabe in den ältesten Zeiten von Janus eingesetzt. Einen alten Tempel hatte der Gott am Fusse des Capitolinus.

Nicht bloss die Saat, sondern sämmtliche auf der Flur und in den Gärten gezogenen Gewächse standen unter dem Schutze des Saturnus; auch die Behandlung des Obstbaumes und der Rebe sollte er erfunden und die Menschen gelehrt haben. Von dem Düngen der Felder hatte er den Beinamen Sterculius, Düngergott.

Die Bildsäule des Gottes war im Innern mit Oel gefüllt, einem wichtigen Producte des italischen Feldbaues, und führte in der Hand ein krummes Gartenmesser.

Die Gemahlin und das weibliche Gegenbild des Saturnus ist

2. Ops.

die Göttin des reichen Getreidesegens, die wegen ihres Bezugs zur Saat den Beinamen Consivia hatte. Sie hatte manche Heiligthümer und das Fest der Saturnalien mit ihrem Gemahle gemeinschaftlich; ausserdem aber ward ihr noch ein besonderes Fest unter dem Namen Opiconsivia gefeiert, am 25. August, nachdem das Getreide ausgedroschen war.

Als Saturnus dem Kronos gleichgestellt worden war, wurde Ops mit Rhea identificirt und beiden als gemeinsamer Vater Coelus (Uranos) gegeben.

Eine der Ops ähnliche Göttin des reichen Jahresertrags war Annona (von annus).

3. Vertumnus.

Vertumnus oder Vortumnus (von verto) bezeichnet den sich Verwandelnden. Diese Wandelung bezieht sich besonders und ursprünglich auf die Veränderungen, denen die Früchte bis zur Reife unterworfen sind. Von Vertumnus kommt der blühende Segen des Lenzes und die Ernten des Sommers und des Herbstes. Wein und Obst, die Gaben des Herbstes, sind seine vorzüglichsten Güter; die Vorstellung einer Gottheit des reifenden Herbstes ist die vorwiegende, und man feierte ihm daher in dieser Jahreszeit, im October, die Vertumnalien. Uebrigens haben die Römer die Vorstellung des Vertumnus erweitert und sein Wesen auf alle Erscheinungen, in welchen der Begriff des Verbums vertere aufgefunden werden kann, gedeutet, auf den Wechsel der Jahreszeiten, den Umtausch der Waaren, die Wandelbarkeit des menschlichen Sinnes u. s. w.

Man dachte sich den Gott als einen schönen Jüngling und stellte ihn dar mit einem Kranze von Aehren oder grünem Laube um das Haupt, das mit Früchten gefüllte Füllhorn im Arme, dem griechischen Dionysos ähnlich.

Die Gemahlin des Vertumnus war Pomona, die Göttin des Obstes (Ovid. Met. 14, 623 ff.). Sie hatte einen eigenen Flamen, woraus man die Wichtigkeit ihres Dienstes erkennt. Von der Kunst wurde sie einer Herbsthorn ähnlich dargestellt, während

4. Flora.

die Göttin der Blüthe und des Frühlings, in ihrer Darstellung mehr einer Frühlingshora (Chloris) entspricht. Der Dienst dieser Göttin gehört zu den ältesten Roms; er wird auf Titus Tatius oder Numa zurückgeführt, der ihr einen Flamen eingesetzt haben soll. Vom 28. April bis zum 1. Mai feierte man ihr die Floralien, ein Freudenfest, an welchem man die Thüren der Häuser mit Blumen bekränzte und bei der Mahlzeit Blumen auf den Tisch streute. Die Frauenzimmer trugen, um die bunte Blumenpracht der Fluren anzudeuten, an diesen Tagen bunte Kleider, was sonst nicht erlaubt war; man überliess sich, mit Kränzen geschmückt, dem fröhlichen Lebensgenuss und dem ausgelassensten Muthwillen (Ov. F. 5, 183 ff.).

5. Ceres.

Auf die Vorstellung und den Dienst der Ceres hat die griechische Demeter schon früh einen solchen Einfluss geübt, dass alle italischen Eigenthümlichkeiten der Göttin verschwunden sind und man nur noch aus dem ächtitalischen Namen Ceres erkennt, dass diese Gottheit schon vor der Uebertragung der griechischen Vorstellung in Italien verehrt worden ist*). Cicero (pro Balbo c. 24.) sagt von ihrem Dienste: „Unsere Vorfahren wollten den Dienst der Ceres mit grosser Reinheit und Heiligkeit

---

*) Ueber Abstammung des Namens Ceres ist man zweifelhaft; man leitet ihn ab von dem Stamme cre in creare und crescere, so dass er die Erzeugerin der Pflanzen bezeichnete, oder von cernere, dem Scheiden der Frucht von der Spreu. Cf. Hom. Il. 5, 500: ὅτε τε ξανθὴ Δημήτηρ κρίνει ἐπειγομένων ἀνέμων καρπόν τε καὶ ἄχνας.

vollzogen wissen, und da er aus Griechenland entlehnt
ist, so wurde er auch immer durch griechische Priesterinnen ausgeübt, und Alles dabei war griechisch benannt.
Wenn aber auch die, welche die Feier angab und verrichtete, aus Griechenland berufen wurde, so wollten sie
doch, dass dieselbe die Opfer, die zum Heil der Bürger
gebracht wurden, auch als Bürgerin verrichte, damit sie
zu den unsterblichen Göttern zwar nach fremder Kenntniss, aber doch mit einheimischer Frömmigkeit bete.
Ich sehe, dass diese Priesterinnen gewöhnlich aus Neapel oder Velia geholt wurden, aus uns verbündeten Staaten." Dass der Dienst der Ceres von Griechenland
übertragen worden ist, bezeugt die Zusammenstellung
derselben mit Liber und Libera, d. i. nach griechischer Auffassung Koros (Bakchos) und Kora, sowie ein
gewisser mystischer Character des Dienstes, der sonst
dem Römer fremd ist. Die Frauen, welche ihr Fest begingen, fasteten und zogen, die geraubte Tochter der
Ceres suchend, mit Fackeln umher, indem sie mit Bezug
auf den Raub der Tochter die Namen Vater oder Tochter auszusprechen sich hüteten.

Den ersten Tempel soll Aulus Postumius im J. 496
v. Chr. zu einer Zeit, wo man eine Hungersnoth befürchtete, der Ceres nebst Liber und Libera am Circus geweiht haben unterhalb des Aventinus, des Hauptsitzes
der Plebejer. Denn Ceres war vorzugsweise eine Göttin
der Plebs. Deshalb wurden auch die Güter derjenigen,
welche sich gegen die Volkstribunen vergangen hatten,
zum Besten jenes Tempels verkauft und in demselben
von den plebejischen Aedilen die Senatsbeschlüsse aufbewahrt, damit diese den Volkstribunen zugänglich
wären.

Ceres war wie Demeter eine Göttin der Feldfrüchte,

besonders des Getreides; man opferte ihr daher vor der
Ernte ein Schwein (porca praecidanea) und brachte
ihr die Erstlinge der Ernte dar (praemetium). Ihr
Fest, das sie mit Liber und Libera gemeinschaftlich
hatte, die Cerealien (Ov. F. 4, 393.), fiel in den Früh-
lingsmonat, auf den 11. oder 12. April. An diesem Tage
veranstaltete man im Circus, wohin man sich in präch-
tigem Aufzuge begab, Wettrennen mit Pferden, die acht
Tage lang fortgesetzt wurden, und warf dabei Blumen
und Nüsse unter das Volk; man trug weisse Kleider, und
die Plebejer, denn von diesen wurde das Fest gefeiert,
veranstalteten sich Mahlzeiten und sandten sich Blumen-
kränze zu. Opferthier war an diesem Feste das Schwein;
der den Pflug ziehende Stier durfte der Göttin des Ackerbaues nicht geschlachtet werden.

Ceres wurde in späterer Zeit mit Tellus vermengt,
weshalb man ihr bei Beerdigungen Schweine opferte und
bisweilen bei Erdbeben Bettage anordnete (Liv. 41, 28.).

6. Liber oder Bacchus und Libera.

Liber und Libera, ländliche Segensgottheiten,
welche mit Ceres eng zusammenhingen und Tempel und
Fest mit ihr gemeinsam hatten, sind wahrscheinlich blose
Uebersetzungen der griechischen Wörter Κόρος und Κόρα,
so dass sie dem Dionysos und der Persephone entspre-
chen. Doch wurden die Namen von den Römern gewöhnlich nach dem Worte liber, frei, mit Bezug auf
die Freiheit und Ausgelassenheit, welche bei ihrem
Dienste herrschte, gedeutet.

Der Dienst des Liber oder Bacchus, des Weingottes, kam durch die Griechen Unteritaliens zu den
italischen Völkern und hatte bei diesen eine weite Verbreitung; in Rom wurde er sicher seit dem J. 496 v. Chr.

verehrt. Bei der Weinlese spendete man ihm in ländlicher Einfachheit den ersten Krug Most. Das ihm geweihte Fest der Liberalien (Ov. F. 3, 711 ff.), an dem auch Ceres Theil hatte, fiel auf den 17. März und war vorzugsweise ein Fest der Landleute, die an diesem Tage zu den Schauspielen in die Stadt kamen. Auf dem Lande feierten sie das Fest gleich den attischen Landleuten mit ausgelassenen Scherzen. Sie nahmen Fratzengesichter von Baumrinde vor und riefen den Bacchus an in fröhlichen Liedern; sie hängten Schaukelbilderchen des Gottes an hohe Fichten auf; wohin der Gott sein Antlitz wandte, da gediehen die Weinpflanzungen und es füllte sich Thal und Hügel (Virg. G. 2, 385 ff.). Man opferte dem Gotte den Bock und goss, um die Süssigkeit seiner Gaben anzudeuten, Honig auf warme Fladen. An diesem Tage nahmen die Jünglinge die toga virilis an; der Eintritt in das freiere Leben geschah am besten am Festtage des Liber.

Bacchus ward den Römern auch ein Mysteriengott, den man in nächtlichen Versammlungen auf die unsittlichste Weise feierte. Gegen diese geheimen Bacchanalien, in denen allerlei Verbrechen begangen wurden, musste der Senat im J. 186 v. Chr. mit der grössten Strenge einschreiten (Liv. 39, 8 ff.).

Libera, welche für sich keinen besonderen Dienst hatte, galt in diesen Geheimweihen für die Gemahlin des Bacchus, weshalb sie mit Ariadne für gleichbedeutend gehalten wurde (Ov. F. 3, 512.).

7. Tellus oder Terra.

Tellus, die Mutter Erde, welche den Segen der Gewächse aus ihrem Schoose heraufsendet und das Geschlecht der Menschen trägt und ernährt, wird bei den

Römern oft mit Ceres zusammengestellt. An den Saat-
festen im Januar (Feriae sementivae) wurde ihnen
gemeinschaftlich geopfert (Ov. F. 1, 657 ff.), und die
Fordicidia (Schlachtung trächtiger Thiere), das Fest
der Tellus am 15. April, fiel in die Feier des Ceresfestes
hinein. An diesem Feste, das von Numa zu einer Zeit,
wo Misswachs das Land heimsuchte, eingesetzt worden
sein soll, opferte der Pontifex mit den Vestalinnen auf
dem Capitol der Tellus eine trächtige Kuh (Ov. F. 4,
929.), und in jeder Curio wurde ein gleiches Opfer gebracht.

Mit Tellus wurde zugleich eine männliche Gottheit
von gleicher Bedeutung unter dem Namen Tellumo verehrt.

8. Bona Dea.

Der mystische, von den Griechen wahrscheinlich
ziemlich spät entlehnte Dienst der Bona Dea, über
deren Wesen die Römer selbst im Unklaren waren, ist,
wie es scheint, nur eine eigenthümliche Art des Deme-
tercultes. Ihr Fest fiel auf den 1. Mai und wurde von
Frauen im Hause des Prätors oder des Consuls während
der Nacht in rauschender bacchantischer Feier begangen.
Männer durften nicht zugegen sein, ja sogar Bildnisse
derselben mussten während der Feier in dem Hause verhüllt werden.

9. Cybele, Magna Mater.

Der auch in Griechenland verbreitete Dienst der Cybele, der grossen Segensmutter der Phrygier, wurde
während des zweiten punischen Kriegs im J. 204 v. Chr.
auf den Ausspruch der sibyllinischen Bücher nach Rom
verpflanzt. Man holte damals das Bild der Göttin, einen

rohen Stein, aus Pessinus in Phrygien und baute ihr einen Tempel auf dem palatinischen Berge (Liv. 29, 10. Ov. F. 4, 265.). Das Fest der Göttin, die Megalesien (von μεγαλη μήτηρ), wurde einige Tage vor den Cerealien auf ähnliche Weise wie diese gefeiert, und zwar von den Patriciern, während die Cerealien den Plebejern angehörten. Der eigentliche orgiastische Dienst der Cybele blieb aber immer ein ausländischer, an dem der Römer selbst sich nicht betheiligen durfte; die Priester und Priesterinnen derselben waren Phrygier (unter dem Namen Galli) und Phrygierinnen. Die Galli zogen in bunten Kleidern mit rauschender phrygischer Musik singend in den Strassen umher und bettelten für ihre Göttin.

10. Terminus.

Die Grenze war heilig und stand unter dem Schutze eines besonderen Gottes, des Terminus; wer einen Grenzstein ausackerte oder verrückte, durfte von Jedermann erschlagen werden. Darum wurde der Grenzstein unter besonderen religiösen Ceremonien gesetzt. Man machte eine Grube, zündete in derselben ein Feuer an und schlachtete darüber ein Opferthier, so dass das Blut in die Grube floss; dann wurden Früchte und Weihrauch darauf geworfen, Honig und Wein hineingegossen und zuletzt der bekränzte und gesalbte Grenzstein in die Grube gesetzt. Damit man sich aber der Heiligkeit der Grenze immer erinnere, ward, wie es heisst auf Anordnung des Numa, ein jährliches Fest des Grenzgottes, die Terminalien, gefeiert, am 23. Februar. An diesem Tage kamen die Besitzer der aneinanderstossenden Aecker an dem gemeinschaftlichen Grenzstein zusammen; jeder bekränzte auf seiner Seite den heiligen Stein und

brachte einen Fladen zum Opfer. Man errichtete einen
Altar und opferte Korn, Honig und Wein, in späterer
Zeit auch wohl ein Lamm (Hor. Epod. 2, 59.), und
schmausste zuletzt in gemüthlicher Heiterkeit (Ov. F.
2, 637 ff.). Auch auf der alten Grenze der Stadt Rom
wurden solche Terminalien gefeiert an der Strasse nach
Laurentum zu zwischen dem 5. und 6. Meilenstein (Ov.
F. 2, 677.). Ausserdem hatte der Grenzgott noch einen
heiligen Stein auf dem Capitol in dem Tempel des Jupiter. Als man, so erzählt die Sage, unter Tarquinius
Superbus den Jupitertempel auf dem Capitol gründen
wollte und mehrere Heiligthümer, welche an dem aus-
gewählten Platze standen, exaugurirt werden mussten,
wollte allein Terminus nicht weichen. Daher schloss
man das Heiligthum des Grenzgottes mit in den Tempel
des Jupiter ein. Auch der höchste Gott erkannte also
die Rechte des Grenzgottes an und nahm ihn unter seinen
Schutz.

11. Silvanus.

Silvanus (von silva) ist eigentlich ein Attribut des
Mars, unter dessen Schutz vor Alters das Wachsthum
der Pflanzen und das Gedeihen der Heerden stand, und
grade diese Eigenschaft hat sich in Silvanus verselbständigt. Er ist seinem Namen nach der Gott des Waldes, der in dem geheimnissvollen Dickicht haust und
von da des Nachts seine gewaltige Stimme ertönen lässt.
In dem Geheimnissvollen der Waldeinsamkeit liegt etwas
Grauenerregendes und Schreckhaftes; daher gilt der segensreiche Gott, der die Bäume des Waldes schirmt
und sich an ihrem üppigen Wachsthum erfreut, zugleich
für ein Wesen, das dem Menschen Schrecken einjagt
und Schaden bringen kann. Wie die Bäume des Wal-

des, ebenso schützt und nährt Silvanus auch die Obst-
bäume und alle Pflanzungen in Gärten und auf Feldern.
Daher opferte man ihm die Erstlinge der Baumfrüchte,
Trauben und Aehren, auch Milch, und feierte ihm im
Herbste ein Erntefest (Hor. Epist. 2, 1, 143.); der Landmann betrachtete ihn als seinen Schutzgott nicht allein
für die Felder, sondern auch für sein Haus. Der Gott
hatte drei Standbilder, von denen das eine, bei dem
Hause, das zweite mitten in der Flur und das dritte auf
der Grenze der Besitzung stand. Somit ist er auch ein
Schützer der Grenzen (Hor. Epod. 2, 22.) und tritt dem
Terminus nah. Da die Viehheerden meistens in den
Wäldern weideten, so wurden auch diese unter die Obhut des Silvanus gestellt; man flehte zu ihm um Gedeihen
der Rinder und glaubte, dass er die gefährlichen Wölfe
abwehre. Als die Römer mit dem griechischen Pan bekannt wurden, identificirten sie denselben mit Silvanus.

Fast alles, was man dem Silvanus zuschreibt, wird
auch von

12. Faunus

gesagt, nur tritt bei diesem noch als besondere Eigenschaft die Gabe der Weissagung hervor. An den Stand-
orten seiner Orakel, die sich in Waldgegenden fanden,
erhielt man, auf dem Felle eines geopferten Schafes
liegend, die Weissagung im Traume durch Bilder und
Töne (Virg. Aen. 7, 81. Ov. F. 4, 649.). Am 15. Februar
wurden dem Faunus, der als Heerdengott den Beinamen
Lupercus, Wolfsabwehrer, hatte, die Lupercalien
(Ov. F. 2, 265 ff.) gefeiert. Bei dem in Ziegen oder Böcken
bestehenden Opfer fanden eigenthümliche Gebräuche statt.
Man führte zwei Jünglinge von edler Geburt herzu und
berührte ihre Stirne mit dem blutigen Opfermesser; so-

gleich aber wurden die Blutflecken wieder mit Wolle,
die in Milch getaucht war, abgewischt, worauf die Jünglinge laut auflachten. Dieses war eine reinigende Cere-
monie, wodurch Hirten und Heerden gesühnt und Un-
segen und Unfruchtbarkeit abgewendet wurde. Nach dem
Opfer und Opferschmauss schnitten sich die Priester,
welche Luperci hiessen, aus den Fellen der geschlachteten Ziegen Riemen und liefen alsdann, nur mit einem
aus denselben Fellen geschnittenen Schurze bekleidet,
von der Opferstätte, dem Heiligthum des Lupercus am
palatinischen Berge (Lupercal), aus durch die Stadt,
indem sie die ihnen Begegnenden zum Scherz mit den
Riemen schlugen. Besonders gingen ihnen verheirathete
Frauen entgegen, in dem Glauben, dass die Streiche sie
reinigten und ihnen den Segen der Ehe herbeiführten.
Die Einsetzung dieses Festes wird dem Romulus und
Remus zugeschrieben; nach gräcisirender Angabe sollte
Evander den Dienst des arkadischen Pan nach Latium
gebracht und dem Gotte, der nachmals Faunus oder auch
Inuus (Liv. 1, 5.) genannt worden sei, die Feier ange-
ordnet haben.'

Durch griechischen Einfluss (s. p. 153.) wurden bei
den Römern auch Fauni, sowie Silvani in der Mehrzahl angenommen und in Gesellschaft mit den Nymphen
gebracht (Virg. Aen. 8, 314. Georg. 1, 11.). Diese, ebenfalls von den Griechen hergenommen, sind ähnliche
Wesen wie die Silvane und Faune, sie schirmen und
segnen Heerden und Fluren, aber sie schrecken auch,
sie weissagen und setzen die Menschen in Begeisterung
und Verzückung.

Dem Faunus wurde eine Fauna an die Seite gestellt und als Lupercus hatte er in der Luperca sein
weibliches Gegenbild.

13. Pales.

Am 21. April feierten die Römer ein ländliches Hirtenfest, die Palilien. Man reinigte die Stallungen, schmückte sie mit Laubwerk und räucherte sie alsdann nebst dem Vieh mit Schwefel, Kienholz, Lorbeer u. s. w. Die Opfer waren unblutig und bestanden aus Kuchen von Hirse, Speisen, und lauer Milch; dabei flehte man zu der Gottheit um Schutz und Segen der Heerden, bat um Verzeihung für unabsichtliche Verletzung und Verunreinigung der heiligen Haine und Quellen durch die Heerden und reinigte sich und das Vieh durch Strohfeuer, über welche man die Heerden dreimal trieb und selbst dreimal sprang. Jung und Alt überliess sich an diesem Tage einer ausgelassenen Freude; man zechte und schmausste im Freien auf Rasenbänken und Tischen von Rasen (Ov. F. 4, 721 ff. Tibull. 2, 5, 87. Propert. 4, 4, 73.).

Die Gottheit, der zu Ehren dieses Fest gefeiert wurde, heisst Pales, und man sieht aus den Gebräuchen, dass sie eine Hirtengottheit gewesen sein muss, deren Name mit pasco zusammenzuhängen scheint; aber die Römer waren über ihr Wesen so sehr im Unklaren, dass sie zweifelhaft waren, ob es eine Göttin oder ein Gott sei. Sie feierten zugleich an diesem Tage den Stiftungstag ihrer Stadt. Die Stadt des Romulus war auf dem Palatium, dessen Name auf Pales hindeutet, gegründet, und Hirten waren ihre erste Bevölkerung.

III. Götter des Hauses und der Familie.

1. Penaten (*Penates*).

Der Name Penates hängt zusammen mit penus, pe-
nitus, penetrare, penetralia, Wörtern, welche alle
den Begriff des Innersten und Geheimsten ausdrücken.
Die Bilder der Penaten standen in dem Raume des
Hauses, welcher penetralia heisst, in dem grossen
Saale, der als der gewöhnliche Aufenthaltsort der Familie und der Mittelpunct des Hauses galt. Hier war
der Heerd des Hauses, in dessen Nähe sich der Schrein
der Penaten befand; auf dem Heerde brannte ihnen ein
immerwährendes Feuer; vielleicht hatten sie auch neben
demselben noch einen besonderen Altar. Sie sind ganz
allgemein die Hausgötter, welche die Einheit der Familie und deren Bestand schützen; die Mitglieder der
Familie suchten an ihrem Altare, dem Heerde, Schutz
und Zuflucht vor Verfolgung, und der Hausvater durfte
hier selbst nicht von der Obrigkeit angetastet werden.
Sie nahmen einen steten Antheil an dem Schicksale
der Familie und erhielten bei traurigen wie freudigen
Ereignissen des Hauses ihre Opfergaben. In Bezug auf
Zahl, Namen und Geschlecht ist ihr Wesen ganz unbestimmt; man rechnete die verschiedensten Gottheiten,
welche als Schützer des Hauses gelten konnten, unter
die Penaten, so besonders Vesta, die Göttin des Feuer-
heerdes, auch Jupiter, die Laren u. s. w. Weil ihr
Wesen ganz allgemein gehalten wurde und unbestimmt
blieb, so haben die Griechen sie mit verschiedenen
Namen zu bezeichnen gesucht; sie nannten sie πατρῷοι,
γενέθλιοι, κτήσιοι, μύχιοι, ἕρκιοι; bei den Römern selbst

hiessen sie dii penetrales, domestici, familia-
res, patrii.

Da der Staat eine Familie im Grossen ist, so gab es
auch Penaten des Staates. In dem Vestatempel, dem
gemeinsamen Heerde der Stadt und des Staates, hiess
auch der innere Raum penetralia und ein geheimer
Theil desselben penus, in welchem die Bilder der Penaten des Staates verborgen sein sollten. Diese Penaten
hiessen majores, publici, während man die der einzelnen Familien minores, privati nannte.

2. Laren (*Lares*).

Die Laren sind häufig mit den Penaten vermengt
worden, doch sind sie ursprünglich von denselben verschieden. Sie gelten als vergötterte Menschenseelen,
gute Geister, welche nach dem Tode segenbringend auf
der Oberwelt weilen. Die vorzüglichste Sorge des Verstorbenen wird sich um die Angelegenheiten der Hin-
terbliebenen, der eigenen Familie drehen, somit sind
die Laren vornehmlich Schutzgeister des Hauses, dem
sie angehörten, und konnten also leicht mit den Penaten
zusammengestellt und verwechselt werden; doch sind sie
so eng mit dem Hause an sich verbunden, dass sie bei
einem Ueberzuge der Familie in demselben zurück-
blieben, während die Penaten die Familie begleiteten.
Jedes Haus hat seinen Lar oder auch mehrere; ihre
Bilder, aus Wachs oder Holz, hatten wie die Penaten
ihren Standort in der Nähe des Heerdes, oft in einem
besonderen Schrein (lararium), der bei festlichen Ge-
legenheiten geöffnet wurde, damit die Laren mit der Familie an dem Feste Theil nehmen konnten. Der Dienst
des Lar oder der Laren wurde mit der grössten Gewissenhaftigkeit besorgt; man opferte ihnen bei jedem freu-

digen Ereigniss, an allen Festtagen, an den Kalenden, Nonen und Iden jedes Monats und legte dabei frische Kränze auf den Heerd, bei jeder Mahlzeit erhielten sie ihren Antheil von Speisen auf kleinen Schüsseln. Wenn der Sohn des Hauses die toga virilis erhielt, so weihte er seine bulla, die er bisher als Kind getragen hatte, den Laren; die junge Frau, welche in das Haus eingeführt ward, begrüsste sie am Tage nach der Hochzeit durch ein Opfer.

Die Laren haben das doppelte Geschäft ihre Angehörigen sowohl in dem Hause als ausserhalb desselben zu schirmen; sie walten über denselben auf der Reise zu Land und zu Wasser (Lares viales, permarini) und schützen sie in den Gefahren des Krieges (L. militares), sie überwachen den Feldbesitz (L. rurales).

Wie die Laren einzelnen Häusern zugetheilt sind, so kann ihre Obhut auch über ganze Strassen der Stadt ausgedehnt werden, ihre Altäre und Kapellen standen an dem Zusammenstoss der Strassen (compita, daher L. compitales, ihr Fest Compitalia am 2. Mai); ferner gab es Laren für ganze Geschlechter, für die ganze Stadt und den Staat (L. gentium, L. urbani oder hostiles, weil sie den Feind von der Stadt abwehrten; L. praestites, die Vorstände des Staates). Die Laren des Staates, die öffentlichen (publici), werden von griechischen und römischen Schriftstellern mit den griechischen Heroen identificirt, weil sie wie diese die Helden der mythischen Geschichte sind und doch fortwährend die Stadt und den Staat beschützen, und sind von höherem Range als die Laren der einzelnen Familien (privati); man rechnet zu jenen Romulus, Remus, Tatius, Faustulus, Acca Larentia u. A.

Lares sind, wie oben gesagt, die guten, seligen

Geister der Verstorbenen, die bösen, quälenden und gequälten heissen Larvae oder auch Lemures; die Geister der Hingeschiedenen überhaupt ohne den obigen
Unterschied heissen Manes (die Guten) und weilen
unter der Erde, von wo sie bisweilen auf die Oberwelt
emporsteigen.

Den Laren und Penaten verwandte Wesen sind die

3. Genien (*Genii*).

eigentlich die Götter der Lebenserzeugung, von geno =
gigno. Der Genius führt den Menschen in das Leben
ein und begleitet ihn gewissermassen als sein besseres
Ich, als der Inbegriff seiner höheren Anlagen schützend
von der Geburt bis zum Tode; er ist somit oft gleich
dem Geschicke des Menschen. Der Geburtstag eines
Menschen war ein Festtag für dessen Genius, man brachte
ihm alsdann Weihrauchopfer, Wein und Blumen als
Opfergaben dar und überliess sich ihm zu Ehren einer
fröhlichen Laune. Daher heisst sich das Leben erheitern
und weise geniessen: seinem Genius zu gefallen leben;
wer sich dagegen das Leben verkümmert, der beleidigt
seinen Genius. Nach dem Tode des Menschen geht der
Genius nicht wie die Seele in die Unterwelt, sondern
er bleibt in dem heiteren Reiche des Lichtes zurück
und weilt wohl bisweilen auf dem Grabe seines Schütz
lings. — Die Frauen nannten ihre Genien Junones.

Der Genius, identificirt mit dem griechischen Dai-
mon, ist vorzugsweise der gute Geist des Menschen;
doch hatte man andererseits auch die Vorstellung von
bösen Genien (das Gespenst des Brutus), sowie den Menschen selbst theils die guten, theils die bösen Mächte
seiner Seele treiben. So konnte der griechische Dai-

mon nicht weniger ein *κακοδαίμων* als ein *ἀγαθοδαίμων* sein.

Wie die einzelnen Menschen ihre Genien oder Dämonen hatten, so auch jedes Haus, jede Familie und Genossenschaft, Städte und Völker; es gab Genien einzelner Landschaften und Oerter (G. locorum), einen Genius des Meeres, der Erde und der Welt.

Die Genien der Oerter bildete man gewöhnlich in Gestalt von Schlangen, welche vorgesetzte Früchte verzehren. Der Genius des Menschen dagegen wurde dargestellt als ein Jüngling in der Toga mit verhülltem Haupte, Schale und Füllhorn in den Händen.

IV. Götter des Geschicks und der Weissagung.

---

1. Parcen (*Parcae*), Fatum, Fortuna.

Der griechischen Moira entspricht die römische Parca; wie die Moira bezeichnet sie entweder als eine dunkle, unerbittliche Macht das Schicksal in seiner abstracten Allgemeinheit, oder sie ist das Gesammtschicksal eines Einzelnen, welches ihm Geburt, Lebenslauf und Todesloos bestimmt. Wahrscheinlich nahmen die Römer ursprünglich nur eine Parce an; in der Zeit der Litteratur dagegen hatten sie die griechische Dreizahl mit den griechischen Namen.

Das, was von den Göttern, besonders von Jupiter als göttlicher Wille ausgesprochen (fari) und als Geschick unabwendbar festgesetzt ist, heisst Fatum. Die Fata in der Mehrzahl bezeichnen theils die Einzelschicksale und den darüber ausgesprochenen Willen der Götter, theils sind sie, identisch mit den Parcen, die Schicksalsgottheiten, welche die Lebensloose der Menschen bei ihrer Geburt niederschreiben; daher heissen sie Fata scribunda. Diese wurden nach der Geburt eines Kindes am letzten Tage der ersten Woche angerufen.

Eine sehr ausgedehnte Verehrung genoss bei den Römern die Fortuna, wie die griechische Tyche die Göttin des Zufalls und besonders des Glückes und Segens. Die Einsetzung ihres Dienstes wird dem Servius Tullius zugeschrieben; er hatte ihr, weil er durch ihre Gunst als Sohn einer Sclavin auf den Königsthron gekommen war, mehrere Tempel geweiht, unter anderen den Tempel der Fortuna Primigenia auf dem Capitol, den der Fors Fortuna, des Zufalls, an dem Tiber unterhalb der Stadt. Unter dem Beinamen Primigenia, den die Göttin wohl deswegen hatte, weil sie allem bei seiner Entstehung sein Geschick zutheilte, hatte sie auch auf dem Quirinalis einen Tempel; sie wurde in demselben zugleich als eine F. Publica verehrt, eine Fortuna des ganzen röm. Volkes, dem ihre Huld die Herrschaft über alle Länder verschafft hatte. Dieser F. Publica, der Göttin des Staatsglücks, stand die Göttin des Privatglücks, F. Privata, entgegen. Die Fors Fortuna wurde besonders von den Plebejern bei dem oben erwähnten Heiligthum verehrt. An ihrem Feste am 24. Juni zogen sie zu Fuss und auf bekränzten Kähnen dorthin und feierten den Tag unter fröhlichen Gelagen (Ov. F. 6, 765 ff.). Sie war somit eine Plebeja; aber auch die Patricier verehrten eine F. Patricia. Ausserdem hatte die Göttin noch eine Menge von Heiligthümern unter den verschiedensten Namen je nach den Personen, denen ihre Gnade zu Theil ward; sie hiess F. Equestris, Libera (der Freien, im Gegensatz zu den Sclaven), F. liberum (der Kinder), Virginalis

Muliebris, Barbata (die den Knaben zum Jüngling heranwachsen lässt), Virilis; diese F. Virilis erhielt in späterer Zeit die Bedeutung des Glücks der Frauen bei den Männern, weshalb die Frauen ihr opferten und sie um Erhaltung ihrer Reize baten (Ov. F. 4, 145.). Andere Beinamen hat F. von ihr eigenthümlichen Eigenschaften und Thätigkeiten, wie Respiciens (die Rücksichtnehmende), Blanda (die Holde), Dubia (die Zweifelhafte), Brevis (von dem kurzen Glücke), Stata (die Beständige), Bona, Mala, Averrunca (die Unheilabwendende), Comes (die auf Reisen Geleitende), Redux (die glücklich Zurückführende) u. s. w.

Ausser in Rom wurde Fortuna auch in manchen andern Städten Latiums hoch verehrt, so zu Antium (Horat. Carm. 1, 35.) und Praeneste. In beiden Städten war sie auch eine Gottheit der Weissagung.

Neben einer Statue der Bona Fortuna auf dem Capitol stand eine Bildsäule des Bonus Eventus, des guten Erfolgs, der auch einen Tempel auf dem Marsfelde hatte. Die Felicitas (Faustitas, Hor. Carm. 4, 5, 18.), das wirkliche Glück, die Glückseligkeit, hatte in Rom einen Tempel in der 5. Region.

An diese Schicksalsgottheiten lassen wir sich anreihen die Schicksal verkündenden

2. Camenen.

Das Wort Camenae (v. cano) bezeichnet die Singenden d. i. die Weissagenden, und da man den Quellen begeisternde Kraft zuschrieb, so dachte man sie sich als weissagende Quellgöttinnen, Quellnymphen. Diesen Camenen soll Numa zu Aricia einen Hain nebst der Quelle Egeria geweiht haben; die Nymphe der Quelle selbst, Egeria, welche den Numa ihres Umgangs und ihrer

Lehre würdigte, ist den Camenen beizuzählen (Liv. I, 21.). Zur Zeit der römischen Litteratur wurden die Camenen mit den griechischen Musen identificirt und gingen ganz in deren Wesen anf.

Der Name Carmenta, Carmentis, der ebenfalls von cano stammt, ist gleich Camena und scheint der ältere Name gewesen zu sein. Die Römer hielten die Carmentis für die Mutter des Arkaders Evander. Die am 11. und 15. Januar am carmentalischen Thor gefeierten Feste der Carmentalien sollten ihr und ihren Gefährtinnen Porrima (oder Prorsa, Antevorta) und Postvorta gelten, von denen jene die dunkle Vergangenheit, diese die Zukunft den Menschen eröffnet habe. Beide wurden von den römischen Frauen wie Carmenta auch als Geburtsgöttinnen verehrt.

V. Gestirne.

Sol und Luna.

Von den Gestirnen verehrten die Römer nur Sonne und Mond, Sol und Luna, deren Dienst Titus Tatius eingeführt haben soll. Die Verehrung des Sol war übrigens in Rom nie bedeutend; seine Heiligthümer scheinen meistens aus späterer Zeit zu stammen. Wichtiger war der Dienst der Luna; sie besass Tempel auf dem Aventin (Ovid. F. 3, 883.), auf dem Capitol und unter dem Namen Noctiluca auf dem Palatium. Der letzte Tempel wurde jede Nacht erleuchtet. Die römischen Dichter trugen das Wesen des Helios und der Selene ganz auf Sol und Luna über, weshalb auch Luna mit Diana und Hecate vermengt ward.

1. Das Meer.

Als den Gott des Meeres verehrten die Römer den Neptunus; da jedoch die älteren Römer nur sehr wenig mit dem Meer in Berührung kamen, so blieb der Dienst dieses Gottes unbedeutend. Als er in späterer Zeit für den griechischen Poseidon angesehen wurde, trat besonders die Beziehung zu dem Rosse und dem Wettrennen mit Rossen an ihm hervor. Dieser Neptunus Equester (Ποσειδῶν ἵππιος) hatte einen Altar im flaminischen Circus und einen Tempel im Campus Martius, wo ihm alljährlich das angeblich von Romulus eingesetzte (Liv. 1, 9.) Fest der Consualien mit Pferderennen gefeiert wurde. Er selbst sollte den Beinamen Consus haben, den man als Rathgeber erklärte; doch scheint Consus ursprünglich ein altitalischer Gott der Erde und der Saaten gewesen zu sein.

Die Römer gaben dem Neptunus die Meergöttin Salacia (von salum = ἅλς) zur Gemahlin; ausserdem wird noch eine Meergöttin Venilia erwähnt, welche Virgil (Aen. 10, 76.) Mutter des Rutulerfürsten Turnus nennt. Wenn römische Feldherrn mit ihren Flotten in See gingen, so opferten sie unter Gebeten um glückliche Fahrt und Sieg und Beute den Gottheiten des Meeres und warfen die Eingeweide des Opfers ins Meer (Liv. 29, 27. Cic. N. D. 3, 20.).

Den Tempestates, den gefährlichen Stürmen auf dem Meere, errichtete L. Scipio ein Heiligthum vor dem capenischen Thore (Ov. F. 6, 193.).

Portunus oder Portumnus war der Hafengott der

Römer. Er hatte einen Tempel an dem Tiberhafen bei · Rom. Man identificirte ihn mit dem griechischen Palaimon und machte ihn zum Sohn der Matuta, welche für Ino Leukothea angesehen wurde, ursprünglich aber eine Göttin des Frühlichts und der Geburten gewesen war.

2. Quellen und Flüsse.

Dem Römer waren alle fliessenden Gewässer heilig, Quellen, Bäche und Flüsse, weshalb die Priester und Magistrate, wenn sie in einer Amtsthätigkeit unterwegs waren, kein solches Wasser überschreiten durften, ohne vorher Auspicien gehalten zu haben. Fontus, der Quellgott im Allgemeinen, der Sohn des Janus, des Gottes des Anfangs, und der Quellnymphe Juturna, hatte auf dem Janiculum ein Heiligthum. Ein allgemeines Quellfest, Fontinalia, an welchem man die Brunnen bekränzte und Blumen in die Quellen warf, wurde im October gefeiert.

Von den Flüssen verehrten die Römer besonders den Tiber unter dem Namen Tiberinus (pater Tiberinus); er hatte ein Heiligthum auf der Tiberinsel bei Rom. Nach alter Sage sollte er König in Alba Longa gewesen und im Tiberfluss, der bis dahin Albula geheissen hatte, seinen Tod gefunden haben (Liv. 1, 3. Virg. A. 8, 31. 332.).

VII. Unterwelt.

Dis oder Pluto und Proserpina.

Der Name Dis, gen. Ditis, ist eine blose Uebersetzung des griechischen Pluton und bezeichnet wie dieser
den Unterweltsgott, insofern er über die Tiefe der Erde
herrscht, in welcher alle Reichthümer der Menschen verborgen liegen. Der Name Pluton ist selbst erst spät bei
den Griechen aufgekommen, und es ist wahrscheinlich,
dass die Vorstellung eines Königs der Unterwelt erst
von den Griechen auf die Römer übergegangen ist.

Proserpina, die Gemahlin des Dis, ist ebenfalls
keine ursprünglich italische Gottheit, sondern die griechische Persephone, deren Namen die Römer einen mehr
römischen Klang gegeben haben.

Dem Dis und der Proserpina war das sogenannte
Tarentum oder Terentum auf dem Campus Martius
geweiht. An diesem Orte sollte zuweilen Rauch von
unterirdischem Feuer aufsteigen, und es befand sich daselbst 20 Fuss unter der Erde ein Altar der beiden
Götter, der bei den heiligen Gebräuchen für einige Zeit
aufgedeckt ward. Ein Sabiner Namens Manius Valesius
Tarentinus soll zuerst bei einer Seuche diesen Altar
entdeckt, an der Stelle schwarze Stiere geschlachtet und
dem Dis und der Proserpina die ersten tarentinischen
Spiele drei Nächte hindurch durch Wettrennen und
Lectisternien gefeiert haben. Nach einer andern Erzählung hatte der erste Consul Valerius Poplicola die tarentinischen Spiele während einer Pest eingeführt, und
von dieser Zeit an sollen sie bis auf Augustus noch
dreimal gehalten worden sein, so dass sie sich ungefähr

alle hundert Jahre wiederholt hätten. Deshalb wurden
sie Säcularspiele genannt. Augustus erneuerte sie
im J. 17 v. Chr.; aber diesmal waren sie nicht den
Unterweltsgöttern, sondern dem Apollo und der Diana
geweiht.

Aehnlich den tarentinischen Spielen waren die taurischen, welche von Tarquinius Superbus bei einer
Seuche eingesetzt worden sein sollen und später sich
bisweilen wiederholt haben. Diese Spiele galten ebenfalls den Unterirdischen. In schweren Zeiten suchte man
durch solche Todtenfeste, durch Opfer und Spiele den
Zorn der Mächte der Unterwelt zu beschwichtigen und
das Volk von dem drohenden Verderben loszukaufen.

Gewiss waren diese Todtenfeste bei den Römern alt
und bestanden schon, ehe diesen die griechischen Vorstellungen eines Dis und einer Proserpina, als Herrscher
der Unterwelt, bekannt wurden. Denn einen Todtencult
hatten die Römer von alter Zeit her; es scheint aber,
dass sie ursprünglich glaubten, die Todten gehörten der
Tellus, der Göttin der Erdtiefe, oder auch der Ceres an.
Man bezeichnete den Raum in der Tiefe, wo die Todten
sich befanden, mit dem Namen Orcus (Einschluss),
wie auch später wohl der Unterweltsgott selbst genannt
wurde, oder mit dem euphemistischen Namen Mundus.
Auf dem Comitium befand sich eine Oeffnung des Mundus, die mit einem Steine, lapis manalis (Manen-
stein) verschlossen gehalten und nur dreimal des Jahres,
am 24. August, am 5. October und am 8. November geöffnet wurde. An diesen Tagen war die Unterwelt aufgeschlossen, so dass die Geister der Todten ihren Wohnort verlassen und frei auf der Oberwelt umherschweifen
konnten. Darum waren es schlimme, ungünstige Tage,
an denen nichts Wichtiges ohne Noth unternommen

wurde; man liess keine Truppen ausheben, kein Heer
ausmarschiren, kein Schiff in See stechen, lieferte kein
Treffen, ging keine Ehe ein u. s. w. Dieselbe Freiheit
war den Todten im Februar mehrere Tage lang, wo
das Fest der Feralien*) oder Parentalien gefeiert
wurde, gestattet. Auch an diesen Tagen enthielt man
sich aller wichtigen Geschäfte und liess es sich die erste
Sorge sein die Seelen der verstorbenen Anverwandten
zu sühnen und ihre Gräber zu ehren (Ov. F. 2, 567.).

VIII. Personificationen.

1. **Fides.** Die Treue im Halten gegebener Versprechen und geleisteter Eide ward bei dem alten Römer
im öffentlichen wie im Privatleben mit der grössten
Gewissenhaftigkeit geübt. Deshalb war der Fides, der
Personification dieser Treue, von Staats wegen (Fides
Publica) ein sehr heiliger Dienst eingesetzt, den man
auf Numa zurückführte (Liv. 1, 21.). Dieser hatte ihr
ein Heiligthum erbaut und ein Fest angeordnet, an welchem ihre Priester auf zweispännigen Wagen zu ihrem
Tempel fuhren und, während sie der Göttin Weihrauch
opferten, die Hände bis an die Fingerspitzen umhüllt
hatten; denn die Hand, mit der man Treue gelobt, ist
der Göttin heilig und muss rein bewahrt werden. Ein
Tempel und eine Bildsäule der Fides in weissem Gewande (F. Candida) stand auf dem Capitol in der Nähe
des Jupiterheiligthums (Cic. N. D. 2, 23. siehe p. 280.).
2. **Concordia,** die **Eintracht,** war ebenfalls eine

---

*) Varro l. l. 5, 3. quod tum epulas ad sepulcra amicorum
ferebant.

vorzugsweise politische Gottheit; denn sie bezeichnete die Eintracht der Staatsbürger unter einander. Der erste Tempel wurde ihr von dem Dictator Camillus im J. 367 v. Chr., als Patricier und Plebejer mit einander im Streit lagen, gelobt und, nachdem die Eintracht hergestellt war, auf Beschluss des Senats in der Nähe des Forums erbaut. Ein öffentliches Fest wurde ihr nebst P a x , S a l u s und J a n u s am 30. März gefeiert, ihr allein ein Fest am 16. Januar (Ov. F. 3, 881. 1, 639.). Livia, die Gemahlin des Augustus, weihte der Concordia als der Eintracht der Ehe einen Tempel (Ov. F. 6, 631.).

3. P a x , die F r i e d e n s g ö t t i n , erhielt im J. 13 n. Chr., als Augustus nach Unterdrückung von Unruhen in Gallien, Spanien und Germanien zurückkehrte, von Senat und Volk einen Altar in der Curie, auf welchem am 30. Januar und 30. März geopfert wurde (Ov. F. 1, 709. 3, 882.).

4. S a l u s als politische Gottheit bedeutet das W o h l d e s S t a a t e s . Diese S a l u s P u b l i c a erhielt im J. 311 v. Chr. einen Tempel auf dem Quirinalis (Liv. 9, 43.), und alljährlich wurde ihr in älterer Zeit, ungefähr wenn die Consuln ihr Amt antraten, das sogenannte A u g u - r i u m S a l u t i s veranstaltet, worin man die Götter befragte, ob man das Heil des Staates von ihnen erflehen dürfe. Augustus erneuerte dieses Augurium, und von der Zeit an erhielt es sich noch Jahrhunderte lang. Ausserdem wurde Salus als Göttin der G e s u n d h e i t des Volkes angesehen. Als 180 v. Chr. eine Seuche die Stadt heimsuchte, gelobte man der Salus, dem Apollo und dem Aesculapius Geschenke und goldene Statuen (Liv. 40, 37.).

5. J u v e n t u s oder J u v e n t a s (die griech. Hebe) hatte mehrere Heiligthümer in Rom. Sie war nicht nur

die Personification der jugendlichen Mannschaft, auf deren Kraft die Erhaltung des Staates beruhte, sondern bedeutete auch die stets blühende jugendliche Kraft des Staates selbst. In dieser Bedeutung hatte sie eine Kapelle auf dem Capitol in dem Heiligthum des Jupiter Capitolinus.

6. Victoria, die Siegesgöttin, der griechischen Nike entsprechend, besass ausser andern Heiligthümern einen Tempel auf dem palatinischen Berge, wo man ihr am 12. April, also zur Zeit, wo die Feldzüge wiederbegannen, ein Fest feierte. — Vica Pota (Liv. 2, 7.), die mächtige Siegerin, ist nichts anderes als eine Victoria (Cic. de leg. 2, 11, 28.), ebenso die Pellonia, die Vertreiberin der Feinde.

7. Libertas, die Freiheit, hatte auf dem Aventinus, dem Hauptsitze der Plebs, einen Tempel; sie scheint sich daher auf die Befreiung der Plebejer von dem Drucke der Patricier bezogen zu haben.

8. Virtus und Honor. Virtus, als kriegerische Tapferkeit, erhielt mit der ihr zu Theil werdenden Ehre, Honor, von Marius nach Besiegung der Cimbern einen gemeinschaftlichen Tempel. Schon früher, im J. 222 v. Chr., hatte Marcellus in der Schlacht bei Clastidium beiden einen Tempel gelobt, war aber von den Pontifices, welche erklärten, zwei Gottheiten könnten einen Tempel nicht gemeinsam haben, gehindert worden ihn zu weihen. Darum baute er für die beiden Gottheiten zwei Tempel neben einander (Liv 27, 25.).

9. Pudicitia. Wie die Virtus die Haupttugend des römischen Mannes war, so war die Schamhaftigkeit und Keuschheit, Pudicitia, die schönste Tugend der Römerin. Darum ward auch dieser göttliche Ehre zu Theil, und zwar verehrten sie die patricischen Frauen

in einem besonderen Heiligthum auf dem Rindermarkt als P. Patricia. Als aber einst, im J. 297 v. Chr., Virginia, aus patricischem Geschlechte, durch die patricischen Frauen von 'dem Dienste der P. Patricia ausgeschlossen wurde, weil sie einen Plebejer geheirathet hatte, errichtete sie ein besonderes Heiligthum der P. Plebeja zum Dienste für die plebejischen Matronen (Liv. 10, 23.). In späterer, verdorbener Zeit verlor der Dienst der Pudicitia seine Reinheit und Heiligkeit.

10. Pietas bezeichnet die Liebe der Kinder gegen die Eltern. Livius (40,'34.) nennt einen Tempel derselben, der 152 v. Chr. geweiht ward.

11. Spes, die Personification der Hoffnung, hatte mehrere Tempel in Rom. Den ältesten Tempel derselben erwähnt Livius 2, 51., einen andern 21, 62. 24, 47.

12. Mens, Einsicht, Verstand. Nach der Schlacht am Trasimenus, die durch die unbesonnene Verwegenheit des Flaminius verloren ging, wurde ihr ein Tempel gelobt (Liv. 22, 10.) und bald darauf auf dem Capitol erbaut; doch war sie schon früher in Rom geehrt worden.

13. Roma, die personificirte und vergötterte Stadt Rom, erhielt in Rom selbst einen Tempel von Augustus; auswärts war ihr schon früher göttliche Ehre zu Theil geworden (Liv. 43, 6.).

Ausser den erwähnten ehrten die Römer noch eine Menge anderer Personificationen, wie Aequitas, Billigkeit, Clementia, Milde, Pollentia, Macht, Quies, Ruhe, Fessonia, Ermüdung, Febris, Fieber, Orbona, Verwaisung u. s. w.

B. Sagen.

———

Die Römer sind im Vergleich zu den Griechen sehr
arm an Sagen; dazu kommt noch, dass die römischen
Geschichtschreiber die alten Sagen auflösten und zer-
setzten und wie gewöhnliche Geschichte erzählten. Sie
glaubten nämlich in den wunderbaren Erzählungen, wie
sie sich in alten Liedern erhalten hatten, immer einen
geschichtlichen Kern verborgen, und indem sie nun das
Unglaubliche theils vernünftelnd erklärten, theils ganz
entfernten, vermeinten sie das Wahre gewonnen zu
haben. So wurde die Entstehung Roms und die älteste
Königszeit wie wirkliche Geschichte erzählt; und doch
ist diese Zeit bis auf Tullus Hostilius rein mythisch
und selbst von da an bis in die ersten Zeiten des Frei-
staates ist der historische Grund noch vielfach mit sa-
genhafter Erzählung untermischt. Wir geben in Folgen-
dem die römischen Sagen bis zum Tode des Romulus.

1. Evander.

In Latium wohnten in uralter Zeit, so erzählt Virgil
Aen. 8, 314 ff., einheimische Faune und Nymphen und
ein rohes, wildes Menschengeschlecht. Da kam, vor seinem Sohne Jupiter flüchtend, Saturnus hieher, vereinigte das rohe, auf den Bergen umherschweifende Volk
und gab ihm Gesetze. Er bewohnte auf dem Capitolinus
eine Stadt Saturnia, während auf dem Janiculum Janus
seine Burg hatte. Das Land nannte Saturnus Latium,
weil er hier in sicherer Verborgenheit gelebt hatte *).

———

*) his quoniam latuisset tutus in oris.

Unter seiner Herrschaft verlebten die Menschen das
goldene Zeitalter in ruhigem Frieden, bis wieder ein ent-
artetes Geschlecht erschien und Krieg und Raub brachte.
Verschiedene Völker kamen seitdem in das Land, auso-
nische und siculische Schaaren, und oft wechselte es
noch seinen Namen.

Evander soll nach später römischer Sage, die vielleicht von Griechen erdichtet worden ist, 60 Jahre vor
der Eroberung Troja's eine pelasgische Colonie aus Pal-
lantion in Arkadien nach Latium auf den palatinischen
Berg, an die Stelle, wo später Rom erbaut wurde, geführt haben. Er war der Sohn des Echemos und der
Timandra, oder des Hermes und einer arkadischen
Nymphe, oder der Weissagerin Carmenta (Carmentis);
auch wird seine Mutter Nikostrate und Themis genannt.
Auch über den Grund seiner Auswanderung giebt es
sehr verschiedene Angaben. Er wurde durch einen
Volksaufstand bewogen freiwillig auszuziehen, oder er
tödtete seinen Vater oder seine Mutter und wurde deswegen vertrieben. In Latium kam er zu einem uncultu-
virten Volke, bei dem er sich eine Herrschaft erwarb,
welche sich mehr auf ein aus seiner höheren Bildung
entspringendes Ansehen, als auf äussere Gewalt stützte.
Er soll den Gebrauch der Schrift (Liv. 1, 7.), die Musik
und andere Künste, besonders auch durch seine Mutter
Carmenta, die ihn auf der Flucht begleitete (Ov. F. 1,
471 ff.), die Weissagung zu den italischen Völkerschaften
gebracht und den Cultus verschiedener Götter, wie der
Ceres, des Neptunus Consus, des Hercules und des
lykaiischen Pan (Liv. 1, 5. Ov. F. 5, 99.), der in Latium
Faunus oder Inuus genannt wurde, eingesetzt haben.
Der palatinische Hügel, auf dem er eine Stadt Pallan-
teum, Palantium, Palatium gründete, erhielt diesen

Namen von seinem Grossvater Pallas oder von seinem Sohne oder Enkel gleiches Namens, der dort begraben sein soll.

Evander wurde zu Rom unter den einheimischen Heroen (Indigetes) verehrt; er hatte einen Altar am aventinischen Hügel; seine Mutter Carmentis hatte einen Altar am Capitolium in der Nähe des carmentalischen Thores. Ueber die Anwesenheit des Hercules in Latium bei Evander und die Ermordung des Cacus siehe p. 215.

2. Aeneas.

Aus Homers Ilias 20, 300 ff. muss man schliessen, dass nach den ältesten griechischen Sagen Aeneas, der Fürst der Dardaner, der Sohn des Anchises und der Aphrodite, nach Troja's Fall in der Heimath geblieben ist und er und seine Nachkommen hier über die Reste des teukrischen Volkes geherrscht haben. In ziemlich alter Zeit aber entstand schon bei den Griechen der Glaube, Aeneas habe mit dem troischen Palladium sich dem allgemeinen Untergange entzogen und in der Fremde sich eine neue Heimath gesucht. Der Dichter Stesichoros (645—560 v. Chr.) ist der erste von den uns bekannten Griechen, welche erzählen, dass der Held sich mit einer trojanischen Schaar und den Heiligthümern Troja's nach Hesperien eingeschifft habe; ob er aber angenommen habe, Aeneas sei nach Latium gewandert, ist sehr zu bezweifeln. Dieser Glaube, dass Aeneas nach Latium gekommen, scheint sich erst zur Zeit des Thukydides oder nicht lange nachher gebildet zu haben; wenigstens seit der Zeit des Pyrrhus, der, ein Nachkomme des Achilleus, in den Römern die Enkel der Trojaner zu bekämpfen glaubte, wurde unter den Griechen all-

gemein geglaubt, dass eine trojanische Colonie unter
Aeneas sich an dem Tiber niedergelassen habe und dass
die Römer Nachkommen dieser Trojaner seien.

Auch die Römer selbst führten ihren Ursprung auf
Aeneas zurück. Schon ums J. 240 v. Chr. wurde dieser
Glaube von dem Staate anerkannt. Damals verwendete
sich der Senat bei den Aetolern für die Freiheit der Akar-
naner, weil deren Vorfahren allein von den Griechen
nicht an dem Krieg gegen die Trojaner, ihre Stammväter, Theil genommen hätten. Dies geschah also zu
einer Zeit, wo die griechische Litteratur noch nicht allgemein unter den Römern bekannt war; es ist daher
wahrscheinlich, dass die Sage von der Einwanderung des
Aeneas nicht aus der griechischen Litteratur geschöpft,
sondern eine einheimische Ueberlieferung ist, wie ja auch
von Janus, Saturnus und andern alten Königen behauptet
ward, dass sie aus dem Osten eingewandert seien.

Livius (1, 1 u. 2.) erzählt die Wanderung und Ansie-
delung des Aeneas folgendermassen. Aeneas kam auf
seiner Fahrt mit dem Reste der Trojaner zuerst nach Ma-
cedonien, dann nach Sicilien und zuletzt in das lauren-
tische Gebiet, wo sie eine Stadt Troja gründeten. Als
sie dort ans Land stiegen und zu ihrem Unterhalte Beute
von dem Lande wegtrieben, eilten König Latinus und
die Aboriginer, welche damals diese Gegend bewohnten,
zur Abwehr der Gewalt herbei. Latinus schloss entweder nach einem unglücklichen Treffen oder nach anderer
Erzählung vor dem Beginn der Feindseligkeiten mit
Aeneas Frieden und gab ihm seine Tochter Lavinia
zur Ehe. Aeneas gründete eine Stadt, die er nach seiner
Gemahlin Lavinium nannte; sein und der Lavinia Sohn
war Ascanius. Da aber Lavinia schon vor Ankunft der
Trojaner mit Turnus, dem König der Rutuler, verlobt

gewesen war, so begann dieser einen Krieg gegen Aeneas und Latinus. Die Rutuler wurden besiegt, aber
Latinus fiel in dem Kampfe. Als sich Turnus nun mit
dem Hetrusker Mezentius, König in Caere, verband,
benannte Aeneas, um in der drohenden Gefahr die Aboriginer sich geneigt zu machen, beide Völker, Trojaner
und Aboriginer, mit dem gemeinschaftlichen Namen Latiner, und im Vertrauen auf die muthige Stimmung
beider von nun an mit einander verschmelzenden Völker
wagte er es sein Heer gegen die mächtigen Hetrusker
zur Schlacht zu führen. Das Treffen entschied sich zu
Gunsten der Latiner, aber es war auch die letzte That
des Aeneas auf Erden. Er liegt, wie man ihn immer
mit Recht nennen mag, am Flusse Numicius begraben;
man nennt ihn Jupiter Indiges (den einheimischen
Jupiter).

Livius hat bei obiger Erzählung als Historiker alles
Wunderbare der Sage so viel als möglich ferngehalten.
So spricht er z. B. nichts von den den Trojanern gewordenen Weissagungen und deren Erfüllung; auch die
in der Sage eine Hauptrolle spielenden trojanischen
Penaten erwähnt er nicht. Aeneas hat sie aus dem
Brande der Vaterstadt gerettet und gelangt durch ihre
Führung endlich in das ihm verheissene Land. Wo sie,
so lautete eine Weissagung, beim Mahle auch noch die
Tische verzehren würden, da sei ihnen und den Penaten eine neue Heimath beschieden. Als nun die Trojaner
nach ihrer Landung in Latium sich am Mahle erquicken,
treibt sie die Esslust zuletzt auch noch die Kuchen
oder die Eppichblätter, auf welche die Speisen gelegt
waren, zu verzehren, und sie erkennen, dass jetzt die
Weissagung erfüllt und dass Latium ihr von den Göttern bestimmtes neues Vaterland ist. Den Ort, wo die

Penaten aufgestellt werden sollten, fanden sie ebenfalls durch eine Weissagung; ein vierfüssiges Thier sollte ihnen den Platz zeigen. Ein zum Opfer bestimmtes trächtiges Schwein riss sich los und floh 24 Stadien weit landeinwärts auf eine waldige Anhöhe, wo es von 30 Ferkeln genass. Die Stelle schien Aeneas nicht günstig zur Gründung einer Stadt, allein die Penaten erschienen ihm im Traume und ermahnten ihn die Erbauung der Stadt sogleich zu beginnen, indem sie ihm die dereinstige Macht und Grösse seiner Nachkommen verkündeten. Aeneas baute auf dem Hügel die Stadt Lavinium, und auf der Stelle, wo er die Sau opferte, errichtete er das Heiligthum der lavinischen Penaten. Durch die 30 Ferkel aber war die Zahl der Jahre bis zur Gründung Alba's und zugleich die Zahl der Ortschaften des Latinerbundes kund gethan.

Die Sage von dem Tode des Aeneas, welche Livius nur leise berührt, hat grosse Aehnlichkeit mit dem Verschwinden des Romulus. Während in der Schlacht gegen Turnus und Mezentius am Flusse Numicius Aeneas, von den Seinen umringt, kämpft, verfinstert sich plötzlich der Himmel, Donner und Blitz und gewaltige Platzregen erschrecken das Volk, und als das Wetter sich verzogen hat, ist Aeneas verschwunden. Er erscheint bald darauf dem Ascanius nebst mehreren Andern am Ufer des Numicius in voller Rüstung und erklärt ihnen, er sei ein Gott geworden. Man errichtete ihm an der Stelle ein Heiligthum mit der Aufschrift: Patris dei Indigetis.

Auch von Latinus wird erzählt, dass er nach seinem Tode in die Gemeinschaft der Götter aufgenommen worden sei unter dem Namen Jupiter Latiaris. Dieser Name bezeichnet dasselbe wie Jupiter Indiges, und es ist wahrscheinlich, dass die Sage von der Vergötterung des Latinus die ursprüngliche war, später aber auf den fremden Aeneas übertragen worden ist.

Virgil hat die Wanderung des (frommen, Il. 20, 298.) Aeneas und die Gründung einer trojanischen Colonie in Latium in dem Heldengedichte Aeneis besungen. Er hat die einheimischen Sagen mit den Erzählungen griechischer Schriftsteller verbunden, aber vielfach in den Ueberlieferungen nach eigenem Gutdünken geändert. Im siebenten Jahre ihrer Fahrt steuern die Trojaner von Sicilien aus frohen Muthes ihrem nahen Ziele entgegen; da werden sie auf Veranstaltung der Juno, die aus Besorgniss für das ihr theure Carthago die Gründung des röm. Volkes verhindern will, durch einen Sturm an die africanische Küste geworfen, wo Dido vor Kurzem Carthago gegründet hat. Aeneas wird von Dido gastlich aufgenommen (lib. 1.) und erzählt ihr bei einem Mahle sein und seines Vaterlandes Geschick, die Einnahme und Zerstörung Troja's, seine Flucht mit den vaterländischen Göttern, mit Vater und Sohn und seinem Weibe Kreüsa, die er jedoch in der verhängnissvollen Nacht verlor (lib. 2.), er erzählt, wie er mit den Resten des unglücklichen Volkes, mit denen er einen neuen Wohnsitz sucht, auf langer Fahrt nach Thracien kommt, nach Delos und Kreta, nach Epirus, an die Ostküste Italiens und endlich an die Westspitze Siciliens, von wo er bald das ihm verheissene Latium zu erreichen hoffen durfte. Doch der Sturm hat ihn nach Africa getrieben (lib. 3.). Venus sucht ihrem Sohn durch Vermählung mit Dido die Herrschaft über Carthago und das Ende seiner unglücklichen Fahrt zu bereiten, und Juno geht auf den Plan ein, um Aeneas von Italien abzuhalten; allein Jupiter gebietet dem Aeneas, damit das ihm beschiedene Geschick sich erfülle und der Grund zu der Stadt Rom, der einstigen

Beherrscherin der Erde, gelegt werde, Africa zu verlassen und Italien aufzusuchen. Dido gibt sich nach der Flucht des Aeneas den Tod (lib. 4.). Aeneas gelangt von Neuem nach Sicilien (lib. 5.) und von da nach Cumae in Italien; hier geht er mit der Sibylle in die Unterwelt, wo er seinen im vorigen Jahre in Sicilien verstorbenen Vater aufsucht und sich von diesem die Zukunft eröffnen lässt (lib. 6.). Von Cumae aus gelangt er an die Mündung des Tiber; Latinus bietet ihm in Folge eines Orakelspruchs seine Tochter zur Ehe an und gestattet ihm einen Platz zur Gründung einer Stadt. Aber Turnus beginnt in Verbindung mit vielen italischen Völkerschaften einen gefährlichen Krieg (lib. 7.). Aeneas sucht und findet Hülfe bei Evander (lib. 8.). Nach einem langen, in den folgenden Büchern beschriebenen Kampfe, in dem mancher tapfere Held erschlagen wird, erlegt Aeneas den Turnus im Zweikampf. Hier endigt die Aeneis.

Dreissig Jahre nach Erbauung Laviniums gründete Ascanius, der Sohn des Aeneas und der Lavinia, die Stadt Alba Longa. Nach andern Sagen ist Ascanius ein Sohn der Kreüsa, der, im trojanischen Lande geboren, seinen Vater nach Latium begleitete. Der Name Ascanius für den Sohn des Aeneas kommt von den Griechen her, der römische Name ist Julus; indess gilt Julus auch für einen zweiten Sohn des Aeneas oder für einen Sohn des Ascanius.

3. Romulus.

Die Gründungssage Roms lautet nach alter Dichtung folgendermassen. Dreihundert Jahre nach Erbauung Alba's wurde von dieser Stadt aus Rom gegründet. Procas, König in Alba, Nachkomme des Ascanius, hatte

zwei Söhne, Numitor und Amulius, von denen dieser
den älteren Numitor vom Throne stiess und dessen
männliche Nachkommenschaft tödtete, während er dessen
Tochter Rea (Rhea) Silvia*) zur Vestalin machte
und somit zur Ehelosigkeit zwang. Aber Silvia gebar
von Mars die Zwillingsbrüder Romulus und Remus.
Die Mutter wurde zur Strafe in den Anio gestürzt, sie
wurde aber eine Göttin und der Flussgott erwählte sie
sich zur Gemahlin; ihre beiden Söhne liess Amulius in
einer Mulde in dem eben über seine Ufer getretenen
Tiber aussetzen. Als der Fluss zurücktrat und die Mulde
mit den Knaben auf dem Trockenen blieb am Fusse des
Palatinus an der Stelle, wo ein wilder Feigenbaum, der
Ficus Ruminalis, noch Jahrhunderte lang mit Ehrfurcht erhalten wurde, kam eine Wölfin herzu und
säugte sie, oder sie trug sie in ihre Höhle und säugte
sie dort; als die Milch nicht mehr genügte, trug ihnen
ein Specht, der heilige Vogel des Mars, Speise zu, andere Vögel aber schwebten über den Säuglingen und
verscheuchten ihnen das Geschmeiss. Die so durch
göttliche Fürsorge erhaltenen Kinder fand Faustulus,
der Hirt der königlichen Heerden. Er brachte sie seiner
Gattin Acca Larentia und diese erzog sie mit ihren
zwölf Söhnen auf dem palatinischen Berge, wo man noch
bis zu Nero's Zeit die heilige Hütte des Romulus erhielt.
Die beiden Knaben wuchsen zu starken, muthigen Jünglingen heran und erfreuten sich mit den Hirtenjüng-
lingen an gefährlicher Jagd und dem Kampfe gegen die

---

*) Die Schreibart Rea (von reus, die Angeklagte) ist vor-
zuziehen. Sie wird auch Ilia genannt. Ilia heisst aber ursprünglich die Mutter des Romulus nur als Tochter des Aeneas;
denn Manche setzen die Gründung Roms bald nach der Zerstörung Troja's und machen Romulus zum Enkel des Aeneas.

Räuber, deren Beute sie unter sich vertheilten. Auch mit den Hirten des Numitor auf dem Aventinus geriethen sie oft in Streit. Einst ward Remus bei der Feier der Lupercalien von den Hirten des Numitor gefangen und als Räuber nach Alba geführt. Bei dieser Gelegenheit erkennt Numitor seine Enkel und verabredet mit ihnen den Sturz des Thronräubers Amulius. Die Zwillingsbrüder dringen mit den ihnen ergebenen Hirten in die Burg des Königs, erschlagen ihn und geben Numitor die Herrschaft zurück.

Darauf gründen Romulus und Remus an der Stelle, wo sie ihre Jugend verlebt, eine Stadt; die ersten Bürger sind die Hirten, ihre Jugendgenossen, dazu kam nach späterer Sage noch eine grosse Menge von Albanern und Latinern. Es erhob sich aber unter den Brüdern ein Streit, wer von beiden der neuen Stadt den Namen geben solle, ob sie nämlich Roma oder Remuria zu nennen sei, und ob sie auf dem Palatinus oder dem Aventinus erbaut werden solle. Man kam überein, den Streit durch ein Augurium zu entscheiden. Remus wählte zu der Vogelschau den Aventinus, Romulus den Palatinus; jenem erschienen zuerst 6 Geier, diesem etwas später, als ihm schon das Zeichen des Remus verkündet worden war, 12 Geier. Remus machte die frühere Zeit, Romulus die doppelte Zahl geltend; es kam zwischen den Brüdern und ihrem beiderseitigen Anhange zu blutigem Streit, in welchem Romulus siegte.

Als Romulus seine Stadt Roma mit Wall und Graben eingeschlossen hatte, sprang Remus, noch erzürnt über das erlittene Unrecht, zum Spott über die schwache Befestigung und wurde von Celer, einem Freunde des Romulus, oder von diesem selbst mit den Worten: so ergehe es fortan Jedem, der über meine Mauern springt, erschlagen *). Zur Sühnung dieses Mordes wurde das Fest Lemuria (statt Remuria) eingesetzt (Ov. F. 5, 479.).

Der jungen in Rom zusammengeströmten Mannschaft fehlten die Frauen. Da die Einwohner der benachbarten Städte keine Ehebündnisse mit Rom eingehen wollten, so lud sie Romulus zu einem Feste, das er dem Neptunus Consus veranstaltete, und als nun Sabiner und Latiner zahlreich mit Weibern und Kindern herbeigeströmt waren und die Aufmerksamkeit aller auf die Spiele gerichtet war, da stürzten plötzlich die römischen Männer auf die fremden Jungfrauen und trugen sie davon. Die über diese Gewaltthat erzürnten Nachbarn ergriffen die Waffen. Die latinischen Städte wurden leicht besiegt; aber die Macht der Sabiner, welche zuletzt sich unter dem König Titus Tatius erhob, brachte die junge Stadt an den Rand des Verderbens. Romulus musste sich in die Stadt zurückziehen, und die Sabiner bemächtigten sich der Burg auf dem Capitolinus, indem Tarpeja, die Tochter des Befehlshabers der Burg, Sp. Tarpejus, durch die goldenen Armgeschmeide der Sabiner bestochen, die Thore öffnete. Von der Burg aus griffen die Feinde die Stadt an; Juno, den Sabinern hold, dem Geschlechte des Aeneas feind, öffnet ein Thor der Stadt, und die Schaaren der Sabiner strömen ein; da lässt Janus einen siedenden Quell hervorbrechen und treibt die Feinde zurück.

Romulus will am folgenden Tage die Burg wiedergewinnen; allein er wird zurückgeschlagen. Als die Seinen in wilder Flucht davon eilen, gelobt er dem Ju-

---

*) Nach anderer Sage wurde Remus in dem Kampfe nach dem Augurium getödtet.

piter Stator einen Tempel und hemmt die Flucht.
Die Schlacht erneuert sich und ' wogt in dem Thale
zwischen Palatinus und Capitolinus lange hin und her;
da stürzen die Sabinerinnen, die den Römern sich vermählt hatten, zwischen die Kämpfenden und stiften
Frieden zwischen Gatten und Vätern. Die Sabiner sie-
deln sich auf dem Capitolinus und Quirinalis an und
bilden von nun an einen Staat mit den Römern; Titus
Tatius theilt die Herrschaft mit Romulus. Die Frauen
aber geniessen seitdem in Rom zum Lohne für die Rettung der Stadt hohe Ehre. Einige Jahre nachher wird
Tatius zu Lavinium bei einem Opfer von den Laurentern
erschlagen, und von nun an ist Romulus alleiniger König beider Völker.

Als Romulus den Grund zu Roms Grösse gelegt und
seine Sendung vollendet hatte, wurde er von der Erde
hinweggenommen. Am 17. Febr., dem Tage, wo die
Quirinalien gefeiert wurden, hielt er eine Musterung des
Heeres am Ziegensumpfe; plötzlich verfinsterte sich die
Sonne, und in Sturm und Wetter fuhr Mars herab zur
Erde und führte den Sohn auf feurigem Wagen gen
Himmel. Als das Wetter sich klärte und das Volk seines
Vaters sich beraubt sah, versank es in stumme Trauer;
Proculus Julius aber trat bald vor das Volk und erklärte ihm, Romulus sei ihm auf dem Wege von Alba
her in göttlicher Gestalt erschienen und habe ihm die
Meldung aufgetragen, er sei zum Gotte geworden und
werde als Quirinus über sein Volk walten. Diese Bot-
schaft tröstete das Volk, und es verehrte den Gründer
der Stadt als Gott unter dem Namen Quirinus. (Man ver-
gleiche über die Geschichte des Romulus Liv. 1, 3—16.)

Register.

345

Druckfehler:

S. 60 Z. 4 v. unten lies: seines statt eines.
S. 148 Z. 12 v. unten - Winzerfeste st. Winterfeste.
S. 151 Z. 13 v. oben - weichlichen st. weiblichen.